AYUDA A TUS HIJOS CON LAS
Matemáticas
UNA GUÍA VISUAL ÚNICA PASO A PASO

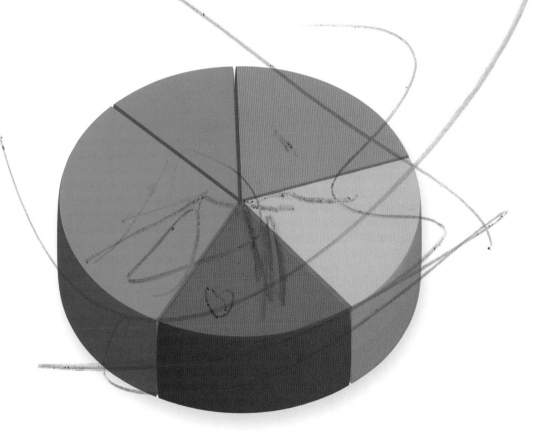

AYUDA A TUS HIJOS CON LAS

Matemáticas

UNA GUÍA VISUAL ÚNICA PASO A PASO

LONDRES, NUEVA YORK, MELBOURNE, MUNICH Y DELHI

Editor de Arte del Proyecto
Mark Lloyd

Editor del Proyecto
Nathan Joyce

Diseñadores
Nicola Erdpresser, Riccie Janus,
Maxine Pedliham, Silke Spingies,
Rebecca Tennant

Redactores
Nicola Deschamps, Martha Evatt,
Lizzie Munsey, Martyn Page, Laura Palosuo,
Peter Preston, Miezan van Zyl

Asistentes de Diseño
Thomas Howey, Fiona Macdonald

Indexador
Jane Parker

Editor de Producción
Luca Frassinetti

Producción
Erica Pepe

Diseñador de Portada
Duncan Turner

Jefe de Redacción
Sarah Larter

Editor Gerente de Arte
Michelle Baxter

Director Editorial
Liz Wheeler

Director de Arte
Phil Ormerod

Editor de Referencia
Jonathan Metcalf

Publicado originalmente en Gran Bretaña en 2010 por
Dorling Kindersley Ltd., Penguin Group (UK), 80 Strand, Londres WC2R 0RL
Copyright © 2010 Dorling Kindersley Ltd.
© Traducción en español 2010 Dorling Kindersley Ltd.
Traducción en español agencia-central www.agencia-central.com

De esta edición:

Coordinación editorial: Gerardo Mendiola P.

Corrección: Enrique Martínez Limón

Diagramación: Ma. Alejandra Romero Ibáñez

D.R. © de esta edición: Santillana Ediciones Generales, .S.A. de C.V. 2011

Av. Río Mixcoac 274, Col. Acacias, C.P. 03240, México D.F.

Primera edición en Santillana Ediciones Generales: 2011

Primera reimpresión: mayo 2012

ISBN: 978-607-11-0995-8

Impreso en China

CAROL VORDERMAN M. A. (Cantab), MBE es una de las presentadoras de televisión más queridas en Gran Bretaña, famosa también por sus habilidades en matemáticas. Ha presentado numerosos espectáculos de entretenimiento, desde ***Carol Vorderman's Better Homes*** (*Hogares mejores de Carol Vorderman*) y los **Pride of Britain Awards** (Premios Orgullo Británico), hasta programas científicos como ***El mundo del mañana***, en BBC, ITV y Channel 4. Al desempeñarse como copresentadora de ***Countdown*** (*Cuenta regresiva*) durante 26 años, en el Channel 4, al convertirse en la segunda autora de ficción más vendida en el Reino Unido durante la primera década del siglo XXI o al advertir a Rt Hon David Cameron sobre el futuro potencial de la enseñanza de matemáticas en el Reino Unido, Carol ha demostrado gran pasión y devoción para explicar las matemáticas de manera entretenida y fácilmente comprensible. En 2010 abrió su escuela de matemáticas *online* **www.themathsfactor.com**, donde enseña a padres e hijos cómo pueden convertirse en los mejores en el arte de la aritmética.

BARRY LEWIS (Consultor editorial para los capítulos de Números, Geometría, Trigonometría y Álgebra) estudió matemáticas y se graduó con honores. Trabajó muchos años como autor y editor en la industria editorial, donde desarrolló su pasión por los libros de matemáticas que presentan este tema, a menudo difícil, de forma sencilla y visualmente atractiva. Entre sus obras se cuenta ***Diversions in Modern Mathematics***, que apareció posteriormente en español como ***Matemáticas modernas, aspectos recreativos***.

El Gobierno británico lo invitó a dirigir el **Año Mundial de las Matemáticas 2000**, una celebración de los progresos matemáticos, cuya meta era hacer del tema algo más popular y menos temido. En 2001, Barry fue nombrado Presidente de la Asociación de Matemáticas, y por sus logros en la popularización de las matemáticas fue elegido miembro del Instituto de Matemáticas y sus Aplicaciones. Actualmente es Presidente del Consejo de la Asociación de Matemáticas y publica periódicamente artículos y libros sobre temas de investigación y formas de comprometer a la gente con este tema crítico.

ANDREW JEFFREY (Consultor editorial para el capítulo de Probabilidad) es consultor de matemáticas, muy conocido por su pasión y entusiasmo por la enseñanza y aprendizaje de esta materia. Profesor e inspector durante más de 20 años, Andrew ahora pasa su tiempo capacitando, asesorando y apoyando profesores, así como dictando conferencias para diversas organizaciones en toda Europa. Los libros anteriores de Andrew incluyen ***La magia de las matemáticas para niños***, ***Las 20 mejores demostraciones matemáticas***, ***Los 100 mejores consejos para los mejores maestros de matemáticas*** y ***Conviértete en un mago con los números***. Andrew es también muy conocido en muchas instituciones como el Matemágico que presenta su show *La magia de las matemáticas* ¡para chicos y grandes! **www.andrewjeffrey.co.uk**

MARCUS WEEKS (Consultor editorial para el capítulo de Estadística) es autor de numerosos libros y ha colaborado con varias obras, entre ellas ***Ciencia: la guía visual definitiva*** y ***Enciclopedia infantil ilustrada***, de DK.

Contenido

Prólogo

¡Hola!

Bienvenidos al maravilloso mundo de las matemáticas. Las investigaciones han demostrado lo importante que es para un padre poder ayudar a sus hijos en su educación. Hacer las tareas juntos, padres e hijos, y disfrutar de cada tema, particularmente de las matemáticas, es vital para el progreso del niño.

Pero las tareas de matemáticas pueden generar sinsabores en muchos hogares. La introducción de nuevos métodos en aritmética no ha tenido mucho éxito, sencillamente porque muy pocos padres están capacitados para ayudar.

Es nuestra intención que este libro guíe a los padres a través de algunos de los métodos relacionados con los conceptos básicos de la aritmética, para que luego puedan disfrutar de las matemáticas más avanzadas.

Como madre, soy consciente de la enorme importancia de saber cuándo tu hijo está pasando apuros, pero también cuándo está sobresaliendo. Y esto lo podemos percibir con mayor claridad si comprendemos mejor las matemáticas.

En los últimos 30 años he escuchado a diario puntos de vista personales sobre las matemáticas y la aritmética. A muchas personas no les enseñaron bien las matemáticas y no despertaron su interés. Si eres una de ellas, este libro te va a ayudar a cambiar tu actitud, y cuando las entiendas, las disfrutarás tanto como yo.

CAROL VORDERMAN

Carol creó su propia escuela de matemáticas *online*
www.themathsfactor.com

π=**3.14**15926535897932384626433832
79502884197169399375105820974944
59230781640628620899862803485
34211706798214808651328230664709
38446095505822317253594081284811
17450284102701938521105559644629
4895493038196442881097566593344
461284756482337867831652712019
09145648566923460348610454326648
21339360726024914127372458700660
63155881748815209209628292540
9171536436789259036001133053054
82046652138414695194511609433057
270365759591953092186117381932611
179310511854807446237996274956735
18857527248912279381830119491

Introducción

Este libro se centra en las matemáticas que se estudian en la escuela entre los 9 y los 16 años de edad, pero las aborda de manera apasionante y gráficamente atractiva. Su objetivo es enseñarlas en forma casual, pues así las ideas, técnicas y procedimientos matemáticos se comprenden y asimilan inmediatamente. Cada página está escrita y presentada de modo que el lector diga: "¡Ah, ahora sí entiendo!". Los estudiantes pueden usar este libro por su cuenta; igualmente, será útil para los padres, quienes podrán entender y recordar los diferentes temas y así ayudar a sus hijos. Si los padres también salen ganando en este proceso, mucho mejor.

En los albores del nuevo milenio, tuve el privilegio de dirigir el Año Mundial de las Matemáticas 2000, una celebración de las matemáticas y un esfuerzo internacional para destacar y promover el conocimiento del área. Contamos con el apoyo del Gobierno y de Carol Vorderman. Aunque Carol ha difundido las matemáticas en todos los medios británicos, también es conocida por su forma increíblemente ágil de manipular y trabajar con los números, casi como si fueran sus amigos personales. Dedico a las matemáticas la mayor parte de mis horas de trabajo, sueño y descanso en casa, investigo cómo funcionan diversos patrones sutiles basados en contar elementos y cómo se integran en estructuras sofisticadas. Carol y yo compartimos una gran pasión por las matemáticas y por el aporte –económico, cultural y práctico– que han significado para nuestras vidas.

¿Cómo es posible que en un mundo cada día más dominado por los números, las matemáticas –ese arte sutil que bromea con los patrones, armonías y texturas que forman las relaciones entre los números– estén en peligro? A veces pienso que nos ahogamos en números.

Como empleados, nos miden por objetivos, estadísticas, porcentajes de fuerza de trabajo y adhesión al presupuesto. Como consumidores, nos cuentan y agrupan por cada acto de consumo. Y casi sin que lo notemos, muchos de los productos que consumimos vienen con sus propias estadísticas personales –las calorías en la lata de conservas y su contenido en sal; la noticia en el periódico que nos presenta estadísticas sobre cómo se controla e interpreta el mundo, desarrollando cada verdad, simplificando cada problema–. Cada minuto de cada hora, cada hora de cada día, registramos y publicamos más y más cifras de esa máquina colectiva que nos mantiene aferrados a la vida. Así tratamos de comprender el mundo, pero el problema es que cuantas más cifras obtenemos, tanto más pareciera que la verdad se nos escapa de las manos.

A pesar de todos los números y de nuestro mundo cada vez más numerado, las matemáticas se están quedando atrás. Estoy seguro de que muchos piensan que basta con la aritmética. ¡Qué error! Esto no tiene validez, ni individual ni colectivamente. Los números son meros puntitos en el mundo de las matemáticas, que arde por dentro. Sin ellas estaríamos condenados a la oscuridad total. Con ellas podemos vislumbrar tesoros que de otro modo estarían ocultos.

Este libro intenta responder y resolver este problema. Todos podemos entender las matemáticas.

BARRY LEWIS

Presidente, **Asociación de Matemáticas;**
Director del **Año Mundial de las Matemáticas 2000.**

Números

2 Introducción a los números

CONTEO Y NÚMEROS: FUNDAMENTO DE LAS MATEMÁTICAS

Los números son símbolos creados para registrar montos o cantidades. Sin embargo, a lo largo de los siglos, los matemáticos han descubierto formas de usar e interpretar los números para procesar nueva información.

¿Qué son los números?

Son un conjunto de símbolos estándar que representan cantidades –los conocidos 0 a 9–. Pero además de estos enteros, también hay fracciones (ver págs. 40-47) y decimales (ver págs. 38–39). Los números también pueden ser negativos, o menores que cero (ver págs. 30–31).

△ **Tipos de números**
Aquí 1 es un número positivo y -2 es un número negativo. El símbolo ⅓ representa una fracción, es decir, una parte de un todo que ha sido dividida en tres partes. El decimal es otra forma de expresar una fracción.

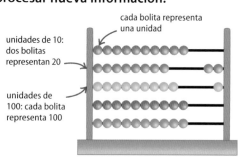

unidades de 10: dos bolitas representan 20

unidades de 100: cada bolita representa 100

cada bolita representa una unidad

◁ **Ábaco**
El ábaco es un dispositivo tradicional para calcular y contar usando bolitas que representan números. Aquí se muestra el número 120.

MÁS DE CERCA

Cero

El uso del símbolo para cero fue un hito en la escritura de los números. Antes de adoptarlo, se usaba un espacio en blanco. Esto generaba ambigüedad, pues los números se confundían con facilidad. Por ejemplo, era difícil distinguir entre 400, 40 y 4, ya que el 4 los representaba a todos. El símbolo para cero se desarrolló a partir de un punto usado por primera vez por matemáticos indios como marcador de posición.

el cero es importante para marcar las horas.

◁ **Fácil de leer**
El cero sirve como marcador de posición para las decenas, por lo cual los minutos individuales se pueden distinguir con facilidad.

▽ **El primer número**
El 1 no es un número primo. Se le conoce como el "idéntico multiplicativo", ya que todo número multiplicado por 1 da como resultado ese mismo número.

▽ **Número primo par**
El número 2 es el único número par que es primo –es decir, un número que sólo es divisible por sí mismo y por 1 (ver págs. 26-27)–.

△ **Número perfecto**
El 6 es el menor número perfecto, es decir, que es la suma de sus divisores positivos (excepto él mismo). Por tanto, 1 + 2 + 3 = 6.

△ **No es la suma de los cuadrados**
El número 7 es el menor número que no se puede representar como la suma de los cuadrados de tres números enteros.

Símbolos numéricos

Muchas civilizaciones desarrollaron símbolos propios para los números, algunos de los cuales mostramos abajo, junto con nuestro moderno sistema numérico arábigo-hindú. Este sistema numérico moderno permite hacer operaciones aritméticas, como multiplicar y dividir, más fácilmente que con los sistemas antiguos, más complicados.

	1	2	3	4	5	6	7	8	9	10
Arábigo-hindú moderno	1	2	3	4	5	6	7	8	9	10
Maya	●	●●	●●●	●●●●	—	●	●●	●●●	●●●●	=
Chino antiguo	一	二	三	四	五	六	七	八	九	十
Romano antiguo	I	II	III	IV	V	VI	VII	VIII	IX	X
Egipcio antiguo										∩
Babilonio										

▽ **Número triangular**
Este es el menor número triangular. Es un número entero positivo que es la suma de números enteros consecutivos. Por tanto, 1 + 2 = 3.

▽ **Número compuesto**
El número 4 es el menor número compuesto –un número que es producto de otros números–. Los factores de 4 son dos 2.

▽ **Número primo**
Este es el único número primo que termina en 5. El polígono de 5 lados es la única forma geométrica en la que el número de lados y diagonales es igual.

△ **El número de Fibonacci**
El número 8 es un número cúbico ($2^3 = 8$) y es el único número de Fibonacci positivo (ver pág.163), además del 1, que es cúbico.

△ **El mayor decimal**
El número 9 es el mayor número dígito entero y el mayor número dígito en el sistema decimal.

△ **Número base**
El sistema numérico occidental se basa en el número 10. Se cree que esto se debe a que los humanos contaban usando los dedos de sus manos y sus pies.

 Suma

LOS NÚMEROS SE SUMAN ENTRE ELLOS PARA OBTENER
UN TOTAL. ESTE RESULTADO SE LLAMA SUMA.

VER TAMBIÉN

Resta	**17 〉**
Números positivos y negativos	**30–31 〉**

Suma

Una manera fácil de resolver la suma de dos
números, es una línea de números. Se trata
de un grupo de números organizados en
una línea recta que permite que se puedan
contar hacia delante o hacia atrás. En esta
línea de números, 3 se agrega a 1.

muévete tres
pasos adelante

+1 +1 +1

comienza en 1   total

0   1   2   3   4   5

◁ **Línea de números**
Para sumar 3 a 1,
comienza en 1 y
muévete 3 veces hacia
delante –primero al 2,
luego al 3 y luego al 4,
que es el resultado–.

▷ **Qué quiere decir**
El resultado de sumar 3 al
número 1 inicial es 4. Es
decir, la suma de 1 y 3 es 4.

signo de la suma

el signo igual te
lleva al resultado

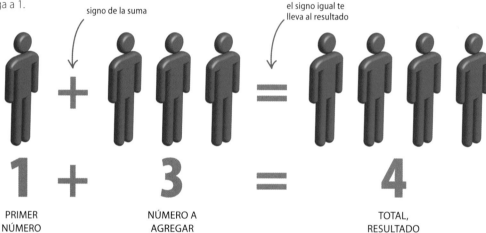

$$1 + 3 = 4$$

PRIMER
NÚMERO

NÚMERO A
AGREGAR

TOTAL,
RESULTADO
O SUMA

Suma de números grandes

Los números de dos o más dígitos se suman en columnas verticales. Suma primero las
unidades, luego las decenas, las centenas y así sucesivamente. La suma de cada columna
se escribe debajo de esta y, si tiene dos dígitos, el primero se pasa a la siguiente columna.

centenas
decenas
unidades

928
+ 191

espacio para la
suma a los pies
de la columna

empezando por la
derecha, primero
suma las unidades

928
+ 191
     9

suma las
decenas

928
+ 191
   19

el primer 1 de 11
va en la columna
de las unidades
de mil, mientras
que el segundo
va en la de las
centenas

1 ← pasa el 1

9 + 1 + el 1 que
pasaste = 11

928
+ 191
1,119

el resultado
es 1,119

1

**Primero, escribe los
números** ubicando
sus unidades,
decenas y centenas,
unas sobre otras.

**Luego, suma las
unidades** 1 y 8 y
escribe su resultado, 9,
abajo de la columna
de unidades.

La suma de las decenas
tiene dos dígitos: anota
el segundo debajo y
pasa el primero a la
columna siguiente.

La suma de las centenas
y el dígito que pasaste
tiene dos dígitos. Pasa el
primero a la columna de
las unidades de mil.

 # Resta

UN NÚMERO SE RESTA DE OTRO NÚMERO PARA SABER LO
QUE QUEDA. A ESTO ÚLTIMO SE LE LLAMA DIFERENCIA.

VER TAMBIÉN

❮ **16** Suma

Números positivos
y negativos **30–31** ❯

Resta

La línea de números se usa también
para ilustrar la resta de números.
A partir del primer número, retrocede
a lo largo de la línea el número de
veces que indica el segundo número.
Aquí a 4 le quitas 3.

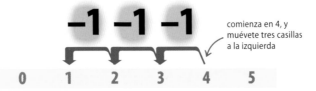

comienza en 4, y
muévete tres casillas
a la izquierda

◁ **Línea de números**
Para restar 3 de 4,
comienza en 4 y
muévete tres veces
hacia atrás, primero a 3,
luego a 2 y luego a 1.

el signo igual te
lleva al resultado

signo de la resta

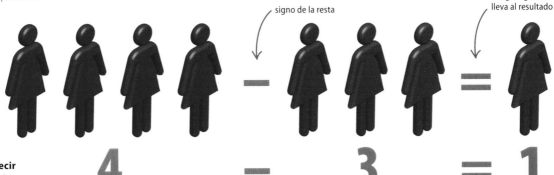

▷ **Quiere decir**
El resultado de restar
3 de 4 es 1, o sea que la
diferencia entre 3 y 4 es 1.

PRIMER NÚMERO
O MINUENDO

NÚMERO A RESTAR
O SUSTRAENDO

RESULTADO O
DIFERENCIA

Resta de números grandes

La resta de números de dos o más dígitos se hace en columnas verticales.
Resta primero las unidades, luego las decenas, las centenas y así sucesivamente.
En ocasiones tendrás que tomar un dígito prestado de la siguiente columna.

centenas
decenas
unidades

número del
cual se resta

928
− 191

número a restar

resta las unidades

928
− 191
7

primero, toma 1 de las centenas

luego, pasa 1
a las decenas

8 1
928
− 191
37

a 8 réstale 1

8 1
928
− 191
737

el resultado
es 737

**Primero, escribe los
números** ubicando
sus unidades,
decenas y centenas,
una sobre otra.

**Luego, resta la unidad
1 de 8** y escribe su
diferencia de 7 en el
espacio de abajo.

En las decenas no
puedes restar 9 de 2,
luego, presta 1 de las
centenas, convirtiendo
en 8 al 9 y en 12 al 2.

**En la columna de
las centenas,** resta 1
del 8 que antes era 9.

Multiplicación

MULTIPLICAR IMPLICA SUMAR UN NÚMERO A SÍ MISMO DETERMINADAS
VECES. EL RESULTADO DE MULTIPLICAR NÚMEROS SE LLAMA PRODUCTO.

¿Qué es la multiplicación?

En una multiplicación, el segundo número es el que
se suma a sí mismo y el primero es el número de
veces que se suma. Aquí el número de filas de
personas se suma un número de veces determinado
por el número de personas en cada fila. Esta
operación de multiplicación da como resultado
el número total de personas en el grupo.

9 filas de
personas

13 personas
en cada fila

9 8 7 6 5 4 3 2 1

1 2 3 4 5 6 7 8 9 10

signo de multiplicación

9 × 13

hay 9 filas
de personas

hay 13 personas
en cada fila

△ **¿Cuántas personas?**
El número de filas (9) se
multiplica por el número de
personas en cada fila (13). El
número total de personas es 117.

esta operación implica que
13 se sumó 9 veces a sí mismo

$$9 \times 13 = 13 + 13 + 13 + 13 + 13 + 13 + 13 + 13 + 13 = \mathbf{117}$$

el producto
de 9 y 13 es 117

Funciona de las dos formas

El orden en que aparecen los números en una operación de multiplicación no importa, pues el resultado siempre será el mismo. Aquí tenemos dos métodos para la misma multiplicación.

$$4 \times 3 = 3 + 3 + 3 + 3 = 12$$

3 sumado cuatro veces a sí mismo da 12

$$3 \times 4 = 4 + 4 + 4 = 12$$

4 sumado tres veces a sí mismo da 12

Multiplicación por 10, 100, 1,000

Para multiplicar números enteros por 10, 100, 1,000, etc., debes agregar un cero (0), dos ceros (00), tres ceros (000), etc., a la derecha del número inicial.

agrega 0 al final del número inicial

$$34 \times 10 = 340$$

agrega 00 al final del número inicial

$$72 \times 100 = 7,200$$

agrega 000 al final del número inicial

$$18 \times 1,000 = 18,000$$

Patrones de multiplicación

Hay formas rápidas para multiplicar números que dan lugar a patrones de multiplicación fáciles de recordar. La tabla muestra los patrones usados para multiplicar números por 2, 5, 6, 9, 12 y 20.

PATRONES DE MULTIPLICACIÓN		
Para multiplicar	**Cómo hacerlo**	**Ejemplo**
2	suma el número a sí mismo	$2 \times 11 = 11 + 11 = 22$
5	la última cifra del número sigue el patrón 5, 0, 5, 0	5, 10, 15, 20
6	al multiplicar 6 por un número par obtienes un resultado terminado en el mismo último dígito del número par	$6 \times 12 = 72$ $6 \times 8 = 48$
9	multiplica el número por 10, luego resta el número que multiplicaste	$9 \times 7 = 10 \times 7 - 7 = 63$
12	multiplica el número original primero por 10, luego multiplica el número original por 2, por último suma los dos productos	$12 \times 10 = 120$ $12 \times 2 = 24$ $120 + 24 = 144$
20	multiplica el número por 10, luego multiplica el producto por 2	$14 \times 20 =$ $14 \times 10 = 140$ $140 \times 2 = 280$

MÚLTIPLOS

Cuando se multiplica un número por cualquier número entero, el resultado (producto) se llama múltiplo. Por ejemplo, los seis primeros múltiplos del número 2 son 2, 4, 6, 8, 10 y 12. Esto se debe a que $2 \times 1 = 2$, $2 \times 2 = 4$, $2 \times 3 = 6$, $2 \times 4 = 8$, $2 \times 5 = 10$ y $2 \times 6 = 12$.

MÚLTIPLOS DE 3

$3 \times 1 = \mathbf{3}$
$3 \times 2 = \mathbf{6}$
$3 \times 3 = \mathbf{9}$
$3 \times 4 = \mathbf{12}$
$3 \times 5 = \mathbf{15}$

cinco primeros múltiplos de 3

MÚLTIPLOS DE 8

$8 \times 1 = \mathbf{8}$
$8 \times 2 = \mathbf{16}$
$8 \times 3 = \mathbf{24}$
$8 \times 4 = \mathbf{32}$
$8 \times 5 = \mathbf{40}$

cinco primeros múltiplos de 8

MÚLTIPLOS DE 12

$12 \times 1 = \mathbf{12}$
$12 \times 2 = \mathbf{24}$
$12 \times 3 = \mathbf{36}$
$12 \times 4 = \mathbf{48}$
$12 \times 5 = \mathbf{60}$

cinco primeros múltiplos de 12

Múltiplos comunes

Dos o más números pueden tener múltiplos comunes. Trazar una cuadrícula como la de la derecha te puede ayudar a encontrar los múltiplos comunes de diferentes números. El menor de estos números comunes se denomina mínimo común múltiplo.

Mínimo común multiplo
El mínimo común multiplo de 3 y 8 es 24 porque es el producto de ambos

24

múltiplos de 3

múltiplos de 8

múltiplos de 3 y 8

▷ **Buscar los múltiplos comunes**
En esta cuadrícula se resaltan los múltiplos de 3 y 8. Algunos son comunes a ambos.

1	2	3	4	5	6	7	8	9	10
11	12	13	14	15	16	17	18	19	20
21	22	23	24	25	26	27	28	29	30
31	32	33	34	35	36	37	38	39	40
41	42	43	44	45	46	47	48	49	50
51	52	53	54	55	56	57	58	59	60
61	62	63	64	65	66	67	68	69	70
71	72	73	74	75	76	77	78	79	80
81	82	83	84	85	86	87	88	89	90
91	92	93	94	95	96	97	98	99	100

Multiplicación corta

Tiene lugar cuando un número grande es multiplicado por un número de un dígito.
El número menor se coloca abajo, en la columna de las unidades del número mayor.

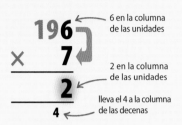

6 en la columna de las unidades

2 en la columna de las unidades

lleva el 4 a la columna de las decenas

Para multiplicar 196 y 7, multiplica primero las unidades 7 y 6. El producto es 42, del cual debes llevarte el 4.

9 en la columna de las decenas

7 en la columna de las decenas

lleva el 6 a la columna de las centenas

Luego, multiplica 7 y 9, cuyo producto es 63. El 4 que trajiste se suma al 63 y da 67.

1 en la columna de las centenas

3 en la columna de las centenas; 1 en la columna de las unidades de mil

el resultado final es 1,372

Multiplica 7 y 1. Suma el producto (7) al 6 que trajiste, para obtener 13. El producto final es 1,372.

Multiplicación larga

La multiplicación larga se presenta cuando se multiplican dos números que tienen al menos dos dígitos. Los números se colocan uno encima del otro, en columnas ordenadas según su valor (unidades, decenas, centenas, etc.).

se multiplica 428 por 1

Primero, multiplica 428 por 1 en las unidades. Trabaja cada dígito de derecha a izquierda, así: 8×1, 2×1 y luego 4×1.

se multiplica 428 por 10

al multiplicar por 10, agrega 0

Multiplica 428 por 1 en las decenas, dígito por dígito. Cuando multipliques por 10, recuerda agregar 0 al producto.

se multiplica 428 por 100

al multiplicar por 100, agrega 00

Multiplica 428 por 1 en la columna de las centenas, dígito por dígito. Cuando multipliques por 100, agrega 00 al producto.

```
   428
×  111
―――――
   428
+ 4,280
 42,800
=47,508
```

Suma los productos de las multiplicaciones. El resultado es 47,508.

Multiplicación de caja

La multiplicación larga de 428 y 111 se puede descomponer en multiplicaciones sencillas con la ayuda de una tabla o caja. Se reduce cada número a sus centenas, decenas y unidades y se multiplica por el otro.

▷ **Paso final**
Para saber el resultado final, suma las nueve multiplicaciones.

111 ESCRITO EN CENTENAS, DECENAS Y UNIDADES	428 ESCRITO EN CENTENAS, DECENAS Y UNIDADES		
	400	**20**	**8**
100	400×100 $= 40,000$	20×100 $= 2,000$	8×100 $= 800$
10	400×10 $= 4,000$	20×10 $= 200$	8×10 $= 80$
1	400×1 $= 400$	20×1 $= 20$	8×1 $= 8$

```
 40,000
  2,000
    800
  4,000
    200
     80
    400
     20
+     8
―――――――
= 47,508
```

este es el resultado final

División

DIVIDIR IMPLICA AVERIGUAR CUÁNTAS VECES ESTÁ CONTENIDO
UN NÚMERO EN OTRO NÚMERO.

VER TAMBIÉN

❮ **16–17** Suma y resta

❮ **18–21** Multiplicación

Razón y
proporción **48–51** ❯

Hay dos formas de pensar la división. La primera es compartir un número en igualdad
(10 monedas para 2 personas: 5 para cada una). La otra es dividir un número en
grupos iguales (10 monedas en grupos que contienen 2 monedas cada uno: 5 grupos).

Cómo funciona la división

Al dividir un número por otro se
averigua cuántas veces el segundo
número (divisor) está contenido en el
primero (dividendo). Por ejemplo, al
dividir 10 entre 2 se averigua cuántas
veces 2 está contenido en 10.
El resultado de la división
se llama cociente.

◁ **Símbolos de la división**
Hay tres símbolos principales
para la división y todos
significan lo mismo.
Por ejemplo, "6 dividido
entre 3" se puede expresar:
$6 \div 3$, $6/3$, ó $\frac{6}{3}$.

▽ **La división como repartición**
Repartir en partes iguales es una forma de división.
Al dividir cuatro dulces entre dos personas, en partes
iguales, cada una recibe el mismo número de dulces: dos.

4 DULCES **÷ 2** PERSONAS **= 2** DULCES POR PERSONA

DIVIDENDO
El número que está siendo
dividido o compartido
con otro número

DIVISOR
El número que se
está usando para
dividir el dividendo

MÁS DE CERCA

RELACIÓN ENTRE DIVISIÓN Y MULTIPLICACIÓN

La división es el opuesto directo o "inverso" de la multiplicación
y las dos siempre están conectadas. Con el resultado de una
división, puedes formar una multiplicación y viceversa.

◁ **Volvamos al comienzo**
Si 10 (dividendo) se divide por 2
(divisor), el resultado (cociente)
es 5. Al multiplicar el cociente
(5) por el divisor de la operación
de división, el resultado es el
dividendo original (10).
Importante: Cero (0) nunca
puede ser divisor.

$$10 \div 2 = 5 \qquad 5 \times 2 = 10$$

Otro enfoque de la división

La división se puede concebir como el reparto de un número o como la forma de averiguar cuántos grupos del segundo número (divisor) están contenidos en el primero (dividendo). Como reparto o como agrupación, la división es igual.

Este ejemplo muestra 30 balones de futbol, que se van a dividir en grupos de 3:

grupo de 3

Hay exactamente 10 grupos de 3 balones de futbol, sin residuo, luego 30 ÷ 3 = **10**.

▽ **LOS RESIDUOS**
En este ejemplo, 10 dulces se dividen entre tres niñas. Pero 10 no se puede dividir exactamente por 3 –cabe tres veces y sobra 1–. La cantidad que sobra en la división se llama residuo.

10
DULCES

10

DIVISIÓN

3
NIÑAS

3
DULCES C/U

3
1
DULCE SOBRANTE

COCIENTE
El resultado
la división

= **3** residuo **1**

RESIDUO
La cantidad que sobra cuando la división no es exacta

CONSEJOS PARA LA DIVISIÓN		
Un número es divisible por	**Si...**	**Ejemplos**
2	su última cifra es par o cero	12, 134, 5,000
3	la suma de todas las cifras es divisible entre 3	18 1+8 = 9
4	el número formado por las dos últimas cifras es divisible por 4	732 32÷4 = 8
5	la última cifra es 5 ó 0	25, 90, 835
6	la última cifra es par y la suma de todas las cifras es divisible entre 3	3,426 3+4+2+6 = 15
7	no hay prueba de divisibilidad simple	
8	el número formado por las tres últimas cifras es divisible entre 8	7,536 536 ÷ 8 = 67
9	la suma de todas sus cifras es divisible por 9	6,831 6+8+3+1 = 18
10	el número termina en 0	30, 150, 4,270

División corta

Para dividir un número (dividendo) por otro número entero (divisor) que sea menor que 10, se usa la división corta.

comienza a la izquierda
con el primer 3 (divisor)

el resultado
es 132

línea de división
o galera

1

3|396

13

3|396

132

3|396

396 es el
dividendo

Divide el primer 3
entre 3. Como 3 sólo
cabe una vez en 3,
escribe 1 sobre la
línea divisoria,
encima del 3 del
dividendo.

**Pasa a la siguiente
columna** y divide 9
entre 3. Como 3 cabe
exactamente tres
veces en 9, pon un 3
encima del 9 del
dividendo.

Divide 6, el último
dígito del dividendo,
en 3. Como 3 cabe
en 6 exactamente
dos veces, escribe un
2 encima del 6 del
dividendo.

Llevar números

Cuando el resultado de una división es un número entero más un residuo, el residuo se puede llevar al siguiente dígito del dividendo.

comienza
por aquí

divisor

divide los primeros dos
dígitos del dividendo en 5

lleva el residuo
2 al siguiente
dígito del
dividendo

5|2,765

5

5|2,765

2,765 es el
dividendo

Comienza con el número 2. Como
es un número menor, no es divisible
por 5. Por eso, deberás dividir los dos
primeros dígitos del dividendo entre 5.

Divide 27 en 5. El resultado
es 5 con un residuo de 2.
Coloca el 5 encima del 7
y lleva el residuo.

lleva el residuo 1
al siguiente dígito
del dividendo

el
resultado
es 553

55

5|2,765

553

5|2,765

Divide 26 en 5. El resultado
es 5 con un residuo de 1.
Coloca el 5 encima del 6 y
lleva el 1 del residuo al
siguiente dígito del dividendo.

Divide 15 en 5. Como 5
cabe exactamente tres veces
en 15, coloca el 3 sobre la
línea divisoria, encima del
5 final del dividendo.

MÁS DE CERCA

Conversión de residuos

Cuando un número no se puede
dividir exactamente por otro, el
resultado tiene residuo. Los residuos
se pueden convertir en decimales.

residuo

22 r 2

4|90

22.

4|90.0

Elimina el residuo, 2 en este
caso. Queda 22. Agrega una
coma decimal encima y debajo
de la línea divisoria. Luego,
agrega un cero al dividendo
después del punto decimal.

22.

4|90.0

Pasa el residuo (2) abajo de la
línea divisoria y colócalo delante
del nuevo cero.

22.5

4|90.0

Divide 20 en 4. Como 4 cabe
exactamente 5 veces en 20,
coloca un 5 sobre el cero del
dividendo y después del punto
decimal.

MÁS DE CERCA

Haz la división más sencilla

Para hacer más sencilla una división, a veces se puede
separar el divisor en factores. Así es posible hacer
ciertas divisiones más fáciles.

816÷6

el divisor es 6, que es 2 × 3.
La operación se simplifica al
expresar al 6 como 2 × 3

el resultado
es 136

816÷2 = 408 ▶ **408÷3 = 136**

divide por el primer
factor del divisor

divide por el
segundo factor

Este método de dividir el divisor en factores
también se puede usar para divisiones más difíciles.

405÷15

expresar 15 como 5 × 3,
simplifica la operación.

el
resultado
es 27

405÷5 = 81 ▶ **81÷3 = 27**

divide por el primer
factor del divisor

divide el resultado
por el segundo
factor del divisor

División larga

Generalmente se usa la división larga cuando el divisor tiene al menos dos cifras y el dividendo por lo menos tres. A diferencia de la división corta, todos los cálculos se escriben por debajo de la galera. Para hallar residuos, se multiplica. En el ejemplo de la derecha se muestra una división larga.

en vez de los signos ÷ ó / se usa la línea divisoria.

El resultado (o cociente) va por encima de la galera.

$$52 | 754$$

DIVISOR
número usado para dividir el dividendo

Los cálculos van abajo de la galera.

DIVIDENDO
número que se divide por otro número

coloca el resultado de la segunda división encima del último dígito que se dividió

---

el resultado es 1

$$1$$
$$52 | 754$$

divide los dos primeros dígitos del dividendo por el divisor

Comienza dividiendo las dos primeras cifras del dividendo por el divisor. Como 52 cabe una vez en 75, coloca un 1 sobre la galera, encima de la última cifra del número que se está dividiendo.

$$1$$
$$52 | 754$$
$$-52$$
$$23$$

resta 52 de 75

cantidad que queda de la primera división

Calcula el primer residuo. El dividendo 75 no se puede dividir exactamente por 52. Para calcular la cantidad que queda (residuo), resta 52 de 75. El resultado es 23.

divide 234 por el divisor

$$14$$
$$52 | 754$$
$$-52$$
$$234$$

baja el último dígito del dividendo y únelo al residuo

Ahora, baja el último dígito del dividendo y colócalo junto al residuo para formar 234. Divide ahora 234 por 52. Como cabe cuatro veces, coloca un 4 junto al 1.

$$14$$
$$52 | 754$$
$$-52$$
$$234$$
$$-208$$
$$26$$

multiplica 4 (el número de veces que 52 cabe en 234) por 52 para obtener 208

cantidad restante luego de la segunda división

Calcula el segundo residuo. El divisor, 52, no se divide exactamente en 234. Para hallar el residuo, multiplica 4 por 52, dando 208. Resta 208 de 234, quedando 26.

agrega un punto decimal y un cero

$$14$$
$$52 | 754.0$$
$$-52$$
$$234$$
$$-208$$
$$260$$

baja el cero y únelo al residuo

Como no hay más números enteros para bajar, agrega un punto decimal al final del dividendo y un cero después del punto. Baja el cero y únelo al residuo 26 para obtener 260.

agrega un punto decimal encima del otro

$$14.5$$
$$52 | 754.0$$
$$-52$$
$$234$$
$$-208$$
$$260$$

pon el resultado de la última operación después del punto

Coloca un punto decimal después del 14. Luego, divide 260 por 52, que da exactamente 5. Coloca un 5 sobre la galera, encima del nuevo cero del dividendo.

11 Números primos

SON PRIMOS TODOS LOS NÚMEROS ENTEROS MAYORES QUE
1 Y QUE SÓLO SE PUEDEN DIVIDIR POR SÍ MISMOS Y POR 1.

VER TAMBIÉN
❮ **18–21** Multiplicación
❮ **22–25** División

Presentación de los números primos

Hace más de 2,000 años, el matemático griego Euclides observó que
algunos números sólo son divisibles por 1 o por el número mismo. Estos
se conocen como números primos. Los números que no son primos se
llaman compuestos –se pueden obtener o componer, multiplicando
números primos menores, que se conocen como sus factores primos–.

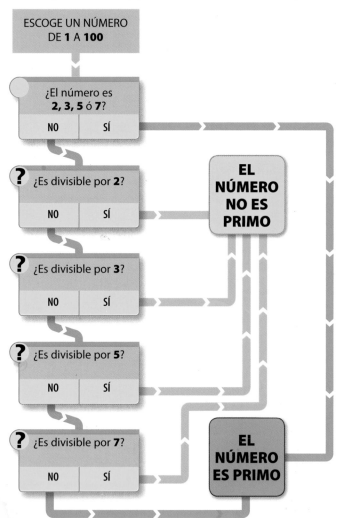

△ **¿Es un número primo?**
Para determinar si un número entre 1 y 100 es
primo, se puede usar este diagrama, comprobando
si es divisible por alguno de los primos 2, 3, 5 y 7.

1 no es número primo
ni número compuesto.

2 es el único número par primo.
El resto de números pares no son
primos, pues todos son divisibles por 2

▷ **100 primeros números**
La tabla muestra los números
primos entre los primeros
100 números enteros.

CLAVE

17

Número primo
La casilla azul indica que el número es primo. Sus únicos factores son él mismo y 1.

42
2 3 7

Número compuesto
La casilla amarilla indica que es un número compuesto. Se puede dividir por otros distintos a sí mismo y por 1.

Los números pequeños muestran si el número compuesto es divisible por 2, 3, 5 ó 7.

6 2 3	7	8 2	9 3	10 2 5
16 2	17	18 2 3	19	20 2 5
26 2	27 3	28 2 7	29	30 2 3 5
36 2 3	37	38 2	39 3	40 2 5
46 2	47	48 2 3	49 7	50 2 5
56 2 7	57 3	58 2	59	60 2 3 5
66 2 3	67	68 2	69 3	70 2 3 7
76 2	77 7	78 2 3	79	80 2 5
86 2	87 3	88 2	89	90 2 3 5
96 2 3	97	98 2 7	99 3	100 2 5

Factores primos

Todo número es o bien número primo o el resultado de multiplicar números primos. Factorización prima es el proceso de descomponer un número compuesto en los números primos que lo conforman. Estos son conocidos como sus factores primos.

factor primo ⟶   ⟵ factor restante

$$30 = 5 \times 6$$

Para hallar los factores primos de 30, debes encontrar el mayor número primo por el cual 30 es divisible, o sea 5. El factor restante es 6 (5 x 6 = 30), que debe ser descompuesto en números primos.

mayor factor primo ⟶

$$6 = 3 \times 2$$

Luego, toma el factor restante y encuentra el mayor número primo por el cual es divisible, así como todos los números primos más pequeños. En este caso, 6 es divisible por los números primos 3 y 2.

anota los factores primos en orden descendente ⟶

$$30 = 5 \times 3 \times 2$$

Ahora se puede ver que 30 es el producto de multiplicar los números primos 5, 3 y 2. Por tanto, los factores primos de 30 son 5, 3 y 2.

Cifrado

Muchas transacciones en bancos y comercios dependen de Internet y otros sistemas de comunicaciones. Por seguridad, la información se codifica con el producto de dos primos enormes, así ningún "intruso" lo puede factorizar.

fldjhg83asldkfdslkfjour523ijwli
eorit84wodfpflciry38s0x8b6lkj
qpeoith73kdicuvyebdkciurmol
wpeodikrucnyr83iowp7uhjwm
kdieolekdoriClaveqe8kiloapk
mdkdoritut6483kednffkeoskeo
kdieujr83iowplwqpwo98irkldil
ieow98mqloapkijuhrnmeuidy6
woqp90jqiuke4lmicunejwkiuyj

▷ **Protección de datos**
Para garantizar la seguridad constante, los matemáticos buscan sin cesar números primos cada vez más grandes.

Unidades de medida

SON TAMAÑOS ESTÁNDAR QUE SE UTILIZAN PARA MEDIR TIEMPO, MASA Y LONGITUD.

Unidades básicas

Una unidad es cualquier medida de tamaño acordada o estandarizada. Esto permite que las cantidades se puedan medir con precisión. Hay tres unidades básicas: tiempo, peso (incluyendo masa) y longitud.

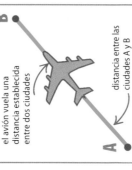

MÁS DE CERCA

Distancia

Distancia es la cantidad de espacio entre dos puntos. Aunque expresa longitud, también se usa para describir un viaje, que no siempre es la ruta más directa entre dos puntos.

el avión vuela una distancia establecida entre dos ciudades

distancia entre las ciudades A y B

△ **Tiempo**

El tiempo se mide en milisegundos, segundos, minutos, horas, días, semanas, meses y años. Diferentes países y culturas tienen calendarios en los que el nuevo año comienza en un momento diferente.

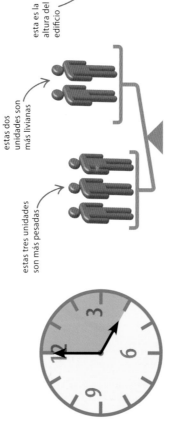

estas dos unidades son más livianas

estas tres unidades son más pesadas

△ **Peso y masa**

Peso es lo que una cosa pesa en relación con la fuerza de gravedad que actúa sobre ella. Masa es la cantidad de materia que compone el objeto. Ambos se miden en las mismas unidades: gramos y kilogramos u onzas y libras.

esta es la altura del edificio

esta es la anchura del edificio

esta es la longitud del edificio

△ **Longitud**

La longitud define qué tan largo es algo. En el sistema métrico se mide en centímetros, metros y kilómetros, o en pulgadas, pies, yardas y millas en el sistema imperial (ver págs. 234-237).

Medidas compuestas

Una unidad compuesta está formada por más de una unidad básica, incluyendo el uso repetido de la misma. Los ejemplos comprenden área, volumen, velocidad y densidad.

▽ **Área**

El área se mide en unidades cuadradas. El área de un cuadrado es el producto de su longitud y anchura, y si ambos se miden en metros (m), su área sería m × m, que se escribe m².

el área se compone de dos unidades iguales, luego la anchura también es longitud

$$\text{área} = \text{longitud} \times \text{anchura}$$

anchura

longitud

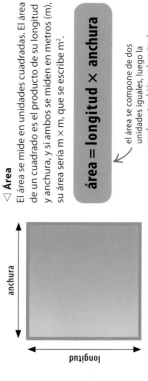

▽ **Volumen**

El volumen se mide en unidades cúbicas. El volumen de un cubo es el producto de su altura, anchura y longitud; si todas se midieran en metros (m), su área sería m × m × m, o m³.

el volumen se compone de tres unidades: longitud, anchura y altura; técnicamente, la altura y la anchura también son longitudes

$$\text{volumen} = \text{longitud} \times \text{anchura} \times \text{altura}$$

anchura

altura

longitud

Velocidad

La velocidad mide la distancia (longitud) recorrida en un tiempo dado. Por tanto, la fórmula para medir la velocidad es longitud ÷ tiempo. Si se mide en kilómetros y horas, la unidad de velocidad es km/h.

$$\text{Velocidad} = \frac{\text{distancia}}{\text{tiempo}}$$

△ Triángulo de la fórmula de la velocidad

Las relaciones entre velocidad, distancia y tiempo se pueden mostrar en un triángulo. La posición de cada unidad en él indica cómo utilizar las otras dos medidas para calcular esa unidad.

$$V = \frac{D}{T}$$

velocidad = distancia ÷ tiempo

esta línea actúa como signo de división

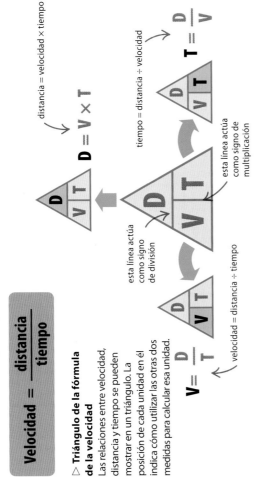

esta línea actúa como signo de multiplicación

$$D = V \times T$$

distancia = velocidad × tiempo

$$T = \frac{D}{V}$$

tiempo = distancia ÷ velocidad

△ Halla la velocidad

Una furgoneta recorre 20 km en 20 minutos. De esta información se puede deducir su velocidad en km/h.

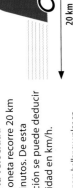

20 km

para hallar su valor en horas, divide 20 por 60

$$20 \text{ minutos} = \frac{20}{60} = \frac{1}{3} \text{ hora}$$

Primero, convierte los minutos en horas. Para hacerlo, divídelos por 60, luego cancela la fracción –divide los números de arriba y abajo por 20–. Esto da un resultado de 1/3 de hora.

la distancia es 20 km

$$V = \frac{D}{T} = 60 \text{ km/h}$$

el tiempo es ¹/₃ hora

Luego, substituye los valores para distancia y tiempo en la fórmula de la velocidad. Divide la distancia (20 km) por el tiempo (1/3 de hora) para hallar la velocidad, que aquí es 60 km/h.

Densidad

La densidad mide la cantidad de materia que cabe en un volumen determinado de una sustancia. Involucra dos unidades: masa y volumen. La fórmula para medir la densidad es masa ÷ volumen. Si esto se mide en gramos y centímetros, la unidad para la densidad será g/cm³.

$$\text{Densidad} = \frac{\text{masa}}{\text{volumen}}$$

△ Triángulo de la fórmula de la densidad

Las relaciones entre densidad, masa y volumen se pueden mostrar en un triángulo. La posición de cada unidad en el triángulo muestra cómo calcular dicha unidad con las otras unidades.

$$D = \frac{M}{V}$$

densidad = masa ÷ volumen

esta línea actúa como signo de división

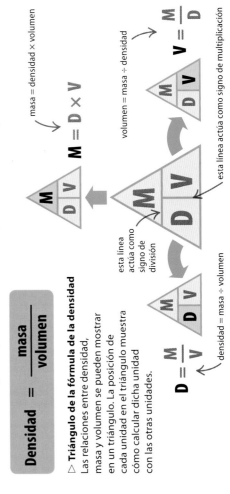

esta línea actúa como signo de multiplicación

$$M = D \times V$$

masa = densidad × volumen

$$V = \frac{M}{D}$$

volumen = masa ÷ densidad

△ Halla el volumen

El plomo tiene una densidad de 0.0113 kg/cm³. Con esta medida se puede hallar el volumen de una pesa de plomo que tenga una masa de 0.5 kg.

0.5 kg

la densidad del plomo es constante, sin importar la masa

△ Utiliza la fórmula

En la fórmula para el volumen, sustituye los valores de masa y densidad. Para encontrar el volumen, en este caso 44.25 cm³, divide masa (0.5 kg) por densidad (0.0113 kg/cm³).

la masa es 0.5 kg

$$V = \frac{M}{D} = 44.25 \text{ cm}^3$$

la densidad es 0.0113 kg/cm³

Números positivos y negativos

UN NÚMERO POSITIVO ES UN NÚMERO QUE ES MAYOR QUE CERO, MIENTRAS QUE UN NÚMERO NEGATIVO ES MENOR QUE CERO.

Un número positivo se muestra con un signo más (+), o sin ningún signo delante de él. Si el número es negativo, va precedido de un signo menos (-).

VER TAMBIÉN
❮ **14–15** Introducción a los números
❮ **16–17** Suma y resta

¿Por qué usar positivos y negativos?

Los números positivos se utilizan cuando se cuenta una cantidad de cero hacia delante, y los números negativos cuando se cuenta de cero hacia atrás. Por ejemplo, si en una cuenta bancaria hay dinero, la cantidad de dinero es positiva, pero si la cuenta está sobregirada, la cantidad de dinero en la cuenta es negativa.

número negativo

la fila de números es infinita

$$-5 \quad -4 \quad -3 \quad -2$$

Suma y resta de positivos y negativos

Para sumar y restar números positivos y negativos, usa una fila de números. Halla el primer número en la línea y mueve la cantidad de lugares que indica el segundo número. Para sumar, mueve hacia la derecha y para restar hacia la izquierda.

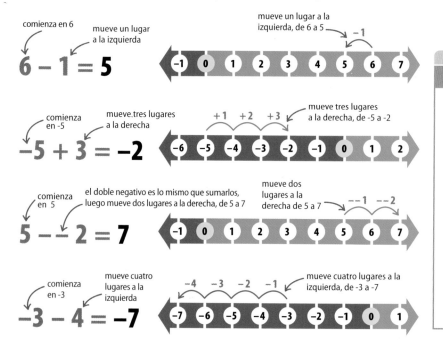

comienza en 6
mueve un lugar a la izquierda
mueve un lugar a la izquierda, de 6 a 5
-1

$$6 - 1 = 5$$

comienza en -5
mueve tres lugares a la derecha
$+1 \quad +2 \quad +3$
mueve tres lugares a la derecha, de -5 a -2

$$-5 + 3 = -2$$

comienza en 5
el doble negativo es lo mismo que sumarlos, luego mueve dos lugares a la derecha, de 5 a 7
mueve dos lugares a la derecha de 5 a 7
$--1 \quad --2$

$$5 - -2 = 7$$

comienza en -3
mueve cuatro lugares a la izquierda
$-4 \quad -3 \quad -2 \quad -1$
mueve cuatro lugares a la izquierda, de -3 a -7

$$-3 - 4 = -7$$

MÁS DE CERCA

Negativos dobles

Si un número negativo se resta de uno positivo, crea una doble negación. Como el primer negativo es anulado por el segundo negativo, el resultado siempre es un positivo; por ejemplo, 5 menos -2 es lo mismo que sumarle 2 a 5.

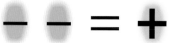

$$- \quad - \quad = \quad +$$

△ **Signos iguales dan positivo**
Si se juntan dos signos iguales, el resultado siempre es positivo. El resultado es negativo si quedan juntos dos signos distintos.

▽ Fila de números

La fila de números es una buena manera de aprender los números positivos y negativos. Dibuja los números positivos a la derecha de 0, y los números negativos a la izquierda de 0. Si agregas color, los podrás distinguir mejor.

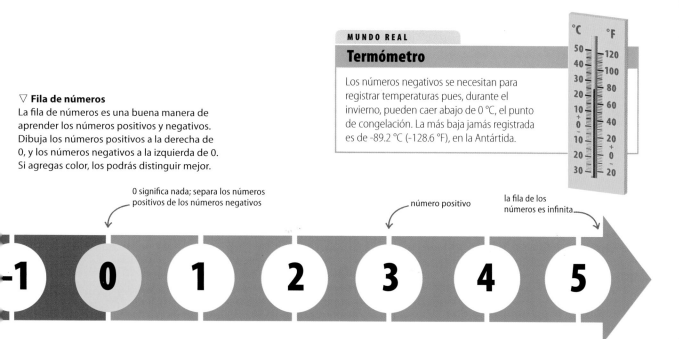

MUNDO REAL

Termómetro

Los números negativos se necesitan para registrar temperaturas pues, durante el invierno, pueden caer abajo de 0 °C, el punto de congelación. La más baja jamás registrada es de -89.2 °C (-128.6 °F), en la Antártida.

0 significa nada; separa los números positivos de los números negativos

número positivo

la fila de los números es infinita

Multiplicación y división

Para multiplicar o dividir dos números, haz la operación sin importar si son positivos o negativos y luego usa el diagrama de la derecha para saber si el resultado es positivo o negativo.

$2 \times 4 = 8$ — 8 es positivo porque $+ \times + = +$

$-1 \times 6 = -6$ — -6 es negativo porque $- \times + = -$

$-4 \div 2 = -2$ — -2 es negativo porque $- \div + = -$

$-2 \times 4 = -8$ — -8 es negativo porque $- \times + = -$

$-2 \times -4 = 8$ — 8 es positivo porque $- \times - = +$

$-10 \div -2 = 5$ — 5 es positivo porque $- \div - = +$

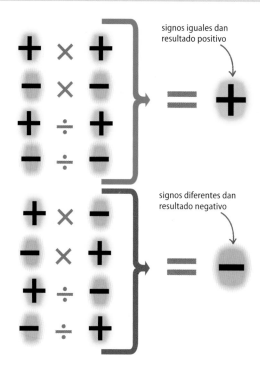

signos iguales dan resultado positivo

signos diferentes dan resultado negativo

△ **Resultado positivo o negativo**
El signo en el resultado depende de si los signos de los números son iguales o no.

Potencias y raíces

UNA POTENCIA ES EL NÚMERO DE VECES QUE UN NÚMERO
SE MULTIPLICA POR SÍ MISMO. LA RAÍZ DE UN NÚMERO ES UN NÚMERO
QUE MULTIPLICADO POR SÍ MISMO, ES IGUAL AL NÚMERO ORIGINAL.

VER TAMBIÉN

❮ **18–21** Multiplicación
❮ **22–25** División
La forma estándar **36–37** ❯
Uso de la calculadora **64–65** ❯

Presentación de las potencias

Potencia es el número de veces que un número se multiplica por sí
mismo. Se expresa por un número más pequeño situado en la esquina
superior derecha del número. Cuando un número se multiplica por sí
mismo una vez, se dice número "cuadrado"; si un número se multiplica
por sí mismo dos veces, se dice que el número está al "cubo".

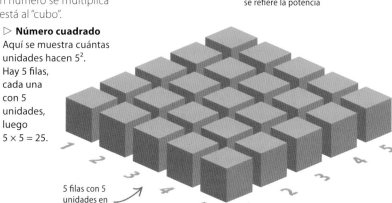

esta es la potencia, que muestra
cuántas veces se debe multiplicar el
número (5^4 significa $5 \times 5 \times 5 \times 5$)

este es el número al que
se refiere la potencia

esta es la potencia;
5^2 es "5 al cuadrado"

△ **El cuadrado de un número**
El cuadrado de un número se obtiene al
multiplicar el número por sí mismo. La potencia
de un número cuadrado es ^{2}, por ejemplo 5^2,
o sea, que hay 2 grupos de 5 (5×5).

▷ **Número cuadrado**
Aquí se muestra cuántas
unidades hacen 5^2.
Hay 5 filas,
cada una
con 5
unidades,
luego
$5 \times 5 = 25$.

5 filas con 5
unidades en
cada fila

esta es la potencia;
5^3 es "5 al cubo"

△ **El cubo de un número**
El cubo de un número se obtiene al
multiplicar dos veces el número por sí
mismo. La potencia para un número
cúbico es ^{3}, por ejemplo 5^3, o sea, que
hay 3 grupos de 5 ($5 \times 5 \times 5$).

5 filas verticales

▷ **Número cúbico**
Aquí se muestra cuántas unidades
hacen 5^3. Hay 5 filas horizontales y
5 filas verticales, con 5 unidades en
cada una, luego $5 \times 5 \times 5 = 125$.

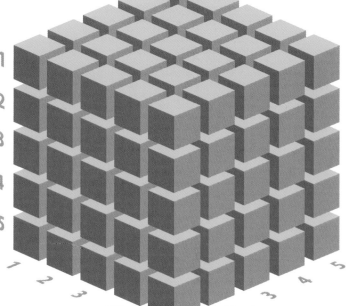

5 filas horizontales

5 grupos de unidade

Raíces cuadradas y raíces cúbicas

La raíz cuadrada es un número que, multiplicado por sí mismo una vez, es igual a un número dado. Por ejemplo, una raíz cuadrada de 4 es 2, ya que $2 \times 2 = 4$. Otra raíz cuadrada es -2, puesto que $(-2) \times (-2) = 4$. La raíz cúbica es un número que, multiplicado por sí mismo dos veces, es igual a un número dado.

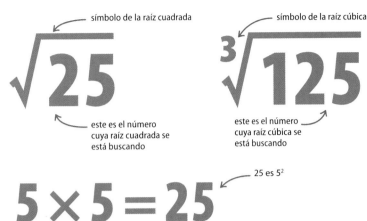

símbolo de la raíz cuadrada

este es el número cuya raíz cuadrada se está buscando

símbolo de la raíz cúbica

este es el número cuya raíz cúbica se está buscando

símbolo de la raíz cuadrada

esta es la raíz cuadrada de 25

$$\sqrt{25} = 5 \quad \text{porque} \quad 5 \times 5 = 25$$

25 es 5^2

△ **La raíz cuadrada** de un número es el número que, elevado al cuadrado (multiplicado por sí mismo), es igual al número bajo el signo de la raíz cuadrada.

símbolo de la raíz cúbica

esta es la raíz cúbica de 125

125 es 5^3

$$\sqrt[3]{125} = 5 \quad \text{porque} \quad 5 \times 5 \times 5 = 125$$

△ **Raíz cúbica de un número**

La raíz cúbica de un número es el número que elevado al cubo (multiplicado dos veces por sí mismo) es igual al número bajo el signo de raíz cúbica.

RAÍCES CUADRADAS COMUNES		
Raíz cuadrada	Resultado	¿Por qué?
1	1	Porque $1 \times 1 = 1$
4	2	Porque $2 \times 2 = 4$
9	3	Porque $3 \times 3 = 9$
16	4	Porque $4 \times 4 = 16$
25	5	Porque $5 \times 5 = 25$
36	6	Porque $6 \times 6 = 36$
49	7	Porque $7 \times 7 = 49$
64	8	Porque $8 \times 8 = 64$
81	9	Porque $9 \times 9 = 81$
100	10	Porque $10 \times 10 = 100$
121	11	Porque $11 \times 11 = 121$
144	12	Porque $12 \times 12 = 144$
169	13	Porque $13 \times 13 = 169$

MÁS DE CERCA

Uso de la calculadora

Para hallar potencias y raíces se pueden usar las calculadoras. La mayoría tienen botones para números cuadrados y cúbicos, para encontrar raíces cuadradas y cúbicas y un botón exponente, que permite elevar el número a cualquier potencia.

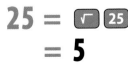 X^y

△ **Exponente**
Este botón permite elevar un número a cualquier potencia.

$3^5 =$ [3] [X^y] [5]
$= 243$

◁ **Uso de los exponentes**
Digita primero el número y luego digita la potencia deseada.

△ **Raíz cuadrada**
Con este botón se puede hallar la raíz cuadrada de cualquier número.

$25 =$ [√] [25]
$= 5$

◁ **Uso de las raíces cuadradas**
En las calculadoras, puedes hallar la raíz cuadrada oprimiendo el botón de raíz cuadrada y el número.

Multiplicar potencias del mismo número

Para multiplicar potencias que tienen el mismo número, suma las potencias. La potencia del resultado es la suma de las potencias multiplicadas.

suma las potencias

primera potencia

segunda potencia

$$6^2 \times 6^3 = 6^5$$

la potencia del resultado es: 2 + 3 = 5

porque

▷ **Escritura**
La escritura de lo que cada una de estas potencias representa, explica por qué para multiplicar potencias hay que sumarlas.

$$(6 \times 6) \times (6 \times 6 \times 6) = 6 \times 6 \times 6 \times 6 \times 6$$

6^2 es 6×6 6^3 es $6 \times 6 \times 6$ $6 \times 6 \times 6 \times 6 \times 6$ es 6^5

Dividir potencias del mismo número

Para dividir potencias del mismo número, resta la segunda potencia de la primera. La potencia del resultado es la diferencia entre la primera y la segunda potencias.

resta la segunda potencia de la primera

primera potencia

segunda potencia

$$4^4 \div 4^2 = 4^2$$

la potencia del resultado es: 4 − 2 = 2

porque

▷ **Escritura**
La escritura de la división de las potencias en forma de fracción reduciendo luego la fracción, explica por qué para dividir potencias basta restarlas.

4^4 es $4 \times 4 \times 4 \times 4$

$$\frac{4 \times 4 \times 4 \times 4}{4 \times 4} \implies \frac{\cancel{4} \times \cancel{4} \times 4 \times 4}{\cancel{4} \times \cancel{4}} = 4 \times 4$$

4^2 es 4×4 reduce la fracción a sus términos más sencillos 4×4 es 4^2

MÁS DE CERCA

Potencia cero

Todo número elevado a la potencia 0 es igual a 1. La división de dos potencias iguales del mismo número da una potencia 0, luego el resultado es 1. Estas reglas sólo aplican cuando se trabajan potencias del mismo número.

primera potencia

segunda potencia

la potencia del resultado es: 3 − 3 = 0

$$8^3 \div 8^3 = 8^0 = 1$$

todo número a la potencia 0 = 1

porque

▷ **Escritura**
La escritura de la división de dos potencias iguales, explica por qué todo número a la potencia cero siempre es igual a 1.

8^3 es $8 \times 8 \times 8$

$$\frac{8 \times 8 \times 8}{8 \times 8 \times 8} = \frac{512}{512} = 1$$

todo número dividido por sí mismo = 1

Encontrar una raíz cuadrada por tanteo

Se puede encontrar una raíz cuadrada por tanteo, eligiendo un número a multiplicar por sí mismo, calculando el resultado y cambiando luego el número en función de si el resultado tiene que ser mayor o menor.

$$\sqrt{32} = \text{?}$$

$\sqrt{25} = 5$ y $\sqrt{36} = 6$, luego el resultado debe estar entre 5 y 6. Empieza en 5,5, el punto medio entre los dos:

$5.5 \times 5.5 = 30.25$ ⬇ **Muy bajo**

$5.75 \times 5.75 = 33.0625$ ⬆ **Muy alto**

$5.65 \times 5.65 = 31.9225$ ⬇ **Muy bajo**

$5.66 \times 5.66 = \mathbf{32.0356}$

↖ la raíz cuadrada de 32 es aproximadamente 5.66   ↖ se debe redondear hacia abajo, a 32

$$\sqrt{1{,}000} = \text{?}$$

$\sqrt{1{,}600} = 40$ y $\sqrt{900} = 30$, luego el resultado debe estar entre 40 y 30. Como 1,000 es más cercano a 900 que 1,600, comienza con un número más cerca de 30, como 32:

$32 \times 32 = 1{,}024$ ⬆ **Muy alto**

$31 \times 31 = 961$ ⬇ **Muy bajo**

$31.5 \times 31.5 = 992.25$ ⬇ **Muy bajo**

$31.6 \times 31.6 = 998.56$ ⬇ **Muy bajo**

$31.65 \times 31.65 = 1{,}001.72$ ⬆ **Muy alto**

$31.62 \times 31.62 = \mathbf{999.8244}$

la raíz cuadrada de 1,000 es aproximadamente 31.62 ↗   ↖ se debe redondear hacia arriba, a 1,000, que es el próximo número entero

Encontrar una raíz cúbica por tanteo

También es posible calcular la raíz cúbica sin usar una calculadora. Comienza usando números redondos y luego usa estos resultados para acercarte al resultado final.

$$\sqrt[3]{32} = \text{?}$$

$3 \times 3 \times 3 = 27$ y $4 \times 4 \times 4 = 64$, luego el resultado está entre 3 y 4. Empieza con 3.5, el punto medio entre los dos:

$3.5 \times 3.5 \times 3.5 = 42.875$ ⬆ **Muy alto**

$3.3 \times 3.3 \times 3.3 = 35.937$ ⬆ **Muy alto**

$3.1 \times 3.1 \times 3.1 = 29.791$ ⬇ **Muy bajo**

$3.2 \times 3.2 \times 3.2 = 32.768$ ⬆ **Muy alto**

$3.18 \times 3.18 \times 3.18 = \mathbf{32.157432}$

↖ la raíz cúbica de 32 es aproximadamente 3.18   ↖ esto sería 32.2 a 1 lugar decimal

$$\sqrt[3]{800} = \text{?}$$

$9 \times 9 \times 9 = 729$ y $10 \times 10 \times 10 = 1{,}000$, el resultado está entre 9 y 10. Como 800 está más cerca de 729 que 1,000, empieza con un número más cercano a 9, como 9,1:

$9.1 \times 9.1 \times 9.1 = 753.571$ ⬇ **Muy bajo**

$9.3 \times 9.3 \times 9.3 = 804.357$ ⬆ **Muy alto**

$9.27 \times 9.27 \times 9.27 = 796.5979$ ⬇ **Muy bajo**

$9.28 \times 9.28 \times 9.28 = 799.1787$ ⬇ **Muy cerca**

$9.284 \times 9.284 \times 9.284 = \mathbf{800.2126}$

↖ la raíz cúbica de 32 es aproximadamente 9.284   ↖ se redondearía hacia abajo a 800

La forma estándar

LA FORMA ESTÁNDAR ES UNA MANERA CONVENIENTE
DE ESCRIBIR NÚMEROS MUY GRANDES Y MUY PEQUEÑOS.

VER TAMBIÉN
❮ **18–21** Multiplicación
❮ **22–25** División
❮ **32–35** Potencias y raíces

Presentación de la forma estándar

La forma estándar hace que los números grandes o pequeños sean más fáciles de entender, mostrándolos como números multiplicados por una potencia de 10. Esto es útil porque la potencia de 10 da una idea instantánea del tamaño real del número.

esta es la potencia de 10

$$4 \times 10^3$$

◁ **Uso de la forma estándar**
Así se escribe 4,000 como forma estándar –muestra que el lugar decimal para el número representado, 4,000, está a tres lugares a la derecha de 4–.

Cómo escribir un número en la forma estándar

Para escribir un número de esta forma, calcula cuántos lugares se debe mover el punto decimal para formar un número entre 1 y 10. Si no hay punto decimal, agrega uno después de la última cifra.

▷ **Toma un número**
Generalmente se usa la forma estándar para números muy grandes o muy pequeños.

número muy grande

1,230,000

número muy pequeño

0.0006

▷ **Agrega el punto decimal**
Identifica la posición de la coma decimal, si la hay. Si no la hay, agrega el punto decimal al final del número.

agrega un punto decimal

1,230,000.

el punto decimal ya está aquí

0.0006

▷ **Mueve el punto decimal**
Mueve el punto decimal a lo largo del número y cuenta cuántos lugares se debe mover para formar un número entre 1 y 10.

6 5 4 3 2 1
1,230,000.

el punto decimal se mueve 6 lugares a la izquierda

1 2 3 4
0.0006

el punto decimal se mueve 4 lugares a la derecha

▷ **Escribe en forma estándar**
El número entre 1 y 10 se multiplica por 10, y el número pequeñito, la "potencia" de 10, se encuentra contando cuántos lugares se movió el punto decimal para crear el primer número.

la potencia es 6 porque el punto decimal se movió seis lugares y es positiva porque el punto decimal se movió hacia la izquierda

$$1.23 \times 10^6$$

el primer número siempre debe estar entre 1 y 10

la potencia es negativa porque el punto decimal se movió hacia la derecha

$$6 \times 10^{-4}$$

la potencia es 4 porque el punto decimal se movió cuatro lugares

La forma estándar en acción

A veces es difícil saber qué tan grandes o pequeños son los números, basándose en la cantidad de dígitos. La forma estándar facilita esto.

La masa de la Tierra es 5,974,200,000,000,000,000,000,000 kg

$$5,974,200,000,000,000,000,000,000.0 \text{ kg}$$

Se mueve el punto decimal **24 lugares** a la izquierda.

La masa del planeta Marte es

$$641,910,000,000,000,000,000,000.0 \text{ kg}$$

Se mueve el punto decimal **23 lugares** a la izquierda.

Estos números escritos en la forma estándar son más fáciles de comparar. La masa de la Tierra en la forma estándar es

$$5.9742 \times 10^{24} \text{ kg}$$

La masa de Marte en la forma estándar es

$$6.4191 \times 10^{23} \text{ kg}$$

▷ **Al comparar la masa de los planetas**
Inmediatamente se observa que la masa de la Tierra es mayor que la de Marte, ya que 10^{24} es 10 veces más grande que 10^{23}.

EJEMPLOS DE FORMA ESTÁNDAR		
Ejemplo	**Forma decimal**	**Forma estándar**
Peso de la Luna	73,600,000,000,000,000,000,000 kg	7.36×10^{22} kg
Población de la Tierra	6,800,000,000	6.8×10^{9}
Velocidad de la luz	300,000,000 m/sec	3×10^{8} m/sec
Distancia de la Luna a la Tierra	384,000 km	3.8×10^{5} km
Peso del edificio Empire State	365,000 ton.	3.65×10^{5} ton·
Longitud de la línea ecuatorial	40,075 km	4×10^{4} km
Altura del monte Everest	8,850 m	8.850×10^{3} m
Velocidad de una bala	710 m/seg	7.1×10^{2} m/seg
Velocidad de un caracol	0.001 m/seg	1×10^{-3} m/seg
Anchura de un glóbulo rojo	0.00067 cm	6.7×10^{-4} cm
Longitud de un virus	0.000 000 009 cm	9×10^{-9} cm
Peso de una partícula de polvo	0.000 000 000 753 kg	7.53×10^{-10} kg

MÁS DE CERCA

Forma estándar y calculadoras

El botón del exponente de la calculadora permite elevar números a cualquier potencia. Las calculadoras dan resultados muy grandes en la forma estándar.

△ **Botón del exponente**
Este botón de la calculadora permite elevar un número a cualquier potencia.

Uso del botón del exponente:

4×10^{2} se ingresa oprimiendo

En algunas calculadoras los resultados aparecen en la forma estándar.

$$1234567 \times 89101112 =$$
$$1.100012925 \times 10^{14}$$

Así, el resultado es aproximadamente 110,001,292,500,000

Decimales en acción

LOS NÚMEROS ESCRITOS EN FORMA DECIMAL SE LLAMAN
NÚMEROS DECIMALES, O SENCILLAMENTE DECIMALES.

VER TAMBIÉN

❮ **18–21** Multiplicación

❮ **22–25** División

Uso de la
calculadora   **64–65**❯

Números decimales

En un número decimal, las cifras a la izquierda del punto decimal son los
enteros. Las cifras a la derecha no son números enteros. La primera cifra a la
derecha del punto decimal representa las décimas, el segundo las centésimas
y así sucesivamente. A estos números se les llama partes fraccionales.

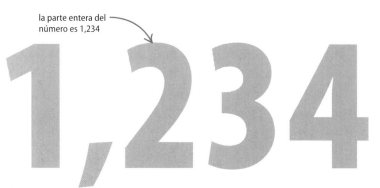

la parte entera del
número es 1,234

la parte fraccional
del número es 56

△ **Partes enteras y fraccionales**
Los números enteros representan –del punto decimal hacia la izquierda–
unidades, decenas, centenas y miles. Los números fraccionales
–moviéndose a la derecha del lugar decimal– son décimas, centésimas, etc.

el punto decimal separa los números
enteros (a la izquierda) de los
números fraccionales (a la derecha)

Multiplicación

Para multiplicar decimales, elimina primero el punto decimal. Haz luego una
multiplicación larga de los dos números, antes de colocar nuevamente el punto
decimal en el resultado. Aquí, 1.9 (decimal) se multiplica por 7 (número entero).

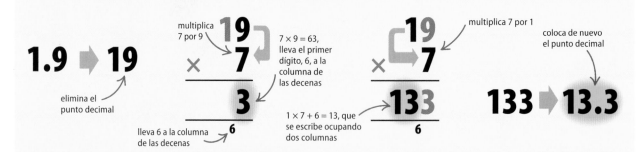

multiplica
7 por 9

$7 \times 9 = 63$,
lleva el primer
dígito, 6, a la
columna de
las decenas

multiplica 7 por 1

coloca de nuevo
el punto decimal

1.9 ➡ **19**

elimina el
punto decimal

lleva 6 a la columna
de las decenas

$1 \times 7 + 6 = 13$, que
se escribe ocupando
dos columnas

133 ➡ **13.3**

Elimina primero todo punto
decimal, para tratar ambos
números como enteros.

Multiplica los dos números,
empezando en su columna
de unidades. Si es necesario,
lleva unidades a las decenas.

**Luego multiplica las
decenas.** El producto 7
sumado al 6 que trajiste, da
13. Escríbelo en dos columnas.

Finalmente, cuenta los dígitos
decimales en los números
originales –hay 1–. El resultado
también tendrá 1 cifra decimal.

DIVISIÓN

Cuando se divide un número por otro, el resultado con frecuencia es decimal.
Algunas veces es más fácil convertir los decimales en enteros antes de dividirlos.

División corta con decimales

Muchos números no se dividen exactamente entre sí. En estos casos, se agrega un punto decimal y ceros después del punto al número que se está dividiendo hasta resolver la división. Aquí, 6 se divide por 8.

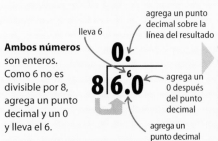

Ambos números son enteros. Como 6 no es divisible por 8, agrega un punto decimal y un 0 y lleva el 6.

lleva 6

agrega un punto decimal sobre la línea del resultado

agrega un 0 después del punto decimal

agrega un punto decimal después de 6

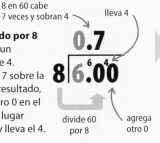

8 en 60 cabe 7 veces y sobran 4

60 dividido por 8 da 7, con un residuo de 4. Escribe el 7 sobre la línea del resultado, agrega otro 0 en el siguiente lugar decimal, y lleva el 4.

lleva 4

divide 60 por 8

agrega otro 0

el resultado es 0,75

40 dividido por 8 da exactamente 5, y la división termina. La respuesta de 6 ÷ 8 es 0.75.

divide 40 por 8

División de decimales

Arriba, con una división corta, se obtuvo el resultado decimal de 8 ÷ 6, que también puedes obtener con una división larga.

como 8 en 6 cabe 0 veces, escribe 0 aquí

multiplica 8 por 0 para obtener 0

agrega un punto decimal

divide 60 por 8

Primero, divide 6 por 8. Como cabe 0 veces, coloca 0 sobre el 6. Multiplica 8 × 0 y escribe el resultado (0) debajo del 6.

Resta 0 de 6 para obtener 6 y baja el 0. Divide 60 por 8 y pon el resultado, 7, después de un punto decimal.

multiplica 8 por 7 para obtener 56

el primer residuo es 4

Para obtener el primer residuo, multiplica 8 por 7 y resta esto de 60. El resultado es 4.

8 en 40 cabe 5 veces exactas

baja un 0

divide 40 por 8

Baja un cero para unirlo al 4 y divide el número por 8. Como cabe exactamente 5 veces, escribe 5 sobre la línea.

MÁS DE CERCA

Decimales infinitos

A veces el resultado en una división puede ser un decimal que se repite sin fin. Se le llama decimal "periódico". Por ejemplo, aquí 1 se divide entre 3. Tanto los cálculos como los resultados se vuelven idénticos después de la segunda etapa y se repiten hasta el infinito.

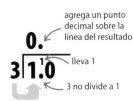

agrega un punto decimal sobre la línea del resultado

lleva 1

3 no divide a 1

Como 1 no se divide en 3, coloca 0 sobre la línea del resultado. Agrega un punto decimal después del 0, y lleva 1.

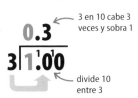

3 en 10 cabe 3 veces y sobra 1

divide 10 entre 3

10 dividido entre 3 da 3, con un residuo de 1. Escribe 3 sobre la línea del resultado y lleva el 1 al próximo 0.

3 en 10 cabe 3 veces y sobra 1

símbolo del decimal periódico o recurrente

Al dividir 10 por 3 se obtiene el mismo resultado que en el paso anterior. Esto se repite infinitamente. Este tipo de decimal recurrente se escribe con un barra sobre la cifra o cifras recurrentes.

Fracciones

UNA FRACCIÓN REPRESENTA UNA PARTE DE UN NÚMERO ENTERO.

Las fracciones sirven para dividir un número en partes iguales.
Se escriben como un número sobre otro número.

VER TAMBIÉN

❮ **22–25** División

❮ **38–39** Decimales en acción

Razón
y proporción   **48–51** ❯

Porcentajes   **52–53** ❯

Convertir fracciones,
decimales,
porcentajes   **56–57** ❯

Escritura de las fracciones

En una fracción, el número de arriba
indica cuántas partes iguales del entero
se manejan y el número de abajo
muestra la cantidad total de partes
iguales en que se ha dividido.

Numerador
Es el número de partes
iguales examinadas.

Línea divisoria
También se escribe como /.

Denominador
Es el número total de
partes iguales en el entero.

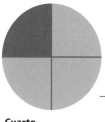

Cuarto
¼, un cuarto, muestra
1 parte de 4 partes
iguales de un entero.

Octavo
⅛ (un octavo)
es 1 parte de
8 partes iguales
de un entero.

Dieciseisavo
¹⁄₁₆ (un dieciseisavo)
es 1 parte de 16
partes iguales
de un entero.

Treintaidosavo
¹⁄₃₂ (un
treintaidosavo)
es 1 parte de
32 partes iguales
de un entero.

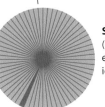

Sesentaicuatroavo ¹⁄₆₄
(un sesentaicuatroavo)
es 1 parte de 64 partes
iguales de un entero.

▷ **Partes iguales de un entero**
El círculo de la derecha muestra
cómo las partes de un entero se
pueden dividir de distintas maneras
para formar diferentes fracciones.

Tipos de fracciones

La fracción propia –en la que el numerador es menor que el denominador– es sólo un tipo de fracción. Cuando el número de partes es mayor que el entero, el resultado es una fracción que se puede escribir de dos maneras: como fracción impropia o como fracción mixta.

el numerador es menor que el denominador

$$\frac{1}{4}$$

◁ **Fracción propia**
El número de partes examinadas se muestra en la parte superior y es menor que el entero.

el numerador es mayor que el denominador

$$\frac{35}{4}$$

◁ **Fracción impropia**
El numerador más grande indica que las partes provienen de más de un entero.

número entero · · · · · · · · fracción

$$10 \frac{1}{3}$$

◁ **Fracción mixta**
Un entero combinado con una fracción propia.

Medio
½ (un medio) es 1 de 2 partes iguales de un entero.

Representación de las fracciones

Las fracciones se pueden mostrar de muchas maneras, utilizando cualquier forma que se pueda dividir en un número igual de partes.

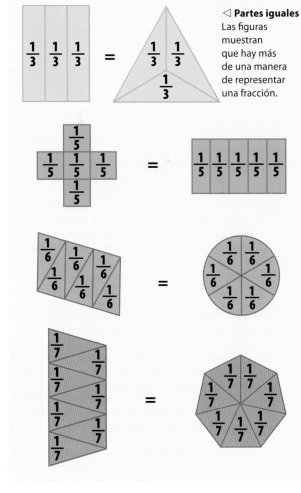

◁ **Partes iguales**
Las figuras muestran que hay más de una manera de representar una fracción.

Conversión de fracciones impropias en mixtas

Para convertir una fracción impropia en fracción mixta, se divide el numerador por el denominador.

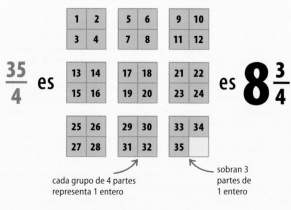

$$\frac{35}{4} \text{ es}$$

cada grupo de 4 partes representa 1 entero

sobran 3 partes de 1 entero

Dibuja grupos de 4 números –cada grupo representa un entero–. La fracción es 8 enteros con ¾ (tres cuartos) sobrantes.

es $8\frac{3}{4}$

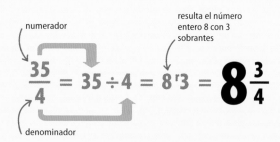

numerador

resulta el número entero 8 con 3 sobrantes

$$\frac{35}{4} = 35 \div 4 = 8\,\text{r}3 = 8\frac{3}{4}$$

denominador

Divide el numerador por el denominador, en este caso, 35 por 4.

El resultado es la fracción mixta 8¾, compuesta por el número entero 8 y 3 partes –ó ¾ (tres cuartos) sobrantes–.

Conversión de fracciones mixtas en impropias

Una fracción mixta puede convertirse en fracción impropia multiplicando el número entero por el denominador y agregando el resultado al numerador.

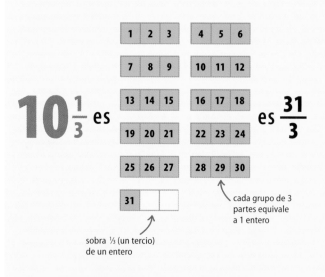

$$10\frac{1}{3} \text{ es}$$

sobra ⅓ (un tercio) de un entero

Dibuja la fracción como diez grupos de tres partes con una parte sobrante. De este modo se pueden contar 31 partes en la fracción.

es $\frac{31}{3}$

cada grupo de 3 partes equivale a 1 entero

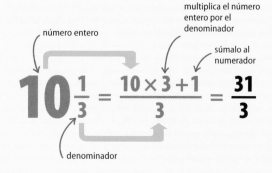

número entero

multiplica el número entero por el denominador

súmalo al numerador

$$10\frac{1}{3} = \frac{10 \times 3 + 1}{3} = \frac{31}{3}$$

denominador

Multiplica el número entero por el denominador –en este caso, $10 \times 3 = 30$–. Luego agrega el numerador.

El resultado es la fracción impropia ³¹⁄₃, cuyo numerador (31) es mayor que el denominador (3).

Fracciones equivalentes

Una fracción se puede escribir de diferentes formas a las cuales se les llama
fracciones equivalentes, aunque parezcan distintas.

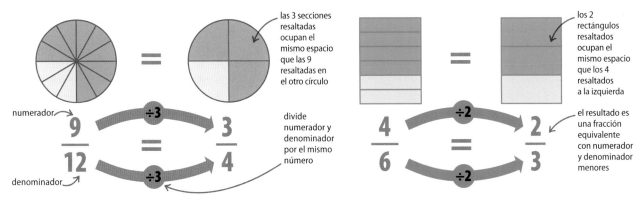

las 3 secciones resaltadas ocupan el mismo espacio que las 9 resaltadas en el otro círculo

divide numerador y denominador por el mismo número

los 2 rectángulos resaltados ocupan el mismo espacio que los 4 resaltados a la izquierda

el resultado es una fracción equivalente con numerador y denominador menores

△ **Reducción**
Es un método usado para hallar una fracción equivalente
que sea más sencilla que la original. Para reducir una fracción
divides numerador y denominador por el mismo número.

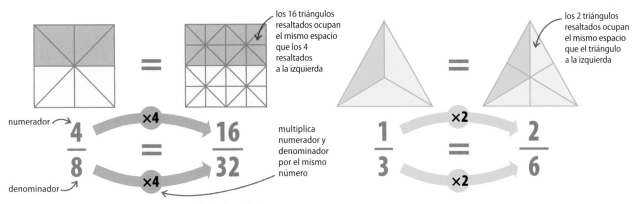

los 16 triángulos resaltados ocupan el mismo espacio que los 4 resaltados a la izquierda

multiplica numerador y denominador por el mismo número

los 2 triángulos resaltados ocupan el mismo espacio que el triángulo a la izquierda

△ **Reducción inversa**
Consiste en multiplicar el numerador y el denominador
por el mismo número. El resultado es una fracción
equivalente con numerador y denominador mayores.

Tabla de fracciones equivalentes

$1/1 =$	$2/2$	$3/3$	$4/4$	$5/5$	$6/6$	$7/7$	$8/8$	$9/9$	$10/10$
$1/2 =$	$2/4$	$3/6$	$4/8$	$5/10$	$6/12$	$7/14$	$8/16$	$9/18$	$10/20$
$1/3 =$	$2/6$	$3/9$	$4/12$	$5/15$	$6/18$	$7/21$	$8/24$	$9/27$	$10/30$
$1/4 =$	$2/8$	$3/12$	$4/16$	$5/20$	$6/24$	$7/28$	$8/32$	$9/36$	$10/40$
$1/5 =$	$2/10$	$3/15$	$4/20$	$5/25$	$6/30$	$7/35$	$8/40$	$9/45$	$10/50$
$1/6 =$	$2/12$	$3/18$	$4/24$	$5/30$	$6/36$	$7/42$	$8/48$	$9/54$	$10/60$
$1/7 =$	$2/14$	$3/21$	$4/28$	$5/35$	$6/42$	$7/49$	$8/56$	$9/63$	$10/70$
$1/8 =$	$2/16$	$3/24$	$4/32$	$5/40$	$6/48$	$7/56$	$8/64$	$9/72$	$10/80$

Encontrar un común denominador

Es más fácil buscar los tamaños relativos de dos o más fracciones si encuentras un común denominador, es decir, un número que se pueda dividir por los denominadores de las fracciones. Una vez lo encuentres, compara sus numeradores.

▷ **Comparación de fracciones**
Para calcular los tamaños relativos de las fracciones, debes convertirlas, de forma que todas tengan el mismo denominador. Para ello, primero mira los denominadores de todas las fracciones que se comparan.

$$\frac{2}{3}$$ denominador $$\frac{5}{8}$$ denominador $$\frac{7}{12}$$ denominador

▷ **Haz una lista de los múltiplos**
–números enteros, producto de multiplicar cada denominador por otros números– para todos los denominadores. Elige un punto de tope sensible para la lista, como 100.

múltiplos de 3

múltiplos de 8

múltiplos de 12

3, 6, 9, 12, 15, 18, 21, 24, 27, 30…   **8, 16, 24, 32, 40, 48, 56, 64, 72…**   **12, 24, 36, 48, 60, 72, 84, 96…**

▷ **Halla el menor común denominador**
Lista sólo los múltiplos que son comunes a los tres conjuntos. Estos números se llaman denominadores comunes. Identifica el menor.

menor común denominador de 3, 8 y 12

común denominador

24, 48, 72, 96…

▷ **Convierte las fracciones**
Averigua cuántas veces cabe el denominador original en el denominador común. Multiplica el numerador por el mismo número. Ahora puedes comparar las fracciones.

fracción mayor

fracción menor

$$\frac{2}{3} \overset{\times 8}{\underset{\times 8}{=}} \frac{16}{24} \qquad \frac{5}{8} \overset{\times 3}{\underset{\times 3}{=}} \frac{15}{24} \qquad \frac{7}{12} \overset{\times 2}{\underset{\times 2}{=}} \frac{14}{24}$$

como el denominador original cabe 8 veces en el común denominador, multiplica ambos lados por 8

como el denominador original cabe 3 veces en el común denominador, multiplica ambos lados por 3

como el denominador original cabe 2 veces en el común denominador, multiplica ambos lados por 2

SUMA Y RESTA DE FRACCIONES

Al igual que con los enteros, es posible sumar y restar fracciones. La forma de hacerlo depende de si los denominadores son iguales o diferentes.

Suma y resta de fracciones con el mismo denominador

Para sumar o restar fracciones que tienen el mismo denominador, sencillamente suma o resta sus numeradores para obtener el resultado. Los denominadores no cambian.

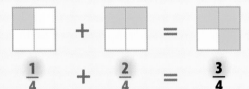

$$\frac{1}{4} + \frac{2}{4} = \frac{3}{4}$$

$$\frac{7}{8} - \frac{4}{8} = \frac{3}{8}$$

Para sumar fracciones, suma sólo los numeradores. El denominador en el resultado no cambia.

Para restar fracciones, resta el menor numerador del mayor. El denominador en el resultado no cambia.

Suma de fracciones con distinto denominador

Para sumar fracciones con distintos denominadores, debes cambiar una o ambas fracciones para que tengan el mismo denominador. Para ello hay que hallar un común denominador (ver página opuesta).

multiplica el entero por el denominador y luego súmale el numerador

6 es un común denominador, ya que tanto 3 como 6 son múltiplos de 6

ahora se puede sumar $^5/_6$ a $^{26}/_6$, ya que ambos tienen el mismo denominador

el residuo se convierte en el numerador de la fracción

$$4\frac{1}{3} + \frac{5}{6} \quad \frac{4\times3+1}{3} \quad \frac{13}{3} + \frac{5}{6} \quad \frac{13}{3} \overset{\times2}{\underset{\times2}{=}} \frac{26}{6} + \frac{5}{6} \quad \frac{31}{6} \Rightarrow 31 \div 6 = 5r1 = 5\frac{1}{6}$$

el denominador no cambia

como del original cabe 2 veces en el común denominador, multiplica ambos lados por 2

Primero, convierte a fracciones impropias cada una de las fracciones mixtas que estés sumando.

Encuentra un común denominador, ya que no se pueden sumar fracciones con distinto denominador.

Para convertir las fracciones a fracciones con denominador común, multiplícalas.

Para convertir la fracción impropia resultante nuevamente a fracción mixta, divide el numerador por el denominador.

Resta de fracciones con diferentes denominadores

Para restar fracciones con diferentes denominadores, debes hallar un denominador común.

multiplica el entero por el denominador y luego súmale el numerador

4 es el común denominador, ya que tanto 2 como 4 son múltiplos de 4

$^3/_4$ se puede restar de $^{26}/_4$, ya que ambos tienen el mismo denominador

el residuo se convierte en el numerador de la fracción

$$6\frac{1}{2} - \frac{3}{4} \quad \frac{6\times2+1}{2} \quad \frac{13}{2} - \frac{3}{4} \quad \frac{13}{2} \overset{\times2}{\underset{\times2}{=}} \frac{26}{4} - \frac{3}{4} \quad \frac{23}{4} \Rightarrow 23 \div 4 = 5r3 = 5\frac{3}{4}$$

el denominador no cambia

como el denominador cabe 2 veces en el común denominador, multiplica ambos lados por 2

Primero, multiplica para convertir a fracciones impropias todas las fracciones mixtas en la ecuación.

Como ambas fracciones tienen diferentes denominadores, necesitas un común denominador.

Multiplica para convertir las fracciones a fracciones con común denominador.

De ser necesario, divide el numerador por el denominador para convertir la fracción impropia nuevamente a fracción mixta.

MULTIPLICACIÓN DE FRACCIONES

Las fracciones se pueden multiplicar por otras fracciones. Para multiplicar fracciones por fracciones mixtas o por números enteros, primero debes convertirlas a fracciones impropias.

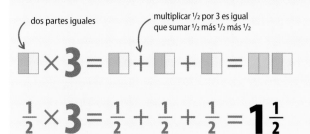

dos partes iguales

multiplicar ½ por 3 es igual que sumar ½ más ½ más ½

crea una fracción impropia con el número entero como numerador y 1 como denominador

el residuo es ahora el numerador de la fracción

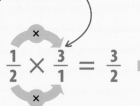

$$\frac{1}{2} \times 3 = \frac{1}{2} + \frac{1}{2} + \frac{1}{2} = 1\frac{1}{2}$$

$$\frac{1}{2} \times \frac{3}{1} = \frac{3}{2}$$

$$3 \div 2 = 1^r 1 = 1\frac{1}{2}$$

el denominador no cambia

Imagina que multiplicas una fracción por un número entero sumando la fracción a sí misma ese número de veces. También imagina que multiplicas un número entero por una fracción tomando dicha porción del número entero, aquí ½ de 3.

Convierte a fracción el número entero. Luego multiplica ambos numeradores y después ambos denominadores.

Divide el numerador de la fracción resultante por el denominador y escribe la fracción como fracción mixta.

Multiplicación de dos fracciones propias

Las fracciones propias se pueden multiplicar entre sí. Es útil imaginar que el signo **X** significa "de" –la operación de abajo se puede tomar como "¿qué es ½ de ¾?" y "¿qué es ¾ de ½?"–.

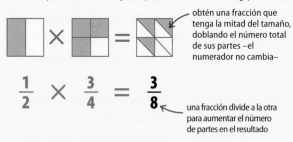

obtén una fracción que tenga la mitad del tamaño, doblando el número total de sus partes –el numerador no cambia–

imagina que el signo de la multiplicación significa "de"

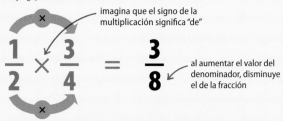

al aumentar el valor del denominador, disminuye el de la fracción

$$\frac{1}{2} \times \frac{3}{4} = \frac{3}{8}$$

una fracción divide a la otra para aumentar el número de partes en el resultado

Multiplica los numeradores y los denominadores. La fracción resultante responde ambas preguntas: "¿qué es ½ de ¾?" y "¿qué es ¾ de ½?"

Visualmente, el resultado de multiplicar dos fracciones propias es que el espacio ocupado por ambas se reduce.

Multiplicación de fracciones mixtas

Para multiplicar una fracción propia por una mixta, primero debes convertir la fracción mixta a fracción impropia.

multiplica el número entero por el denominador

el residuo es ahora el numerador de la fracción

para obtener su forma más baja, divide ambos números por 5: da ⅚

$$3\frac{2}{5} \times \frac{5}{6} \quad \frac{3 \times 5 + 2}{5}$$

$$\frac{17}{5} \times \frac{5}{6} =$$

$$\frac{85}{30}$$

$$85 \div 30 = 2^r 25 = 2\frac{25}{30}$$

súmale el numerador

el denominador no cambia

Primero, convierte la fracción mixta a fracción impropia.

Luego, multiplica los numeradores y denominadores para obtener una nueva fracción.

Divide el numerador de la nueva fracción impropia por su denominador. El resultado se muestra como una fracción mixta.

DIVISIÓN DE FRACCIONES

Las fracciones se pueden dividir por números enteros. Para hacerlo, convierte el número entero a fracción, invierte la fracción y luego multiplícala por la primera fracción.

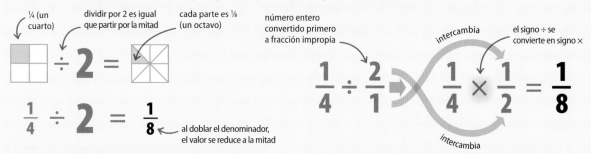

¼ (un cuarto)

dividir por 2 es igual que partir por la mitad

cada parte es ⅛ (un octavo)

número entero convertido primero a fracción impropia

intercambia

el signo ÷ se convierte en signo ×

$$\frac{1}{4} \div 2 = \frac{1}{8}$$

al doblar el denominador, el valor se reduce a la mitad

$$\frac{1}{4} \div \frac{2}{1} \Rightarrow \frac{1}{4} \times \frac{1}{2} = \frac{1}{8}$$

intercambia

Imagina que divides una fracción por un número entero dividiéndola en ese número de partes. En este ejemplo, ¼ dividido en 2 da como resultado el doble de partes iguales.

Para dividir una fracción por un número entero, convierte el número entero a fracción, invierte la fracción y multiplica tanto numeradores como denominadores.

División de dos fracciones propias

Las fracciones propias se pueden dividir por otras haciendo una operación inversa. La multiplicación y la división son operaciones inversas, ya que se oponen entre sí.

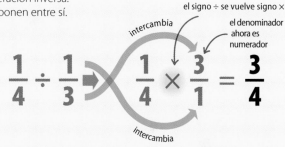

imagina que el signo de la multiplicación significa "de"

3 multiplicado por ¼, o ¼ de 3, da ¾

es lo mismo que decir

$$\frac{1}{4} \div \frac{1}{3}$$ es lo mismo que decir $$\frac{1}{4} \times 3 = \frac{3}{4}$$

lo mismo que ¾

el signo ÷ se vuelve signo ×

el denominador ahora es numerador

$$\frac{1}{4} \div \frac{1}{3} \Rightarrow \frac{1}{4} \times \frac{3}{1} = \frac{3}{4}$$

intercambia

Dividir una fracción por otra es lo mismo que invertir la segunda fracción y luego mutiplicarlas ambas.

Para dividir dos fracciones haz la operación inversa –voltea la última fracción, pon lo de arriba abajo–, luego multiplica numeradores y denominadores entre ellos.

División de fracciones mixtas

Para dividir fracciones mixtas, conviértelas primero a impropias; luego invierte la segunda fracción y multiplícala por la primera.

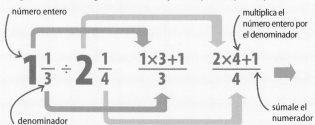

número entero

multiplica el número entero por el denominador

$$1\frac{1}{3} \div 2\frac{1}{4} \quad \frac{1\times3+1}{3} \quad \frac{2\times4+1}{4} \Rightarrow$$

denominador

súmale el numerador

el signo ÷ se vuelve signo ×

el denominador ahora es numerador

$$\frac{4}{3} \div \frac{9}{4} \Rightarrow \frac{4}{3} \times \frac{4}{9} = \frac{16}{27}$$

intercambia

Primero, convierte las dos fracciones mixtas a fracciones impropias, multiplicando el número entero por el denominador y sumándole el numerador.

Divide las dos fracciones invirtiendo la segunda fracción y multiplicando luego tanto numeradores como denominadores.

Razón y proporción

LA RAZÓN COMPARA EL TAMAÑO DE DOS CANTIDADES. LA PROPORCIÓN
COMPARA LA RELACIÓN ENTRE DOS CONJUNTOS DE CANTIDADES.

VER TAMBIÉN
❮ **18–21** Multiplicación
❮ **22–25** División
❮ **40–47** Fracciones

Las razones muestran cuánto más grande es una cosa que otra. Dos cosas están
en proporción cuando un cambio en una, causa un cambio relacionado en la otra.

Escritura de las razones

Las razones se escriben como dos o más números con
dos puntos entre ellos. Por ejemplo, cuando en una taza
de frutas la razón de manzanas a peras es 2 : 1 significa
que hay dos manzanas por cada pera.

◁ **Partidarios**
Este grupo representa partidarios
de dos clubes de futbol, los
"verdes" y los "azules".

estos apoyan
a los verdes

▷ **Cómo formar una razón**
Para comparar entre sí las
cantidades de personas
que apoyan dos clubes
diferentes, escríbelas como
razón. Indica que por cada
4 partidarios verdes hay
3 partidarios azules.

estos son los 4
partidarios verdes

este es el símbolo
para la razón entre
los partidarios

hay 3
partidarios
azules

▽ **Más razones**
El mismo proceso se aplica a cualquier conjunto
de datos que se deba comparar. Aquí tenemos más
grupos de partidarios y las razones que representan.

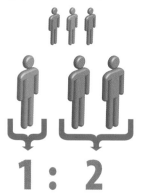

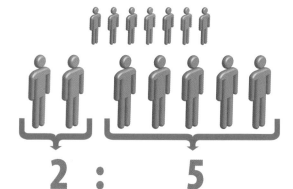

△ **1 : 2**
Un partidario verde y dos partidarios azules
se pueden comparar como la razón 1 : 2.
Esto indica que en este caso los partidarios
azules son el doble de los verdes.

△ **1 : 3**
Un partidario verde y 3 partidarios
azules se muestran como la razón
1 : 3, es decir, que hay tres veces
más partidarios azules que verdes.

△ **2 : 5**
Dos partidarios verdes y cinco partidarios
azules se pueden comparar como la razón
2 : 5. Los partidarios azules son más del
doble de los verdes.

Buscar una razón

Un número grande también se puede escribir como una razón. Por ejemplo, para encontrar la razón entre 1 hora y 20 minutos, conviértelos a la misma unidad y luego redúcelos encontrando el mayor número que los divide.

20 minutos es $^1/_3$ de una hora

las razones muestran información de la misma manera que las fracciones

la menor unidad es minutos

1 hora es igual a 60 minutos, así que convierte

este es el símbolo de la razón

$60 \div 20 = 3$
$20 \div 20 = 1$

20 min, 60 min   20 : 60   1 : 3

Convierte una de las cantidades, de modo que ambas queden en las mismas unidades. Este ejemplo usa minutos.

Escribe la razón insertando dos puntos entre las dos cantidades.

Reduce las unidades a sus menores expresiones. Aquí, ambos lados se dividen exactamente por 20 para dar la razón 1 : 3.

Trabajar con razones

Las razones pueden representar valores reales. En una escala, el número menor de la razón es el valor en el modelo a escala y el número mayor es el valor real.

▷ **Reducción a escala**
En un mapa se usa una escala 1 : 50,000 cm. Averigua cuánto representa en este mapa. una distancia de 1.5 cm.

escala = 1 : 50,000

1.5 cm

la escala muestra la distancia real que está representada por cada distancia en el mapa

distancia en el mapa

escala en el mapa

distancia real representada en el mapa

$$1.5\,\text{cm} \times 50{,}000 = 75{,}000\,\text{cm}$$
$$= 750\,\text{m}$$

la respuesta se ha convertido a una unidad más adecuada –en un metro hay 100 cm–

▷ **Aumento de escala**
El plano de un *microchip* tiene una escala 40 : 1. La longitud del plano es 18 cm. Para hallar la longitud real del *microchip* se puede usar la escala.

longitud del plano

para hallar el tamaño real, divídelo por la escala

longitud real del *microchip*

$$18\,\text{cm} \div 40 = 0.45\,\text{cm}$$

Comparación de razones

Convertir razones a fracciones permite comparar su tamaño. Para comparar las razones 4 : 5 y 1 : 2, escríbelas como fracciones con el mismo denominador.

$$1 : 2 = \frac{1}{2}$$
esta fracción representa la razón 1 : 2

y

$$4 : 5 = \frac{4}{5}$$
esta fracción representa la razón 4 : 5

2 × 5 es 10, el común denominador

5 × 2 es 10, el común denominador

$$\frac{1}{2} = \frac{5}{10} \qquad \times 5$$
$$\frac{4}{5} = \frac{8}{10} \qquad \times 2$$

compara los numeradores

$$\frac{5}{10} \quad \text{es menor que} \quad \frac{8}{10}$$

luego

$$1 : 2 \text{ es menor que } 4 : 5$$

Primero escribe cada razón como una fracción, colocando, en cada una, la cantidad menor sobre la cantidad más grande.

Multiplica la primera fracción por 5 y la segunda por 2 para que ambas tengan el mismo denominador.

Ahora que las fracciones comparten un denominador, se pueden comparar sus tamaños, mostrando cuál razón es mayor.

PROPORCIÓN

Dos cantidades están en proporción cuando un cambio en una causa un cambio en la otra. Ejemplo de esto son las proporciones directa e indirecta (también llamada inversa).

Proporción directa

Dos cantidades están en proporción directa si la razón entre ambas siempre es la misma. Esto significa, por ejemplo, que si una cantidad se dobla, la otra también lo hace.

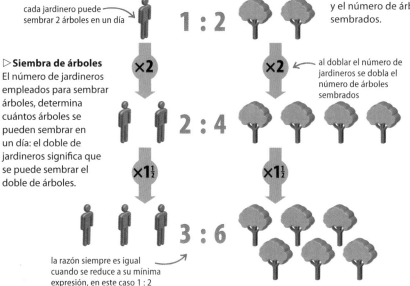

cada jardinero puede sembrar 2 árboles en un día

1 : 2

▷ **Siembra de árboles**
El número de jardineros empleados para sembrar árboles, determina cuántos árboles se pueden sembrar en un día: el doble de jardineros significa que se puede sembrar el doble de árboles.

×2

×2 — al doblar el número de jardineros se dobla el número de árboles sembrados

2 : 4

×1½

×1½

3 : 6

la razón siempre es igual cuando se reduce a su mínima expresión, en este caso 1 : 2

▷ **Proporción directa**
Esta tabla y gráfico muestran la relación directamente proporcional entre el número de jardineros y el número de árboles sembrados.

Jardineros	Árboles
1	2
2	4
3	6

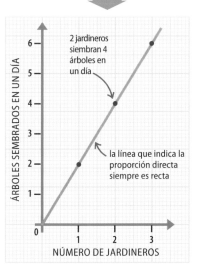

2 jardineros siembran 4 árboles en un día

la línea que indica la proporción directa siempre es recta

ÁRBOLES SEMBRADOS EN UN DÍA

NÚMERO DE JARDINEROS

Proporción indirecta

Dos cantidades están en proporción indirecta si su producto (el resultado cuando se multiplican entre ellas) siempre es el mismo. Por tanto, si una cantidad se dobla, la otra se reduce en la mitad.

1 camioneta necesita 8 días para entregar algunos paquetes

1 : 8

▷ **Entrega de paquetes**
El número de camionetas usadas para entregar paquetes determina cuántos días se necesitan para entregar los paquetes. El doble de camionetas significa la mitad de días de entrega.

×2

÷2

2 : 4

si se dobla el número de camionetas, el tiempo para entregar los paquetes se reduce a la mitad

×2

÷2

2 camionetas requieren 4 días para entregar los mismos paquetes

4 : 2

el producto del número de camionetas y días siempre es igual: 8

▷ **Proporción indirecta**
Esta tabla y gráfico muestran la relación indirectamente proporcional entre las camionetas usadas y el tiempo tomado para entregar los paquetes.

Camionetas	Días
1	8
2	4
4	2

1 camioneta necesita 8 días para entregar los paquetes

la línea que indica la proporción indirecta siempre es curva

2 camionetas necesitan 4 días para entregar los paquetes

TIEMPO (DÍAS)

NÚMERO DE CAMIONETAS

División en una razón dada

Una cantidad se puede dividir en dos, tres o más partes, según una razón dada.
Este ejemplo muestra cómo dividir 20 personas en las razones 2 : 3 y 6 : 3 : 1

**DIVIDIR EN UNA
RAZÓN DE DOS PARTES**

$$2 : 3$$

número total de partes en la razón

$$2 + 3 = 5$$

número de partes en la razón

número total de personas

$$20 \div 5 = 4$$

2 en la razón

$$2 \times 4 = 8$$

3 en la razón

$$3 \times 4 = 12$$

12 personas representadas por 3 en la razón

8 personas representadas por 2 en la razón

Estas son las razones entre las que se dividen las personas.

Suma las diferentes partes de la razón para hallar las partes totales.

Divide el número de personas por las partes de la razón.

Multiplica cada parte de la razón por esta cantidad para hallar el tamaño de los grupos representados por las razones.

**DIVIDIR EN UNA
RAZÓN DE TRES PARTES**

$$6 : 3 : 1$$

$$6 + 3 + 1 = 10$$

número total de personas

número total de partes en la razón

$$20 \div 10 = 2$$

6 en la razón

$$6 \times 2 = 12$$

12 personas representadas por 6 en la razón

3 en la razón

$$3 \times 2 = 6$$

6 personas representadas por 3 en la razón

1 en la razón

$$1 \times 2 = 2$$

2 personas representadas por 1 en la razón

Cantidades proporcionales

La proporción se puede usar para resolver problemas que implican cantidades desconocidas.
Por ejemplo, si en 3 bolsas hay 18 manzanas, ¿cuántas manzanas hay en 5 bolsas?

número total de manzanas

bolsas

manzanas por bolsa

$$18 \div 3 = 6$$

manzanas por bolsa

número de bolsas

$$6 \times 5 = 30$$

total

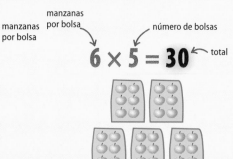

En 3 bolsas hay un total de 18 manzanas. Cada bolsa contiene la misma cantidad de manzanas.

Para saber cuántas manzanas hay en 1 bolsa, divide el número total de manzanas por el número de bolsas.

Para saber el número de manzanas en 5 bolsas, multiplica el número de manzanas en 1 bolsa por 5.

Porcentajes

UN PORCENTAJE MUESTRA UNA CANTIDAD COMO UNA PARTE DE 100.

Cualquier número se puede escribir como parte de 100 o porcentaje. Porcentaje significa "por ciento" y es una forma útil de comparar dos o más cantidades. Para indicar un porcentaje se usa el símbolo "%".

Partes de 100

Para comenzar a entender los porcentajes es fácil usar bloques de 100 unidades, como se muestra en la imagen principal. Estas 100 unidades representan la cantidad total de personas en una escuela. Este total se puede dividir en diferentes grupos, de acuerdo con la proporción del total de 100 que representen.

PROFESORAS
10% ó
10 de 100

100%

▷ **Sencillamente, esta es otra forma de decir "todos"** o "todo el mundo". Aquí, todas las 100 figuras son azules.

50%

▷ **Este grupo** está dividido en partes iguales en 50 figuras azules y 50 moradas, que es lo mismo que en dos mitades.

1%

▷ **En este grupo** sólo hay una figura azul.

ESTUDIANTES HOMBRES
19% ó
19 de 100

PROFESORES
5% ó
5 de 100

△ **Suma hasta 100**
Los porcentajes son una forma eficaz para mostrar las partes que conforman un total. Por ejemplo, los profesores hombres (azul) son el 5% (5 de 100) del total.

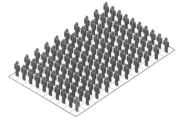

ESTUDIANTES MUJERES
66% ó
66 de 100

▽ **Ejemplos de porcentajes**
Los porcentajes son una forma sencilla
y accesible de presentar información.
Por ello, en los medios de
comunicación se usan con frecuencia.

Porcentaje	Hechos
97%	de los animales del mundo son invertebrados
92,5%	de una medalla de oro olímpica está compuesta por plata
70%	de la superficie terrestre está cubierta de agua
66%	del cuerpo humano es agua
61%	del petróleo del mundo se encuentra en el Medio Oriente
50%	de la población mundial vive en ciudades
21%	del aire es oxígeno
6%	de la superficie de la Tierra está cubierta de bosques tropicales

TRABAJAR CON PORCENTAJES

Un porcentaje es una parte de un entero, expresada
como una parte de 100. Hay dos formas para trabajarlos:
la primera es hallar un porcentaje de una cantidad dada,
y la segunda es encontrar a qué porcentaje corresponde
un número con respecto a otro número.

Cálculo de porcentajes

En este ejemplo se muestra cómo hallar el porcentaje de una
cantidad, en este caso, el 25% de un grupo de 24 personas.

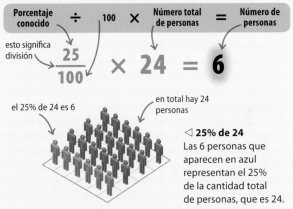

$$\frac{25}{100} \times 24 = 6$$

esto significa división

el 25% de 24 es 6

en total hay 24 personas

◁ **25% de 24**
Las 6 personas que
aparecen en azul,
representan el 25%
de la cantidad total
de personas, que es 24.

Este ejemplo muestra cómo encontrar qué porcentaje
representa un número de otro número, en este caso 48
personas de un grupo de 112 personas.

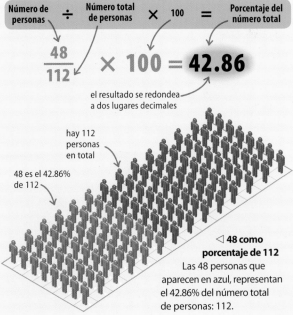

Número de personas ÷ Número total de personas × 100 = Porcentaje del número total

$$\frac{48}{112} \times 100 = 42.86$$

el resultado se redondea a dos lugares decimales

hay 112 personas en total

48 es el 42.86% de 112

◁ **48 como porcentaje de 112**
Las 48 personas que
aparecen en azul, representan
el 42.86% del número total
de personas: 112.

PORCENTAJES Y CANTIDADES

Los porcentajes son útiles para expresar un valor como proporción del número total. Si se conocen dos datos de tres de un porcentaje, por ejemplo, el valor y el número total, es posible encontrar la cantidad faltante usando aritmética.

Encontrar una cantidad como % de otra

De 12 alumnos en una clase, 9 tocan un instrumento musical. Para hallar el valor conocido (9) en forma de porcentaje del total (12), divide el valor conocido por el número total y multiplica por 100.

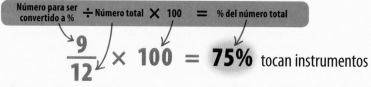

Número para ser convertido a % ÷ Número total × 100 = % del número total

$$\frac{9}{12} \times 100 = 75\% \text{ tocan instrumentos}$$

Divide el número conocido por el número total (9 ÷ 12 = 0.75).

Multiplica el resultado por 100 para obtener el porcentaje (0.75 × 100 = 75).

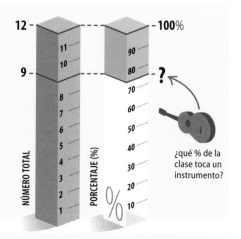

¿qué % de la clase toca un instrumento?

Hallar el número total de un %

En una clase, 7 niños son el 35% del total. Para encontrar el número total de estudiantes de la clase, divide el valor conocido (7) por el porcentaje conocido (35) y multiplica por 100.

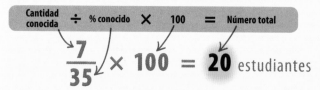

Cantidad conocida ÷ % conocido × 100 = Número total

$$\frac{7}{35} \times 100 = 20 \text{ estudiantes}$$

Divide la cantidad conocida por el porcentaje conocido (7 ÷ 35 = 0.2).

Para obtener la cantidad total, multiplica el resultado por 100 (0.2 × 100 = 20).

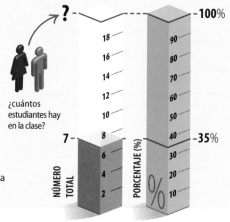

¿cuántos estudiantes hay en la clase?

Porcentajes

Estamos rodeados de porcentajes: en el comercio, en los medios, por todas partes. En la vida diaria, muchas cosas se miden y comparan con porcentajes: cuánto baja el precio de un artículo en oferta; la tasa de interés en un préstamo bancario; la eficiencia de un foco se mide por el porcentaje de electricidad que convierte en luz. Incluso se usan porcentajes para indicar qué proporción de la cantidad diaria recomendada en nutrientes contienen los productos alimenticios.

LIQUIDACIÓN

25% DE DESCUENTO

VARIACIÓN PORCENTUAL

Si un valor cambia en cierto porcentaje, se puede calcular el valor nuevo.
Y a la inversa, cuando un valor cambia en una cantidad conocida, se puede
calcular el porcentaje de aumento o disminución comparado con el original.

Hallar un nuevo valor de un % de aumento o disminución

Para encontrar cómo un aumento o disminución del 55% afecta el valor de 40, primero calcula
el 55% de 40. Luego, súmalo al original o réstalo del mismo para obtener el nuevo valor.

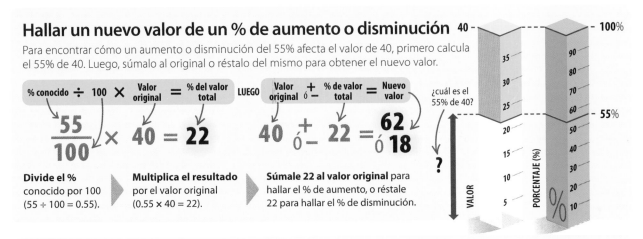

% conocido ÷ 100 × Valor original = % del valor total	**LUEGO**	Valor original ó +/− % de valor total = Nuevo valor

$$\frac{55}{100} \times 40 = 22$$

$$40 \quad \overset{+}{\underset{-}{ó}} \quad 22 = \overset{62}{\underset{ó\ 18}{}}$$

Divide el % conocido por 100 (55 ÷ 100 = 0.55).

Multiplica el resultado por el valor original (0.55 × 40 = 22).

Súmale 22 al valor original para hallar el % de aumento, o réstale 22 para hallar el % de disminución.

¿cuál es el 55% de 40?

Encontrar el aumento en un valor como %

En la cafetería de la escuela, el precio de una rosquilla subió 30 c. De 99 c que valía el
año pasado, pasó a $1.29 este año. Para hallar el aumento en forma de porcentaje,
divide el aumento en valor (30) por el valor original (99) y multiplica por 100.

¿cuál es el % de aumento en el precio de la rosquilla?

Aumento en el valor ÷ Valor original × 100 = Aumento en valor como %

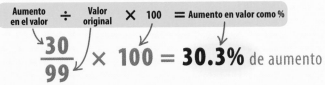

$$\frac{30}{99} \times 100 = \mathbf{30.3\%}\ \text{de aumento}$$

Divide el aumento en valor por el valor original (30 ÷ 99 = 0.303).

Multiplica el resultado por 100 para hallar el porcentaje (0.303 × 100 = 30.3) y redondéalo a 3 cifras significativas.

Hallar la disminución en un valor como %

El año pasado, 245 personas asistieron a la obra de teatro escolar, pero este año
sólo 209 asistieron –36 menos–. Para hallar la disminución como porcentaje, divide
la disminución en el valor (36) por el valor original (245) y multiplica por 100.

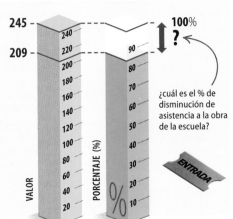

¿cuál es el % de disminución de asistencia a la obra de la escuela?

Disminución en el valor ÷ Valor original × 100 = Disminución en valor como %

$$\frac{36}{245} \times 100 = \mathbf{14.7\%}\ \text{de disminución}$$

Divide la disminución en valor por el valor original (36 ÷ 245 = 0.147).

Multiplica el resultado por 100 para obtener el porcentaje (0.147 × 100 = 14.7) y redondea a 3 cifras significativas.

Convertir fracciones, decimales y porcentajes

VER TAMBIÉN

❮ **38–39** Decimales en acción
❮ **40–47** Fracciones
❮ **52–55** Porcentajes

LOS DECIMALES, FRACCIONES Y PORCENTAJES SON FORMAS DISTINTAS DE ESCRIBIR EL MISMO NÚMERO.

Parecidos pero distintos

En ocasiones, un número presentado de una manera se puede mostrar con mayor claridad de otra forma. Por ejemplo, si requieres un puntaje del 20% para pasar un examen, significa que para aprobarlo, 1/5 del total de tus respuestas deben ser correctas, o que el puntaje mínimo para pasarlo es 0.2 del total.

75%

PORCENTAJE

Un porcentaje muestra un número como proporción de 100.

Convertir un **decimal** a **porcentaje**

Para cambiar un decimal a porcentaje, multiplícalo por 100.

$$0.75 \Rightarrow 75\%$$

$$0.75 \times 100 = 75\%$$

0.75
Decimal

100
Multiplica
por 100

75%
Porcentaje

el punto decimal en 0.75 se movió dos lugares a la derecha para obtener 75

▷ **Todos cambian**

Aquí ilustramos las tres formas de escribir el mismo número: decimal (0.75), fracción (¾) y porcentaje (75%). Parecen distintas, pero todas representan la misma proporción de una cantidad.

Convertir un **porcentaje** a **decimal**

Para cambiar un porcentaje a decimal, divídelo por 100.

$$75\% \Rightarrow 0.75$$

punto decimal agregado dos lugares a la izquierda de la última cifra

$$75\% \div 100 = 0.75$$

75%
Porcentaje

100
Divide por 100

0.75
Decimal

Convertir un **porcentaje** a **fracción**

Para cambiar un porcentaje a fracción, escríbelo como fracción de 100, y si se puede, redúcelo para simplificarlo.

$$75\% \Rightarrow \frac{3}{4}$$

divide por el mayor número que quepa en 75 y en 100

$$75\% \Rightarrow \frac{75}{100} \quad \div 25 \quad \frac{3}{4}$$

$\div 25$

75%
Porcentaje

Convierte el porcentaje en el numerador de una fracción con un denominador de 100.

3/4
Fracción reducida a su mínima expresión.

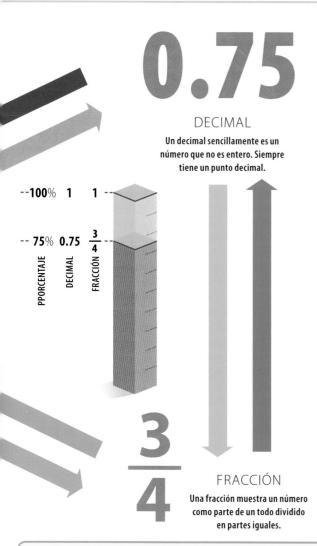

0.75

DECIMAL

Un decimal sencillamente es un número que no es entero. Siempre tiene un punto decimal.

$$\frac{3}{4}$$

FRACCIÓN

Una fracción muestra un número como parte de un todo dividido en partes iguales.

Números cotidianos para recordar

En la vida diaria se usan muchos decimales, fracciones y porcentajes. Aquí te mostramos algunos de los más comunes.

Decimal	Fracción	%	Decimal	Fracción	%
0.1	$^1/_{10}$	10%	0.625	$^5/_8$	62.5%
0.125	$^1/_8$	12.5%	0.666	$^2/_3$	66.7%
0.25	$^1/_4$	25%	0.7	$^7/_{10}$	70%
0.333	$^1/_3$	33.3%	0.75	$^3/_4$	75%
0.4	$^2/_5$	40%	0.8	$^4/_5$	80%
0.5	$^1/_2$	50%	1	$^1/_1$	100%

Convertir un **decimal** a **fracción**

Primero, escribe el denominador de la fracción: 10, 100, 1,000, y así sucesivamente por cada dígito después del punto decimal.

$$0.75 \Rightarrow \frac{3}{4}$$ divide el mayor número que quepa en 75 y 100

$$0.75 \Rightarrow \frac{75}{100} \quad \overset{\div 25}{\underset{\div 25}{\rightleftarrows}} \quad \frac{3}{4}$$

Número decimal con dos cifras después del punto decimal.

Cuenta los lugares decimales: si hay 1 dígito, el denominador es 10; si hay 2, será 100. El numerador es el número que está después del punto decimal.

Reduce la fracción a su mínima expresión.

Convertir una **fracción** a **porcentaje**

Para cambiar una fracción a porcentaje, cámbiala a decimal y luego multiplícala por 100.

$$\frac{3}{4} \Rightarrow 75\%$$

divide el denominador (4) en el numerador (3)

$$\frac{3}{4} \Rightarrow 3 \div 4 = 0.75 \Rightarrow 0.75 \times 100 = 75\%$$

Fracción

Divide el numerador por el denominador.

Multiplica por 100.

Convertir una **fracción** a **decimal**

Divide el denominador de la fracción (su parte inferior) por el numerador (su parte superior).

$$\frac{3}{4} \Rightarrow 0.75$$

$$\frac{3}{4} = 3 \div 4 = 0.75$$

numerador   denominador

Fracción

Divide el numerador por el denominador.

Decimal

--100% 1   1

-- 75% 0.75 $\frac{3}{4}$

PPORCENTAJE   DECIMAL   FRACCIÓN

Cálculo mental

LOS PROBLEMAS COTIDIANOS SE PUEDEN SIMPLIFICAR TANTO,
QUE SE PUEDEN RESOLVER SIN UNA CALCULADORA.

VER TAMBIÉN

❮ **18–21** Multiplicación
❮ **22–25** División
Uso de la calculadora **64–65** ❯

MULTIPLICACIÓN

Puede ser fácil multiplicar por algunos números. Por ejemplo, para multiplicar por
10 agrega un cero o mueve el punto decimal un lugar a la derecha. Igualmente,
cuando multipliques por 20, también multiplica por 10 y luego dobla el número.

▷ **Multiplicar por 10**
Un club deportivo
contrató 2 personas el
año pasado, pero este
año debe contratar 10
veces esa cantidad.
¿Cuántos empleados
contratará este año?

el año pasado
se contrataron
2 empleados

20 nuevos
empleados

número de empleados
contratados el año pasado

2

×10

2×10

se agrega cero para obtener 20, que es
el nuevo número de empleados

20

◁ **Encuentra
la respuesta**
Para multiplicar 2
por 10, agrega un 0
al 2. La multiplicación
de 2 personas por
10 da 20 como
resultado.

▷ **Multiplicar por 20**
Una tienda está
vendiendo camisetas
a un precio de $ 59.90
cada una. ¿Cuál
será el precio para
20 camisetas?

camiseta
para la venta

1

59.90×10

20 camisetas para la venta

precio de 10
camisetas
en pesos

599×2

20

precio de una camiseta en pesos

59.90

×10

primero multiplica por 10,
moviendo la coma decimal
un lugar a la derecha

59.90

×2

precio de 20 camisetas
en pesos

1,198

◁ **Encuentra la
respuesta**
Primero multiplica
el precio por 10,
moviendo la coma
decimal un lugar a
la derecha. Luego,
dóblalo para
obtener un precio
final de $1,198.

▷ **Multiplicar por 25**
Un atleta corre 16 km
por día. Si corre la
misma distancia
durante 25 días,
¿qué distancia
corre en total?

el atleta corre todos los días

el atleta corre todos los
días durante 25 días

16×100

en 100 días
corre 1,600 km

$1,600 \div 4$

corre 16 km en un día

16

×100

1,600

÷4

corre 400 km en 25 días

400

◁ **Encuentra
la respuesta**
Multiplica primero
los 16 km que corre
en un día por 100, lo
cual da 1,600 km
para 100 días; luego,
divide por 4 para
obtener el resultado
para 25 días.

▽ Multiplicar usando decimales

Los decimales parecen complicar las cosas, pero se pueden ignorar hasta el final. Aquí hay que calcular la cantidad de alfombra necesaria para cubrir un piso.

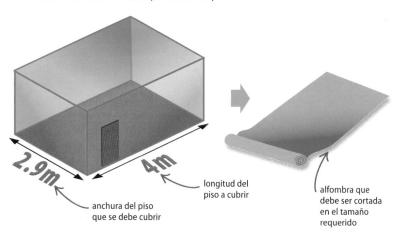

2.9m — anchura del piso que se debe cubrir

4m — longitud del piso a cubrir

alfombra que debe ser cortada en el tamaño requerido

Comprueba el resultado

Como 2.9 es casi 3, una buena manera de comprobar que el cálculo 2.9 × 4 sea correcto, es multiplicando 3 × 4.

símbolo para aproximadamente igual a

$$2.9 \approx 3 \quad \text{y}$$

$$3 \times 4 = 12$$

cercano a la respuesta real de 11,6

$$\text{así } 2.9 \times 4 \approx 12$$

anchura del piso / longitud / longitud

es más fácil trabajar con 30 que con 29

el punto decimal se mueve un lugar a la izquierda para obtener un resultado de 11.6

$$2.9 \times 4 \blacktriangleright 29 \times 4$$

anchura quitando la coma decimal

se resta 1 × 4 de 30 × 4

$$30 \times 4$$
$$1 \times 4$$

$$120 \quad \leftarrow \text{resultado de } 30 \times 4$$
$$- \quad 4 \quad \leftarrow \text{resultado de } 1 \times 4$$
$$\overline{116}$$

resultado de 120 − 4

$$116 \blacktriangleright \mathbf{11.6}$$

En primer lugar, quita el punto decimal de 2.9, para que hagas el cálculo de 29 × 4.

Cambia 29 × 4 por 30 × 4, ya que es más fácil de calcular. Escribe debajo 1 × 4, que es la diferencia entre 29 × 4 y 30 × 4.

Resta 4 (producto de 1 × 4) de 120 (producto de 30 × 4) para obtener un resultado de 116 (producto de 29 × 4).

Mueve la coma decimal un lugar a la izquierda, pues en el primer paso se movió un lugar a la derecha.

Principales trucos

Las tablas de multiplicación de algunos números revelan patrones para multiplicar.
Aquí tienes dos buenos trucos mentales para recordar cuando multipliques por 9 y 11.

multiplicadores del 1 al 10

TABLA DE MULTIPLICAR DEL 9									
1	2	3	4	5	6	7	8	9	10
9	18	27	36	45	54	63	72	81	90

1 + 8 = 9   7 + 2 = 9 / múltiplos de 9

△ **Se suman dos dígitos**
La suma de los dos dígitos que forman cada uno de los 10 primeros múltiplos de 9 da 9. El primer dígito del múltiplo (como 1, en 18) siempre es 1 menos que el del siguiente (2).

multiplicadores del 1 al 9

TABLA DE MULTIPLICAR DEL 11								
1	2	3	4	5	6	7	8	9
11	22	33	44	55	66	77	88	99

11 × 3 = 33, ó 3 escrito dos veces   11 × 7 = 77, ó 7 escrito dos veces / múltiplos de 11

△ **El dígito se escribe dos veces**
Para multiplicar por 11, basta con repetir los dos múltiplos. Por ejemplo, 4 × 11 da dos ó 44. Esto funciona hasta 9 × 11 = 99, que es 9 escrito dos veces.

DIVISIÓN

Dividir entre 10 o entre 5 es muy sencillo. Para dividir entre 10, elimina un 0 o mueve el punto decimal un lugar hacia la izquierda. Para dividir entre 5, divide también por 10 y luego dobla el resultado. Usa estas reglas para calcular las divisiones en los dos ejemplos siguientes.

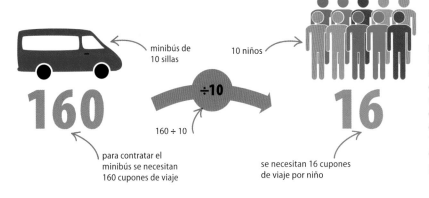

▷ **Dividir entre 10**
En este ejemplo, se necesitan 160 cupones de viaje para contratar un minibús de 10 sillas para que viajen 10 niños. ¿Cuántos cupones de viaje se necesitan para cada niño?

minibús de 10 sillas

10 niños

160 ÷ 10

para contratar el minibús se necesitan 160 cupones de viaje

se necesitan 16 cupones de viaje por niño

◁ **¿Cuántos para cada uno?**
Para saber el número de cupones de viaje para cada niño, divide el total de 160 por 10, quitando un 0 a 160. La respuesta es 16 cupones para cada uno.

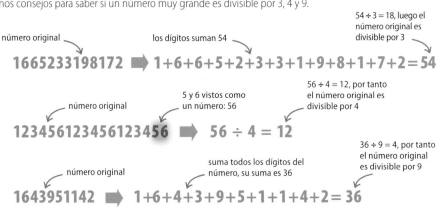

▷ **Dividir entre 5**
La entrada a un zoológico para un grupo de cinco niños cuesta 75 fichas. ¿Cuántas fichas se necesitan para que 1 de los 5 niños entre al zoológico?

la entrada al zoológico para 5 es 75 fichas

5 niños

75 ÷ 10

7.5 × 2

75 (lo mismo que 75.0) fichas para el grupo de 5 niños

mueve el punto decimal un lugar a la izquierda

15 fichas para cada niño

◁ **¿Cuántos cada uno?**
Para saber el costo de la entrada para 1 niño, divide por 10 el total de 75 (moviendo la coma decimal de 75 un lugar a la izquierda); esto da 7.5. Luego, dobla esta cifra para obtener 15.

Consejos de primera

Existen varios trucos de cálculo mental que facilitan la división de números grandes o complicados. En los tres ejemplos de abajo, presentamos algunos consejos para saber si un número muy grande es divisible por 3, 4 y 9.

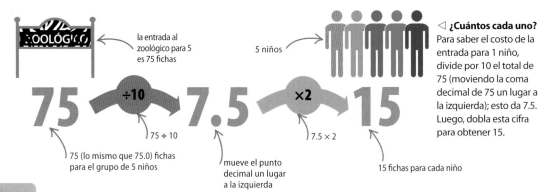

▷ **Divisible por 3**
Suma los dígitos del número. Si es divisible por 3, también lo es el número original.

número original

los dígitos suman 54

54 ÷ 3 = 18, luego el número original es divisible por 3

1665233198172 ➡ $1+6+6+5+2+3+3+1+9+8+1+7+2 = 54$

▷ **Divisible por 4**
Si el número formado por las dos últimas cifras es divisible por 4, también lo es el número original.

número original

5 y 6 vistos como un número: 56

56 ÷ 4 = 12, por tanto el número original es divisible por 4

123456123456123456 ➡ $56 \div 4 = 12$

▷ **Divisible por 9**
Suma todos los dígitos del número. Si el total es divisible por 9, también lo es el número original.

número original

suma todos los dígitos del número, su suma es 36

36 ÷ 9 = 4, por tanto el número original es divisible por 9

1643951142 ➡ $1+6+4+3+9+5+1+1+4+2 = 36$

PORCENTAJES

Un método práctico para simplificar los cálculos que tengan porcentajes, consiste en reducir un porcentaje difícil a partes más pequeñas y más fáciles de calcular. En el ejemplo siguiente, los porcentajes menores incluyen 10% y 5%, que son fáciles de calcular.

▷ **Sumar un 17.5 por ciento**
Un almacén europeo quiere cobrar 480 € por una nueva bicicleta. Pero el dueño debe agregar al precio el 17.5 por ciento de impuesto a las ventas. ¿Cuánto costará la bicicleta?

bicicleta para la venta antes del impuesto de venta

bicicleta para la venta después del impuesto de venta

+17.5%
impuesto de venta

480

precio original en €

precio final en €

564

impuesto de venta

17.5% de 480

precio original de la bicicleta

10% de 480 = 48

5% de 480 = 24

2.5% de 480 = 12

el 2.5% de 480 es la mitad del 5% de 480, que es la mitad del 10% de 480

48

24

se suman los resultados

+ 12

84

84 es el 17,5% de 480

Primero, anota el porcentaje de aumento de precio requerido y el precio original de la bicicleta.

Luego, reduce 17.5% a las etapas más fáciles de 10%, 5% y 2.5% de 480 €, y calcula sus valores.

La suma de 48, 24 y 12 da 84. Luego, se suma 84 a 480 € para obtener un precio de 564 €.

Intercambio

Un porcentaje y una cantidad se pueden "intercambiar" sin alterar el resultado. Por ejemplo, 50% de 10, que es 5, es exactamente lo mismo que 10% de 50, que también es 5.

el 20% de 10 bolas es 2

la cantidad de bolas es 10

el 10% de 20 bolas es 2

la cantidad de bolas es 20

20% de 10 = 10% de 20

2 bolas son el 20% de 10 bolas

2 bolas son el 10% de 20 bolas

Progresión

Una progresión implica dividir el porcentaje por un número y multiplicar la cantidad por el mismo número. Por ejemplo, 40% de 10 es 4. Al dividir 40% por 2 y multiplicar 10 por 2 se obtiene 20% de 20, que también es 4.

el 40% de 10 bolas es 4

la cantidad de bolas es 10

el 20% de 20 bolas es 4

la cantidad de bolas es 20

40% de 10 = 20% de 20

4 bolas son el 40% de 10 bolas

4 bolas son el 20% de 20 bolas

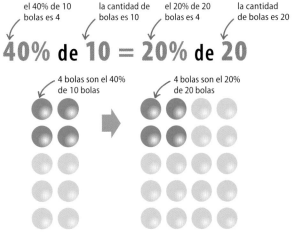

Redondeo

EL PROCESO DE REDONDEAR IMPLICA REEMPLAZAR UN
NÚMERO POR OTRO QUE SEA MÁS PRÁCTICO DE USAR.

VER TAMBIÉN
❮ **38–39** Decimales en acción
❮ **58–59** Cálculo mental

Estimación y aproximación

Muchas situaciones prácticas no necesitan una respuesta exacta y es más fácil
hallar un estimado basado en el redondeo (aproximación). El principio general del
redondeo es que un número igual o superior al punto medio de un grupo de
números, como los números de 15-19 en el grupo 10-20, redondea hacia arriba,
mientras que un número por debajo del punto medio redondea hacia abajo.

▽ **Redondeo a la decena más cercana**
El punto medio entre dos 10 es 5. Si la última
cifra de cada número es 5 o más, redondea
hacia arriba o hacia abajo, si es mejor.

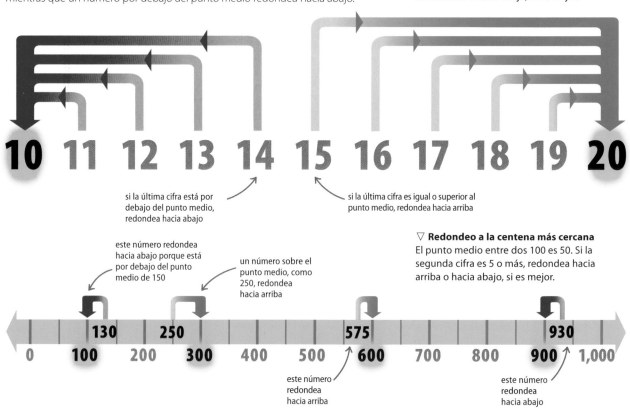

si la última cifra está por
debajo del punto medio,
redondea hacia abajo

si la última cifra es igual o superior al
punto medio, redondea hacia arriba

este número redondea
hacia abajo porque está
por debajo del punto
medio de 150

un número sobre el
punto medio, como
250, redondea
hacia arriba

▽ **Redondeo a la centena más cercana**
El punto medio entre dos 100 es 50. Si la
segunda cifra es 5 o más, redondea hacia
arriba o hacia abajo, si es mejor.

este número
redondea
hacia arriba

este número
redondea
hacia abajo

MÁS DE CERCA

Aproximadamente igual

Muchas medidas se dan como
aproximaciones, y a veces los números se
redondean para que sea más fácil usarlos.
Cuando los números se han redondeado
hacia arriba o hacia abajo, se usa el signo de
"aproximadamente igual". Es similar a un signo
igual (=), pero con curvas en lugar de líneas rectas.

líneas onduladas:
"aproximadamente"

$$31 \approx 30 \text{ y } 187 \approx 200$$

△ **Aproximadamente igual a**
El signo para "aproximadamente igual" indica que los
valores de los dos lados del signo son aproximadamente
iguales, mas no iguales. Por ende, 31 es aproximadamente
igual a 30 y 187 es aproximadamente igual a 200.

Lugares decimales

Cualquier número se puede redondear hasta el número adecuado de lugares decimales. La elección del número de decimales depende de para qué se usa el número y qué tan exacto deba ser el resultado final.

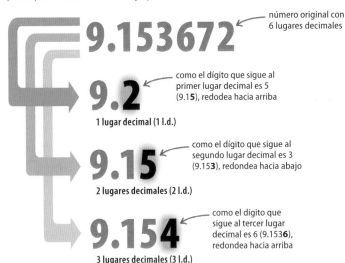

9.153672 ← número original con 6 lugares decimales

9.2 como el dígito que sigue al primer lugar decimal es 5 (9.1**5**), redodea hacia arriba
1 lugar decimal (1 l.d.)

9.15 como el dígito que sigue al segundo lugar decimal es 3 (9.15**3**), redondea hacia abajo
2 lugares decimales (2 l.d.)

9.154 como el dígito que sigue al tercer lugar es 6 (9.153**6**), redondea hacia arriba
3 lugares decimales (3 l.d.)

MÁS DE CERCA

¿Cuántos lugares decimales?

Cuantos más sean los lugares decimales, más preciso será el número. Esta tabla muestra la precisión que ofrecen los diferentes números de lugares decimales. Por ejemplo, una distancia en kilómetros con 3 decimales tendría una precisión de un milésimo de kilómetro, que equivale a un metro.

Lugares decimales	Redondeado a	Ejemplo
1	$1/10$	1.1 km
2	$1/100$	1.14 km
3	$1/1,000$	1.135 km

Cifras significativas

Una cifra significativa en un número es un dígito que cuenta. Los dígitos 1 a 9 siempre son significativos, pero 0 no. Sin embargo, 0 se vuelve significativo cuando está entre dos cifras significativas, o si se necesita una respuesta exacta.

200 1 cifra significativa
Valor real en cualquier lugar entre 150-249

200 2 cifras significativas
Valor real en cualquier lugar entre 195-204

200 3 cifras significativas
Valor real en cualquier lugar entre 199.5-200.4

◁ **Ceros significativos**
La respuesta 200 podría ser el resultado del redondeo de 1, 2 ó 3 cifras significativas (c.s.). Debajo de cada ejemplo está el rango en el que reside su verdadero valor.

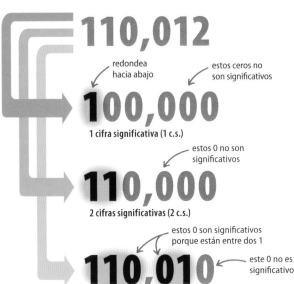

110,012

100,000 redondea hacia abajo / estos ceros no son significativos
1 cifra significativa (1 c.s.)

110,000 estos 0 no son significativos
2 cifras significativas (2 c.s.)

110,010 estos 0 son significativos porque están entre dos 1 / este 0 no es significativo
5 cifras significativas (5 c.s.)

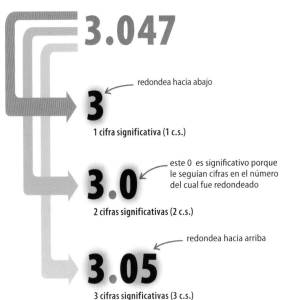

3.047

3 redondea hacia abajo
1 cifra significativa (1 c.s.)

3.0 este 0 es significativo porque le seguían cifras en el número del cual fue redondeado
2 cifras significativas (2 c.s.)

3.05 redondea hacia arriba
3 cifras significativas (3 c.s.)

Uso de la calculadora

LAS CALCULADORAS SON MÁQUINAS QUE DAN
RESPUESTA A ALGUNOS PROBLEMAS MATEMÁTICOS.

VER TAMBIÉN

Herramientas	**74–75 ›**
Recolectar y organizar datos	**196–197 ›**

Las calculadoras han sido diseñadas con el fin de hacer más fáciles
las matemáticas, pero para usarlas debemos saber algunas cosas.

Presentación de la calculadora

La calculadora es un dispositivo electrónico que se usa
para resolver problemas matemáticos. Muchas calculadoras
funcionan de manera similar (como se describe aquí), pero
podría ser necesario leer las instrucciones de un modelo en
particular.

Uso de la calculadora

Asegúrate de ingresar las funciones en el orden correcto, o de lo
contrario, los resultados que dará la calculadora serán errados.

Por ejemplo, para encontrar el resultado de la operación:

$$(\ 7 + 2 \ ) \times \ 9 =$$

Digita estas teclas, asegurándote de incluir todas
las partes de la operación, incluidos los paréntesis.

Si la calculadora no tiene paréntesis:

 la suma 7 + 2
se hace al oprimir
el siguiente
operador (×)

Estimación de resultados

Las calculadoras sólo pueden dar respuestas según las teclas
digitadas. Es útil tener una idea de la respuesta que se espera, ya
que un pequeño error puede dar un resultado totalmente errado.

Por ejemplo:

debe estar cerca a

esto daría un
resultado de 400,000

Así que si la calculadora da la respuesta **40,788**, es claro
que la operación no se introdujo correctamente –al
número le faltaba un "0"–:

TECLAS MÁS USADAS

ON — ENCENDIDO
Este botón enciende la calculadora –casi todas las
calculadoras se apagan automáticamente si se dejan sin usar
durante cierto tiempo–.

1 — Teclado numérico
Contiene los números básicos que se necesitan
en matemáticas. Estos botones se pueden usar individualmente
o en grupos para formar números más grandes.

= — Teclas aritméticas estándar
Cubren todas las funciones matemáticas básicas:
multiplicación, división, suma y resta, lo mismo que el
necesario signo "igual".

· — Punto decimal
La tecla funciona igual que un punto decimal
escrita –separa los números enteros de los decimales–. Se
digita igual que cualquiera de las demás teclas numéricas.

AC — Cancelar (AC = *All Clear*, borrar todo)
La tecla cancelar borra de la memoria las entradas
más recientes. Esto es útil al iniciar un nuevo cálculo, ya que
asegura que no hayan quedado valores indeseables retenidos.

DEL — Borrar (DEL = *Delete*, borrar)
Esta tecla borra el último valor que se introdujo
en la calculadora, en vez de borrar todo de la memoria.
Algunas veces aparece como "CE" o "C".

RCL — Botón de recordar (RCL = *Call*, llamar o invocar)
Recuerda un valor de la calculadora –es útil en
operaciones que tienen muchas partes y que usan números
o etapas calculados antes–.

△ **Calculadora científica**
La calculadora científica tiene muchas funciones –la estándar suele tener sólo un teclado numérico, teclas aritméticas estándar y una o dos funciones sencillas, como porcentajes–. Las teclas que se muestran aquí permiten operaciones matemáticas más avanzadas.

TECLAS DE FUNCIONES

Cubo
Es una forma corta para elevar un número al cubo, sin tener que digitar un número y multiplicarlo dos veces por sí mismo. Digita el número que vas a elevar al cubo y luego oprime este botón.

ANS
Al presionar esta tecla obtienes la respuesta a la última operación que hiciste. Es útil para sumas con muchos pasos.

Raíz cuadrada
Encuentra la raíz cuadrada de un número positivo. Primero oprime el botón de raíz cuadrada, luego el número y después la tecla "igual".

Cuadrado
Camino corto para elevar un número al cuadrado, sin tener que digitar el número multiplicado por sí mismo. Sólo digita el número y luego esta tecla.

Exponente
Permite elevar un número a una potencia. Digita el número, luego la tecla exponente, después la potencia.

Negativo
Úsala para volver negativo un número. Generalmente se utiliza cuando el primer número de una operación es negativo.

sen, cos, tan
Estas teclas se usan principalmente en trigonometría, para hallar valores para seno, coseno o tangente de ángulos.

Paréntesis
Funcionan igual que en una operación, encerrando una parte de ella entre paréntesis, para asegurar que el orden de las operaciones sea correcto.

Finanzas personales

PARA MANEJAR TUS FINANZAS PERSONALES ES IMPORTANTE QUE SEPAS CÓMO FUNCIONA EL DINERO.

Las finanzas personales incluyen el pago de impuestos y el pago o ganancia de intereses sobre deudas y ahorros.

VER TAMBIÉN

❰ **30–31** Números positivos y negativos	
Finanzas comerciales **68–69** ❱	
Fórmulas **169–171** ❱	

Impuestos

Son valores que el gobierno carga a productos, ingresos o actividades. Por medio de los impuestos a las personas y empresas, los gobiernos reúnen el dinero que necesitan para prestar servicios como educación y defensa. Las personas pagan impuestos sobre lo que ganan –impuesto a la renta– y también sobre algunas cosas que compran.

IMPUESTO

90
80
70
60

SALARIO NETO

50
40
30
20
10

GOBIERNO
Parte de los gastos gubernamentales se obtiene del impuesto a la renta

◁ **Impuesto a la renta**
Todas las personas pagan impuestos sobre lo que ganan –el "sueldo o salario neto" es lo que te queda después de pagar tus impuestos y demás deducciones–.

CONTRIBUYENTE
Todas las personas pagan impuestos –por sus salarios o por lo que gastan–

SALARIO
Es la cantidad de dinero que gana una persona cuando está empleada

TÉRMINOS FINANCIEROS

Aunque los términos financieros suelen parecer complicados, son fáciles de entender. Si conoces los más importantes, podrás administrar mejor tus finanzas, ya que te ayudarán a tener claro lo que debes pagar y el dinero que recibirás.

Cuenta bancaria	Es el registro de lo que una persona toma prestado o guarda en el banco. Cada titular de cuenta tiene una contraseña numérica conocida como número de identificación personal (PIN), que nunca se debe revelar a nadie.
Crédito	Es dinero que se pide prestado –por ejemplo, mediante un acuerdo de pago a cuatro años o como sobregiro bancario–. Tomar dinero prestado cuesta. El dinero que se paga a un banco por un crédito se llama interés.
Ingreso	Es el dinero que le entra a una persona o familia. Puede provenir de salarios que se reciben por un empleo. A veces proviene del gobierno como subsidio, pensión o pago directo.
Interés	Es el costo de los préstamos de dinero o las rentas recibidas cuando se ahorra en un banco. El interés que se paga cuando se toma una suma de dinero prestada de un banco es más alto que el que se recibe de este si se ahorrara la misma suma.
Hipoteca	Una hipoteca es un préstamo para comprar vivienda. Un banco presta el dinero para la compra y se le paga por lo general durante un periodo largo, junto con los intereses sobre el préstamo y otros cargos.
Ahorros	Existen muchas maneras de ahorrar. Se puede depositar el dinero en un banco para que gane intereses. El ahorro mediante un plan de pensiones implica realizar pagos regulares para garantizar unos ingresos después de la jubilación.
Punto de equilibrio	El punto de equilibrio es aquel en el que los costos, o lo que una empresa ha gastado, es igual a los ingresos, que es lo que la compañía ha ganado. En el punto de equilibrio la empresa no tiene pérdidas ni ganancias.
Pérdida	Las compañías tienen pérdida si gastan más de lo que ganan –si producir su producto les cuesta más de lo que ganan con la venta del mismo–.
Utilidad	Es la parte de los ingresos que le queda a una empresa después de haber pagado sus costos –es el dinero "hecho" por la compañía–.

INTERÉS

Los bancos pagan intereses sobre el dinero que los ahorradores invierten con ellos (capital) y cobran interés sobre el dinero que dan prestado. El interés se expresa como porcentaje y hay dos tipos, simple y compuesto.

Interés simple

Este interés se paga sólo sobre la suma de dinero que se deposita inicialmente en el banco. Si en una cuenta bancaria se consignan $10,000 a una tasa de interés del 3%, el monto aumentará en dicha cifra cada año.

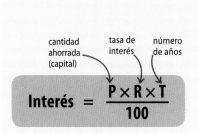

$$\text{Interés} = \frac{P \times R \times T}{100}$$

△ **Fórmula para el interés simple**
Para hallar el interés simple en un año dado, sustituye los valores reales en esta fórmula.

Primer año

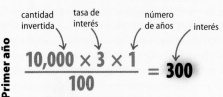

$$\frac{10{,}000 \times 3 \times 1}{100} = \textbf{300}$$

cantidad invertida · tasa de interés · número de años · interés

Sustituye los valores en la fórmula, para calcular el valor del interés para el año.

$$10{,}000 + 300 = \textbf{10{,}300}$$

cantidad invertida · interés · total

▷ **Después de un año**, esta es la cantidad total de dinero en la cuenta bancaria del ahorrador.

Segundo año

$$\frac{10{,}000 \times 3 \times 1}{100} = \textbf{300}$$

el resultado es el mismo

Sustituye los valores en la fórmula, para calcular el valor del interés para el año.

$$10{,}300 + 300 = \textbf{10{,}600}$$

cantidad inicial · interés · total

▷ **Después de dos años**, el interés es el mismo que en el primer año, ya que sólo paga sobre la inversión inicial.

Interés compuesto

En este caso se pagan intereses sobre el dinero invertido y sobre cualquier interés que se gane sobre ese dinero. Si se tiene una cuenta bancaria de $10,000 a una tasa de interés del 3%, entonces la cantidad aumentará como se muestra a continuación.

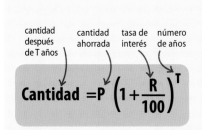

$$\text{Cantidad} = P \left(1 + \frac{R}{100}\right)^{T}$$

△ **Fórmula para el interés compuesto**
Sustituye los valores reales en esta fórmula, para hallar el interés compuesto en un año dado.

Primer año

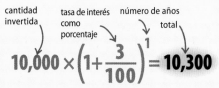

$$10{,}000 \times \left(1 + \frac{3}{100}\right)^{1} = \textbf{10{,}300}$$

cantidad invertida · tasa de interés como porcentaje · número de años · total

Sustituye los valores en la fórmula, para calcular el total para el año.

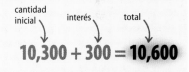

$$10{,}300 - 10{,}000 = \textbf{300}$$

total después del primer año · cantidad original · interés

▷ **Después de un año,** el interés total ganado es igual al obtenido con el interés simple (ver arriba).

Segundo año

$$10{,}000 \times \left(1 + \frac{3}{100}\right)^{2} = \textbf{10{,}609}$$

número de años

$$10{,}609 - 10{,}300 = \textbf{309}$$

total después del segundo año · total después del primer año · interés

Sustituye los valores en la fórmula, para calcular el total para el segundo año.

▷ **Después de dos años** hay un aumento mayor porque los intereses anteriores también generan interés.

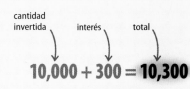

Finanzas comerciales

LA META DE LAS EMPRESAS ES HACER DINERO. EL PAPEL DE LAS
MATEMÁTICAS ES MUY IMPORTANTE EN EL LOGRO DE ESTA META.

El objetivo de una empresa es convertir
una idea o un producto en ganancia,
de modo que la empresa gane
más dinero del que gasta.

VER TAMBIÉN

❮ 66–67 Finanzas personales

Gráficos circulares **202–203** ❯

Gráficos lineales **204–205** ❯

Qué hace
una empresa

Las empresas toman materias
primas, las procesan y venden el
producto final. Para obtener una
ganancia, la empresa debe vender
su producto final a un precio mayor
que el costo total de los materiales
y de fabricación o producción.
Este ejemplo muestra las etapas
básicas de este proceso en una
fábrica de pasteles.

▷ **Fabricar pasteles**
Este diagrama muestra
cómo un negocio de
pasteles procesa insumos
para generar productos.

◁ **Pequeña empresa**
Una empresa puede estar
formada por una persona o
por un equipo de empleados.

1

INSUMOS

Son las materias primas que se
utilizan en la fabricación de un
producto. Los insumos para hacer
pasteles incluyen harina, huevos,
mantequilla y azúcar, entre otros.

△ **Costos**
Se incurre en costos en la etapa de
producción, ya que hay que pagar las
materias primas. Para cada nuevo lote de
pasteles, se presentan los mismos costos.

Ingresos y ganancias

Ingresos y ganancias son cosas diferentes. Ingreso
es el dinero que una empresa recibe al vender su
producto. Ganancia es la diferencia entre ingresos
y gastos –es el dinero que la empresa "hace"–.

ganancia es el
dinero que una
empresa "hace"

los ingresos se
obtienen al vender
el producto final

$$\text{Ganancia} = \text{Ingreso} - \text{Costos}$$

en producción se incurre en
costos, como salarios y alquiler

algunos costos son fijos y el dinero
se gasta sin importar cuánto
producto se vende –por eso los
costos no comienzan en 0–

▷ **Gráfica de costos**
Muestra dónde una empresa empieza
a obtener ganancias: donde sus
ingresos son mayores que sus costos.

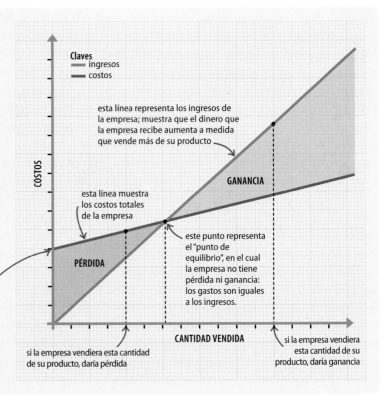

Claves
— ingresos
— costos

esta línea representa los ingresos de
la empresa; muestra que el dinero que
la empresa recibe aumenta a medida
que vende más de su producto

GANANCIA

esta línea muestra
los costos totales
de la empresa

este punto representa
el "punto de
equilibrio", en el cual
la empresa no tiene
pérdida ni ganancia:
los gastos son iguales
a los ingresos.

PÉRDIDA

COSTOS

CANTIDAD VENDIDA

si la empresa vendiera esta cantidad
de su producto, daría pérdida

si la empresa vendiera
esta cantidad de su
producto, daría ganancia

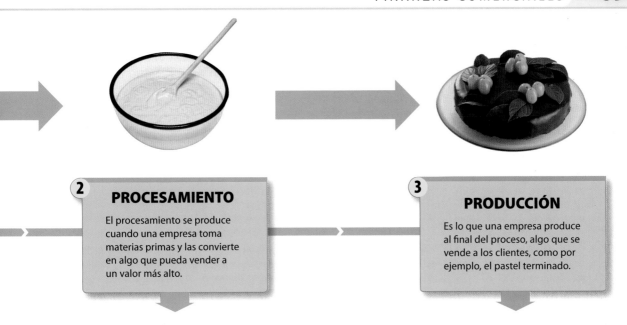

2 PROCESAMIENTO

El procesamiento se produce cuando una empresa toma materias primas y las convierte en algo que pueda vender a un valor más alto.

3 PRODUCCIÓN

Es lo que una empresa produce al final del proceso, algo que se vende a los clientes, como por ejemplo, el pastel terminado.

△ **Costos**
Los costos de producción incluyen renta, salarios y costos de servicios y equipos utilizados en el procesamiento. Estos costos suelen ser gastos continuos, a largo plazo.

△ **Ingresos**
Los ingresos son el dinero que el negocio recibe al vender su producción. Se utiliza para pagar costos. Una vez estos se pagan, el dinero que queda es la ganancia.

A dónde va el dinero

Los ingresos de una empresa no son ganancia pura, ya que hay que pagar costos. Este gráfico muestra un ejemplo de cómo se gastan los ingresos de un negocio y la cantidad que queda como ganancia.

▷ **Costos y ganancia**
Este gráfico muestra algunos costos que una empresa debe enfrentar. Las empresas que fabrican productos diferentes tienen costos diferentes que reflejan la composición de sus productos y la eficiencia de la empresa. Cuando se han pagado todos los costos, el dinero que queda es la ganancia.

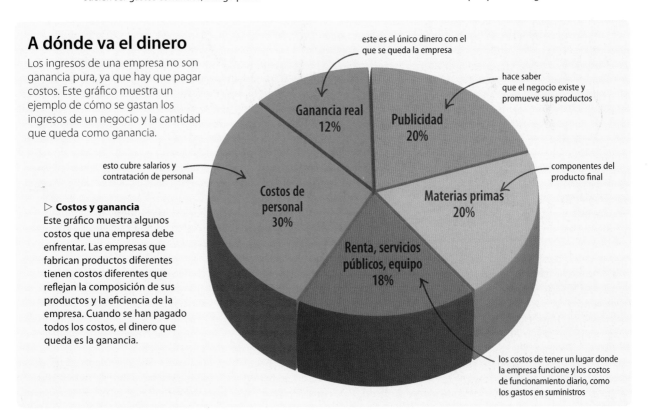

este es el único dinero con el que se queda la empresa

hace saber que el negocio existe y promueve sus productos

componentes del producto final

los costos de tener un lugar donde la empresa funcione y los costos de funcionamiento diario, como los gastos en suministros

esto cubre salarios y contratación de personal

Ganancia real
12%

Publicidad
20%

Costos de personal
30%

Materias primas
20%

Renta, servicios públicos, equipo
18%

Geometría

¿Qué es geometría?

GEOMETRÍA ES LA RAMA DE LAS MATEMÁTICAS RELACIONADA CON LÍNEAS, ÁNGULOS, FORMAS Y ESPACIO.

La geometría ha sido importante por miles de años. Sus usos prácticos incluyen cálculo de áreas, arquitectura, navegación y astronomía. Es también área de estudio matemático por derecho propio.

Líneas, ángulos, forma y espacio

La geometría abarca temas de líneas, ángulos, formas (en dos y tres dimensiones), áreas y volúmenes, al igual que temas de movimientos en el espacio, tales como rotaciones y reflexiones, y coordenadas.

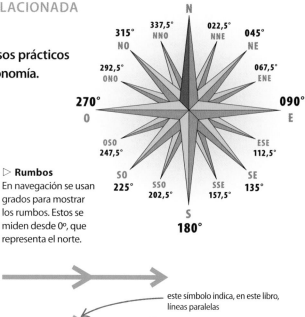

▷ **Rumbos**
En navegación se usan grados para mostrar los rumbos. Estos se miden desde 0°, que representa el norte.

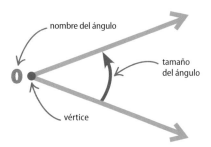

△ **Ángulos**
Cuando dos líneas se encuentran en un punto, se forma un ángulo. El tamaño de un ángulo es la medida del giro entre las dos líneas, tomada en grados.

este símbolo indica, en este libro, líneas paralelas

△ **Líneas paralelas**
Las líneas paralelas están separadas por la misma distancia a lo largo de toda su longitud y nunca se encuentran, ni siquiera si se prolongan.

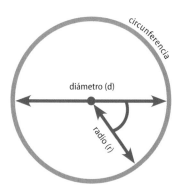

△ **Círculo**
Es una línea continua que siempre tiene la misma distancia a un punto central. La longitud de esta línea es la circunferencia. El radio va desde el centro hasta la circunferencia y el diámetro va de un lado a otro de esta, pasando por el centro.

MUNDO REAL

Geometría en la naturaleza

Aunque muchas personas piensan en la geometría como un tema puramente matemático, hay formas y patrones geométricos por todo el mundo natural. Quizás los ejemplos de geometría natural más conocidos son las formas hexagonales de las celdas del panal y de los copos de nieve, pero hay muchos otros ejemplos. Las gotas de agua, las burbujas y los planetas son todos más o menos esféricos. Los cristales producen naturalmente diferentes tipos de formas poliédricas –la sal de mesa tiene cristales cúbicos y el cuarzo a menudo produce cristales en forma de prisma de seis caras, con extremos en forma de pirámide–.

◁ **Celdas del panal**
Las celdas del panal son hexágonos naturales, que pueden encajar unos con otros (teselas) sin dejar espacio entre ellos.

Gráficas y geometría

Las gráficas relacionan la geometría con otras áreas de las matemáticas. El trazado de líneas y formas en gráficas de coordenadas permite convertirlas en expresiones algebraicas, que luego se pueden manejar de forma matemática. Lo inverso también es cierto: en una gráfica se pueden mostrar expresiones algebraicas, que luego pueden ser manipuladas usando las reglas de la geometría. Las representaciones gráficas de objetos permiten darles posiciones, lo cual hace posible la aplicación de vectores y el cálculo de los resultados de movimientos como rotaciones y traslaciones.

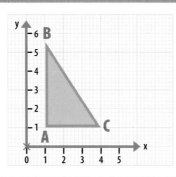

◁ **Gráfico**
Este gráfico muestra un triángulo rectángulo, ABC, representado en una gráfica. Los vértices (esquinas) tienen las coordenadas A = (1, 1), B = (1, 5.5) y C = (4, 1).

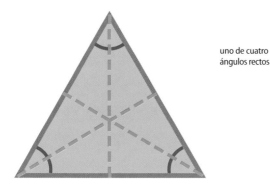

△ **Triángulo**
Un triángulo es un polígono de tres lados. Todos los triángulos planos tienen tres ángulos internos que suman 180°.

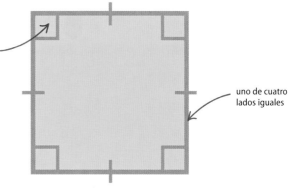

uno de cuatro ángulos rectos

uno de cuatro lados iguales

△ **Cuadrado**
Un cuadrado es un polígono plano de cuatro lados, o cuadrilátero, cuyos lados tienen la misma longitud y cuyos cuatro ángulos internos son rectos (90°).

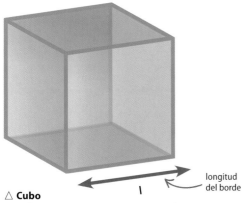

longitud del borde

l

△ **Cubo**
Un cubo es un polígono tridimensional cuyas aristas tienen la misma longitud. Al igual que otros cuboides, un cubo tiene 6 caras, 12 aristas y 8 vértices (esquinas).

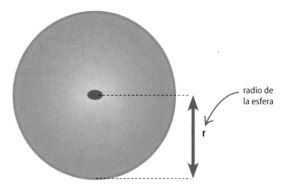

radio de la esfera

r

△ **Esfera**
Una esfera es una forma tridimensional perfectamente redonda. Cada punto de su superficie está a la misma distancia del centro; esta distancia es el radio de la esfera.

Herramientas

PARA MEDIR Y TRAZAR EN GEOMETRÍA,
SE NECESITAN INSTRUMENTOS MATEMÁTICOS.

VER TAMBIÉN

Ángulos	**76–77** ❯
Construcciones	**102–105** ❯
Círculos	**130–131** ❯

Herramientas en geometría

Las herramientas son vitales para medir y construir formas geométricas con precisión; las esenciales son una regla, un compás y un transportador. La regla se usa para medir y trazar líneas rectas, el compás para dibujar un círculo entero o una parte de él –llamada arco–, y el transportador para medir y dibujar ángulos.

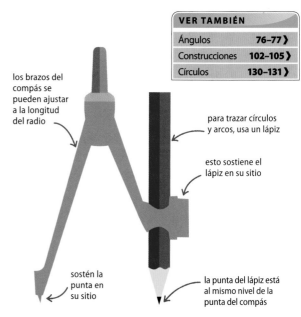

los brazos del compás se pueden ajustar a la longitud del radio

para trazar círculos y arcos, usa un lápiz

esto sostiene el lápiz en su sitio

sostén la punta en su sitio

la punta del lápiz está al mismo nivel de la punta del compás

Uso del compás

El compás es una herramienta para dibujar círculos y arcos y está formado por dos brazos unidos en un extremo. Para utilizarlo, mantén quieto el brazo que termina en punta, mientras giras el otro, que sujeta un lápiz. El punto se convierte en el centro del círculo.

▽ **Dibujar un círculo cuando se da el radio**
Ajusta la distancia entre los brazos del compás al radio dado y luego dibuja el círculo.

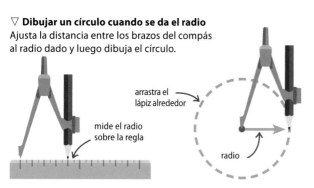

arrastra el lápiz alrededor

mide el radio sobre la regla

radio

Usa una regla para ajustar los brazos del compás al radio dado.

Con el compás ajustado al radio, sostén la punta y arrastra el lápiz alrededor.

▽ **Dibujar un círculo cuando se da su centro y un punto en la circunferencia**
Coloca el punto del compás donde está marcado el centro y extiende el otro brazo de modo que la punta del lápiz toque el punto de la circunferencia. Luego, traza el círculo.

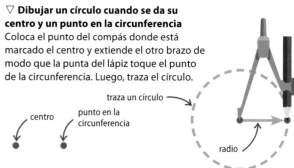

traza un círculo

centro

punto en la circunferencia

radio

Ajusta el compás a la distancia entre los dos puntos.

Sostén firmemente la punta del compás y traza un círculo con la punta del lápiz.

▽ **Dibujo de arcos**
A veces sólo se necesita una parte de un círculo –un arco–. Los arcos se usan a menudo como guías para construir otras formas.

centro — **A**

radio

punto en la circunferencia

B

Traza una línea y marca los extremos con un punto –uno será el centro del arco; el otro, un punto de su circunferencia–.

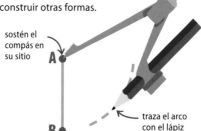

sostén el compás en su sitio

A

B

traza el arco con el lápiz

Ajusta el compás a la longitud de la línea –radio del arco– y sostenlo en uno de los puntos para trazar el primer arco.

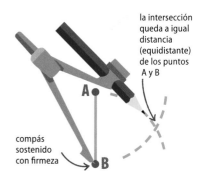

la intersección queda a igual distancia (equidistante) de los puntos A y B

A

compás sostenido con firmeza

B

Dibuja un segundo arco sosteniendo la punta del compás sobre el otro punto. La intersección es equidistante de A y B.

Uso de la regla

Para medir líneas rectas y distancias entre dos puntos, se puede usar una regla. La regla también es necesaria para ajustar los brazos de un compás a una distancia determinada.

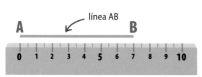

línea AB

A B

◁ **Medición de líneas**
Usa una regla para medir líneas rectas o la distancia entre dos puntos dados.

▷ **Dibujo de líneas**
Usa también una regla como borde recto para trazar líneas entre dos puntos.

línea recta

ajusta los brazos del compás

la punta del lápiz marca la longitud

◁ **Ajuste del compás**
Para medir y ajustar la abertura de un compás a un radio dado, usa una regla.

Otras herramientas

Hay otras herramientas que pueden ser útiles para hacer trazos y diagramas en geometría.

△ **Escuadra**
La escuadra se parece a un triángulo rectángulo y se usa para trazar líneas paralelas. Hay dos tipos de escuadra, una tiene ángulos interiores de 90°, 40° y 45° y la otra de 90°, 60° y 30°.

△ **Calculadora**
La calculadora ofrece varias opciones clave para cálculos geométricos. Por ejemplo, la función "seno" se puede utilizar para calcular el ángulo desconocido de un triángulo.

Uso del transportador

El transportador se usa para medir y trazar ángulos. Generalmente está hecho de plástico transparente, lo que hace más fácil colocar el centro del transportador sobre el punto del ángulo. Al medir un ángulo, utiliza siempre la escala a partir de cero.

para medir este ángulo obtuso usa la escala externa

para medir este ángulo agudo usa la escala interna

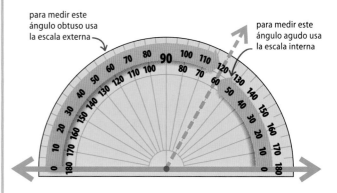

▽ **Medición de ángulos**
Para medir cualquier ángulo formado por dos líneas que se unen en un punto, usa un transportador.

Alarga las líneas, si es necesario, para facilitar la lectura.

Coloca el transportador sobre el ángulo y lee la medida del ángulo, asegurándote de hacer la lectura de cero hacia arriba.

La otra escala mide el ángulo externo.

▽ **Dibujo de ángulos**
Cuando te den el tamaño de un ángulo, utiliza un transportador para medir y dibujar con precisión dicho ángulo.

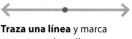

Traza una línea y marca un punto sobre ella.

Coloca el transportador sobre la línea con su centro sobre el punto. Para marcar el punto, lee los grados partiendo de cero.

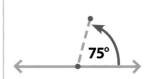

75°

Traza una línea uniendo los dos puntos y marca el ángulo.

Ángulos

CUANDO DOS LÍNEAS SE INTERSECTAN (SE CORTAN)
EN UN PUNTO, SE FORMA UN ÁNGULO.

Los ángulos indican la abertura entre dos líneas que "giran"
mientras se alejan de un punto común en otras direcciones.
Esta abertura se mide en grados, que usan el símbolo °.

Medición de ángulos

La medida de un ángulo depende del tamaño del giro.
Un giro entero alrededor de un círculo tiene un ángulo
de 360°. Los demás ángulos miden menos de 360°.

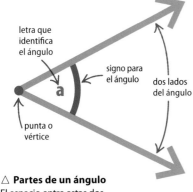

letra que
identifica
el ángulo

a

signo para
el ángulo

dos lados
del ángulo

punta o
vértice

△ **Partes de un ángulo**
El espacio entre estas dos
líneas es el ángulo. Al ángulo
se le puede nombrar con
una letra, por su valor en
grados, o con el símbolo ∠.

la línea giró 45° desde 0, en
sentido directo (antihorario)

90°

45°

180°   0°

360°

centro de rotación

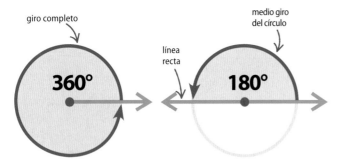

giro completo

360°

línea
recta

medio giro
del círculo

180°

un cuarto
de vuelta

90°

un o
de v

45°

△ **Giro completo**
El ángulo de un giro
completo tiene 360°.
Dicha rotación lleva
ambos lados del ángulo
de regreso al punto inicial.

△ **Medio giro**
Un ángulo de medio giro
tiene 180°. Sus dos lados
forman una línea recta.
Este ángulo se conoce
como ángulo plano o llano.

△ **Un cuarto de giro**
Un ángulo de un cuarto de
giro tiene 90°. Sus dos lados
son perpendiculares (en
forma de L). Se conoce
como ángulo recto.

△ **Un octavo de giro**
Un ángulo de un octavo
de giro tiene 45°. Es la
mitad de un ángulo recto,
y ocho de estos forman
una vuelta completa.

Tipos de ángulo

Existen cuatro tipos importantes de ángulos, a los cuales se les denomina de acuerdo con su tamaño.

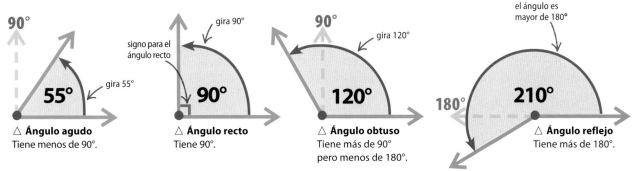

90°
gira 90°
signo para el
ángulo recto
gira 55°
55°
△ **Ángulo agudo**
Tiene menos de 90°.

90°
△ **Ángulo recto**
Tiene 90°.

90°
gira 120°
120°
△ **Ángulo obtuso**
Tiene más de 90°
pero menos de 180°.

el ángulo es
mayor de 180°
210°
180°
△ **Ángulo reflejo**
Tiene más de 180°.

Nombres de los ángulos

Los ángulos tienen nombres individuales y nombres que reflejan una relación compartida.

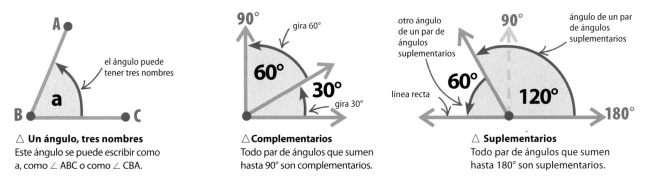

A
el ángulo puede
tener tres nombres
a
B   C
△ **Un ángulo, tres nombres**
Este ángulo se puede escribir como
a, como ∠ ABC o como ∠ CBA.

90°
gira 60°
60°
30°
gira 30°
△**Complementarios**
Todo par de ángulos que sumen
hasta 90° son complementarios.

otro ángulo
de un par de
ángulos
suplementarios
línea recta
60°
ángulo de un par
de ángulos
suplementarios
90°
120°
180°
△ **Suplementarios**
Todo par de ángulos que sumen
hasta 180° son suplementarios.

Ángulos en línea recta

Los ángulos sobre una línea recta hacen medio
giro y por tanto suman 180°. En este ejemplo,
cuatro ángulos adyacentes suman los 180° de
una línea recta.

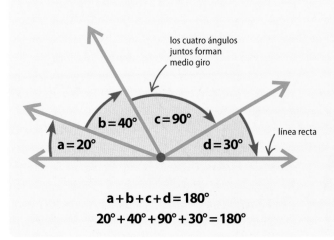

los cuatro ángulos
juntos forman
medio giro
b = 40°   **c = 90°**
a = 20°   **d = 30°**
línea recta

$$a+b+c+d=180°$$
$$20°+40°+90°+30°=180°$$

Ángulos en punta

Los ángulos que rodean una punta o vértice dan una
vuelta completa y suman 360°. En este ejemplo, cinco
ángulos adyacentes en la misma punta suman los 360°
de un círculo completo.

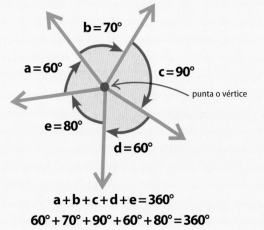

b = 70°
a = 60°   **c = 90°**
punta o vértice
e = 80°
d = 60°

$$a+b+c+d+e=360°$$
$$60°+70°+90°+60°+80°=360°$$

Líneas "rectas"

VER TAMBIÉN

❮ **72–73** ¿Qué es geometría?
❮ **74–75** Herramientas
Construcciones **102–105** ❯

LLAMADAS SIMPLEMENTE LÍNEAS. EN GEOMETRÍA PLANA, UN SEGMENTO DE RECTA ES LA DISTANCIA MÁS CORTA ENTRE DOS PUNTOS SOBRE UNA SUPERFICIE.

Puntos, líneas y planos

Son los elementos básicos en geometría. Un punto representa una posición específica y no tiene anchura, altura ni longitud. Una línea es unidimensional –tiene una longitud infinita que se extiende en dos direcciones opuestas–. Un plano es una superficie plana bidimensional, que se extiende en todas las direcciones.

△ **Puntos**
El punto se usa para representar una ubicación precisa. Se representa por medio de un pequeño círculo y se denomina con una letra mayúscula.

Notación en este libro:

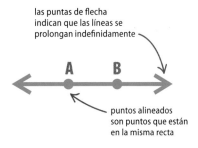

las puntas de flecha indican que las líneas se prolongan indefinidamente

puntos alineados son puntos que están en la misma recta

los puntos en los extremos indican que los segmentos tienen longitud fija

△**Líneas**
Una línea se representa con una línea recta. Las dos puntas de flecha indican que se prolonga indefinidamente en ambas direcciones. Esta línea se llama AB, pues atraviesa los puntos A y B.

△ **Segmentos de línea**
Un segmento de línea tiene longitud fija, por lo que en los extremos tiene puntos en lugar de puntas de flecha. Al segmento se le denomina por sus extremos –este es el segmento CD–.

△ **Planos**
Se representan con una figura bidimensional y se designan con una letra mayúscula. Aunque se tracen sus bordes, en realidad los planos se extienden sin límite en todas las direcciones.

Series de líneas

Dos líneas en la misma superficie o plano, pueden cortarse –lo que significa que comparten un punto– o también pueden ser paralelas. Si dos líneas están a la misma distancia entre sí a lo largo de toda su longitud y nunca se cruzan, son paralelas.

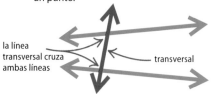

△ **Líneas no paralelas**
Las líneas no paralelas no están a la misma distancia a lo largo de todo su recorrido y si se prolongan, finalmente se cortarán en un punto.

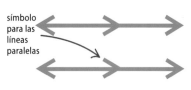

símbolo para las líneas paralelas

la línea transversal cruza ambas líneas

transversal

△ **Líneas paralelas**
Líneas paralelas son dos o más líneas que nunca se encuentran, aun si se prolongan. Para señalar líneas paralelas se usan dos flechas idénticas.

△ **Transversal**
Cualquier línea que interseca otras dos o más líneas, cada una en un punto diferente, se llama transversal.

MÁS DE CERCA

Paralelogramos

Un paralelogramo es una figura de cuatro lados con dos pares de lados opuestos, paralelos y de igual longitud.

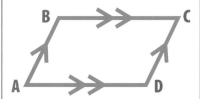

△ **Lados paralelos**
Los lados AB y CD son paralelos, lo mismo que los lados BC y AD. Los lados AB y BC y AD y CD no son paralelos –como lo señalan las flechas diferentes en estas líneas–.

Ángulos y líneas paralelas

Los ángulos se pueden agrupar y nombrar de acuerdo con sus relaciones con líneas rectas. Cuando una transversal cruza líneas paralelas, se crean pares de ángulos iguales –cada par tiene un nombre diferente–.

▽ **Nombres para los ángulos**

Las líneas AB y CD son paralelas. Los ángulos creados por la línea transversal que las interseca, se denominan con letras minúsculas.

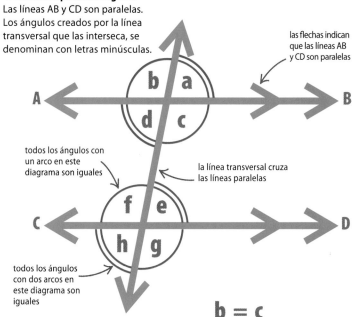

las flechas indican que las líneas AB y CD son paralelas

todos los ángulos con un arco en este diagrama son iguales

la línea transversal cruza las líneas paralelas

todos los ángulos con dos arcos en este diagrama son iguales

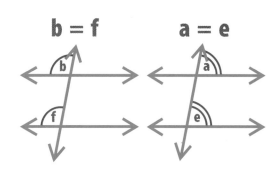

b = f   **a = e**

△ **Ángulos correspondientes**

Son los ángulos que están en la misma posición en relación con la línea transversal y con una línea de un par de líneas paralelas. Estos ángulos son iguales.

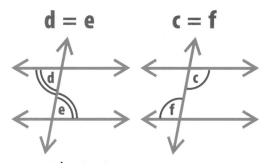

d = e   **c = f**

△ **Ángulos alternos**

Los ángulos alternos se forman a ambos lados de una transversal que cruza dos líneas paralelas. Estos ángulos son iguales.

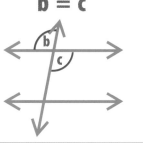

b = c

▷ **Ángulos opuestos por el vértice**

Se forman en los lados opuestos del punto en el que se cruzan dos líneas. Estos ángulos son iguales.

Trazar una línea paralela

Para trazar una línea paralela a una línea ya existente, se requiere lápiz, regla y un transportador.

marca la posición de la segunda línea

Traza una línea recta con una regla. Marca un punto –este indicará la distancia de la nueva línea paralela a la línea original–.

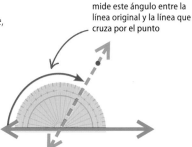

mide este ángulo entre la línea original y la línea que cruza por el punto

Traza una línea a través de la marca, que corte la línea original. Esta es la transversal. Mide el ángulo que forma con la línea original.

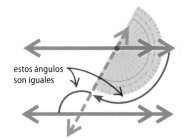

estos ángulos son iguales

Mide el mismo ángulo partiendo de la transversal. Con una regla, dibuja la nueva línea a través de la marca; esta línea es paralela a la original.

 # Simetría

HAY DOS TIPOS DE SIMETRÍA:
REFLECTIVA Y ROTACIONAL.

VER TAMBIÉN	
❮ 78–79 Líneas rectas	
Rotaciones	92–93 ❯
Reflexiones	94–95 ❯

Una forma tiene simetría cuando se puede trazar una línea que la divida en dos partes exactas o cuando encaja dentro de su contorno en más de una manera.

Simetría reflectiva

Una forma plana (bidimensional) tiene simetría reflectiva cuando cada mitad de la forma a ambos lados de una línea bisectriz (línea especular) es la imagen especular de la otra mitad. Esta línea se llama línea de simetría.

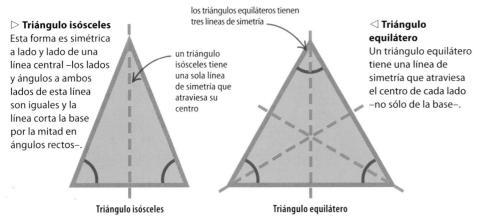

los triángulos equiláteros tienen tres líneas de simetría

▷ **Triángulo isósceles**
Esta forma es simétrica a lado y lado de una línea central –los lados y ángulos a ambos lados de esta línea son iguales y la línea corta la base por la mitad en ángulos rectos–.

un triángulo isósceles tiene una sola línea de simetría que atraviesa su centro

◁ **Triángulo equilátero**
Un triángulo equilátero tiene una línea de simetría que atraviesa el centro de cada lado –no sólo de la base–.

Triángulo isósceles

Triángulo equilátero

Planos de simetría

Las formas sólidas (tridimensionales) se pueden dividir usando "muros", conocidos como planos. Estas formas tienen simetría reflexiva cuando, divididas por un plano, forman imágenes especulares.

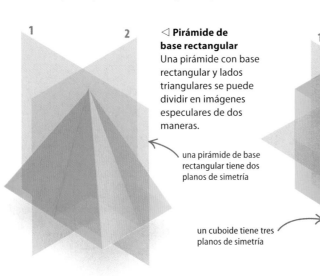

◁ **Pirámide de base rectangular**
Una pirámide con base rectangular y lados triangulares se puede dividir en imágenes especulares de dos maneras.

una pirámide de base rectangular tiene dos planos de simetría

▽ **Cuboide**
El cuboide, formado por tres pares de rectángulos, se puede dividir en dos formas simétricas de tres maneras.

un cuboide tiene tres planos de simetría

▽ **Líneas de simetría**
Estas son las líneas (ejes) de simetría de algunas formas planas o bidimensionales. Los círculos tienen un número ilimitado de líneas de simetría.

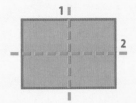

Líneas de simetría de un rectángulo

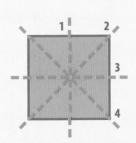

Líneas de simetría de un cuadrado

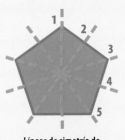

Líneas de simetría de un pentágono regular

Toda línea que atraviese el centro de un círculo es una línea de simetría

Simetría rotacional

Una forma bidimensional tiene simetría rotacional cuando puede rotar alrededor de un punto, llamado centro de rotación, y aun así se ajusta exactamente a su contorno original. El número de formas en que se ajusta a su contorno cuando rota es su "orden" de simetría rotacional.

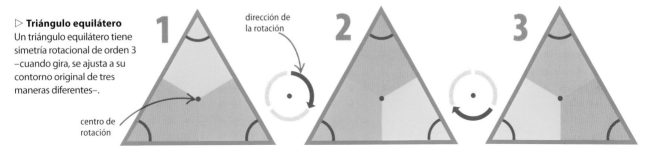

▷ **Triángulo equilátero**
Un triángulo equilátero tiene simetría rotacional de orden 3 –cuando gira, se ajusta a su contorno original de tres maneras diferentes–.

dirección de la rotación

centro de rotación

▽ **Cuadrado**
Un cuadrado tiene simetría rotacional de orden 4 –cuando gira alrededor de su centro de rotación, se ajusta a su contorno original de cuatro maneras diferentes–.

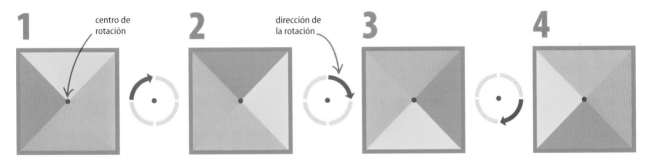

centro de rotación

dirección de la rotación

Ejes de simetría

En lugar de tener un punto único como centro de rotación, una forma tridimensional gira alrededor de una línea o eje de simetría. Tiene simetría rotacional si, al girar, encaja en su contorno original.

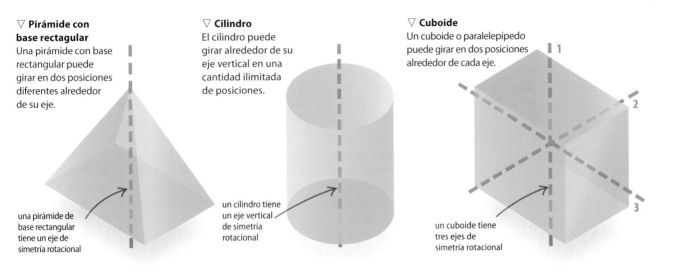

▽ **Pirámide con base rectagular**
Una pirámide con base rectangular puede girar en dos posiciones diferentes alrededor de su eje.

una pirámide de base rectangular tiene un eje de simetría rotacional

▽ **Cilindro**
El cilindro puede girar alrededor de su eje vertical en una cantidad ilimitada de posiciones.

un cilindro tiene un eje vertical de simetría rotacional

▽ **Cuboide**
Un cuboide o paralelepípedo puede girar en dos posiciones alrededor de cada eje.

un cuboide tiene tres ejes de simetría rotacional

Coordenadas

LAS COORDENADAS DAN LA POSICIÓN DE UN
LUGAR O UN PUNTO EN UN MAPA O GRÁFICO.

VER TAMBIÉN

Vectores	**86–89 ›**
Gráficas lineales	**174–177 ›**

Presentación de las coordenadas

Las coordenadas vienen en pares de números o letras, o ambos. Siempre se escriben entre paréntesis, separadas por una coma. El orden en que se leen las coordenadas es importante. En este ejemplo, (E,1) significa cuatro unidades o cuadrados de este mapa a la derecha (en la hilera horizontal) y un cuadrado hacia abajo, o en algunos casos hacia arriba (columna vertical).

▽ **Mapa de la ciudad**

Las cuadrículas ofrecen un marco para ubicar lugares en un mapa. Cada cuadro se identifica por dos coordenadas. Un lugar se ubica donde la coordenada horizontal se encuentra con la vertical. En este mapa de la ciudad, las coordenadas horizontales son letras y las verticales son números. Otros mapas pueden usar sólo números.

en este mapa se usan números para las coordenadas verticales

en este mapa se usan letras para las coordenadas horizontales

Lectura de mapas

La coordenada horizontal siempre se da primero y luego la coordenada vertical. En el siguiente mapa, se colocan juntos una letra y un número para formar un sistema de coordenadas.

para hallar la primera coordenada, muévete de izquierda a derecha

para hallar la segunda coordenada, muévete de arriba abajo

◁ **Estación de bomberos**
Las coordenadas de la estación de bomberos son (H, 4).

estación de bomberos

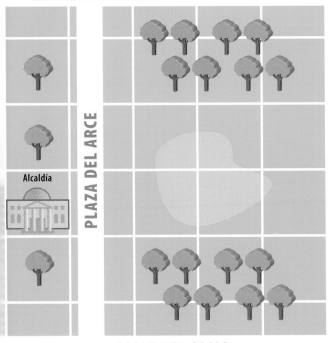

AVENIDA PRIMERA

Escuela

Biblioteca

PLAZA DEL ARCE

Alcaldía

CALLE DEL OLMO

Uso de las coordenadas

Si usas las coordenadas, puedes encontrar todos los sitios de interés en este mapa. Cuando lo leas, recuerda hacerlo primero en sentido horizontal y luego hacia abajo (sentido vertical).

◁ **Cine**
Usa las coordenadas (B, 4) para hallar el cine. Empieza en el cuadro A y mueve 1 cuadrado a la derecha; luego mueve 4 cuadros hacia abajo.

◁ **Oficina de correo**
Las coordenadas de la oficina de correo son (E, 1). Encuentra la coordenada horizontal E y desplázate 1 cuadrado hacia abajo.

◁ **Alcaldía**
Usa las coordenada (J, 5) para hallar la Alcaldía. Desde el cuadrado A, mueve 9 cuadros a la derecha y luego 5 cuadros hacia abajo.

◁ **Centro recreacional**
Usa las coordenadas (C, 7) para ubicar el centro recreacional. Primero encuentra C y luego busca 7 en la columna vertical.

◁ **Biblioteca**
Las coordenadas de la biblioteca son (N, 1). Ubica N y luego desciende 1 cuadrado para encontrar la biblioteca.

◁ **Hospital**
El hospital se encuentra utilizando las coordenadas (G, 7). Para encontrar la coordenada horizontal G, mueve 6 casillas a la derecha. Luego desciende 6 casillas para encontrar la coordenada vertical 7.

◁ **Estación de bomberos**
Encuentra la estación de bomberos utilizando las coordenadas (H, 4). Mueve 7 cuadrados a la derecha para encontrar H. Luego, baja 4 cuadrados.

◁ **Escuela**
Las coordenadas de la escuela son (L, 1). Primero encuentra L, luego desciende 1 cuadrado para ubicar la escuela.

◁ **Centro comercial**
Usa las coordenadas (D, 3), para localizar el centro comercial. Ubica D. Luego, encuentra 3 en la columna vertical.

Coordenadas gráficas

Las coordenadas se usan para identificar posiciones en gráficas, con relación a dos ejes –el eje y, que es una línea vertical, y el eje x, que es una línea horizontal–. Las coordenadas de un punto se escriben como su posición en el eje x, seguida por su posición en el eje y, (x, y).

▷ **Cuatro cuadrantes**
Las coordenadas se miden sobre ejes que se cruzan en un punto llamado "origen". Estos ejes crean cuatro cuadrantes. Tienen valores positivos cuando están por encima y a la derecha del origen y negativos cuando están por debajo y a su izquierda.

origen

cuadrante

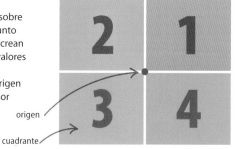

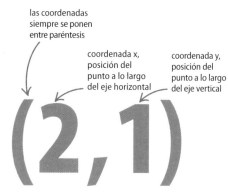

las coordenadas siempre se ponen entre paréntesis

coordenada x, posición del punto a lo largo del eje horizontal

coordenada y, posición del punto a lo largo del eje vertical

△ **Coordenadas de un punto**
Las coordenadas dan la posición de un punto en cada eje. El primer número indica su posición en el eje x, y el segundo su posición en el eje y.

Trazar las coordenadas

Las coordenadas se trazan sobre un conjunto de ejes. Para trazar un punto dado, busca primero su valor a lo largo del eje x, luego, busca su valor, hacia arriba o hacia abajo, en el eje y. El punto se traza donde los dos valores se cruzan entre sí.

$$A = (2, 2) \quad B = (-1, -3)$$
$$C = (1, -2) \quad D = (-2, 1)$$

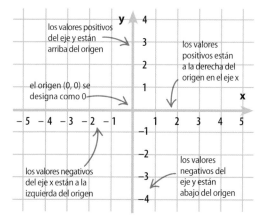

los valores positivos del eje y están arriba del origen

los valores positivos están a la derecha del origen en el eje x

el origen (0, 0) se designa como 0

los valores negativos del eje x están a la izquierda del origen

los valores negativos del eje y están abajo del origen

Estos son cuatro conjuntos de coordenadas.
Cada uno tiene su valor x, seguido por su valor y. Traza los puntos en un conjunto de ejes.

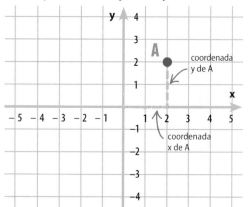

coordenada y de A

coordenada x de A

▷ **Para trazar cada punto,** mira su coordenada x (el primer número) y búscala a lo largo del eje x, partiendo de 0. Luego, busca arriba o abajo su coordenada y (el segundo número).

Sobre papel cuadriculado, traza una línea horizontal para formar el eje x, y una vertical que será el eje y. Numera los ejes, con el origen separando los valores positivos y negativos.

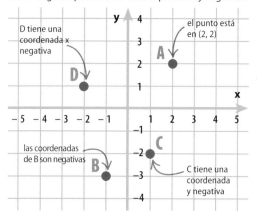

D tiene una coordenada x negativa

el punto está en (2, 2)

las coordenadas de B son negativas

C tiene una coordenada y negativa

▷ **Traza cada punto de la misma forma.** Para coordenadas negativas el proceso es igual pero, para la coordenada x, se busca a la izquierda y no a la derecha, y abajo en vez de arriba, para la coordenada y.

Ecuación de una línea

Las líneas que pasan a través de un conjunto de coordenadas en un par de ejes, se pueden expresar como ecuaciones. Por ejemplo, en la línea de la ecuación y = x + 1, cualquier punto que esté sobre la línea, tiene una coordenada y que es mayor en una unidad que su coordenada x.

coordenada y · coordenada x

$$y = x + 1$$

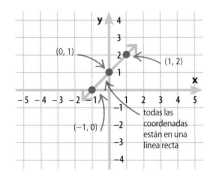

(0, 1)
(1, 2)
(−1, 0)
todas las coordenadas están en una línea recta

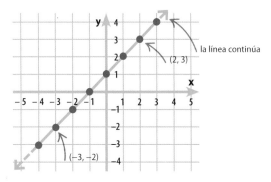

la línea continúa
(2, 3)
(−3, −2)

La ecuación de una línea se puede hallar utilizando sólo unas cuantas coordenadas. Esta línea pasa a través de las coordenadas (-1, 0), (0, 1) y (1, 2), por lo que ya está claro qué patrón siguen los puntos.

La gráfica de la ecuación incluye todos los puntos en donde la coordenada y es mayor en una unidad que la coordenada x (y = x + 1), es decir, que la línea se puede usar para encontrar otras coordenadas que cumplan la ecuación.

Mapamundi

Las coordenadas se usan para marcar la posición de lugares en la superficie de la Tierra, utilizando líneas de latitud y de longitud, que funcionan de la misma forma que lo hacen el eje x y el eje y en una gráfica. El "origen" es el punto en el cual el meridiano de Greenwich (0 longitud) cruza la línea ecuatorial o ecuador (0 latitud).

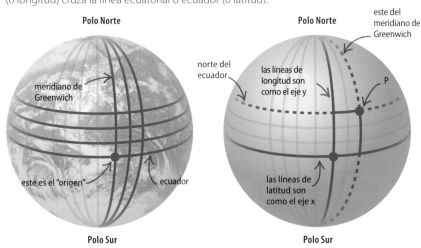

Polo Norte

meridiano de Greenwich

este es el "origen"

ecuador

Polo Sur

Polo Norte

este del meridiano de Greenwich

norte del ecuador

las líneas de longitud son como el eje y

P

las líneas de latitud son como el eje x

Polo Sur

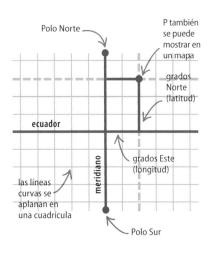

Polo Norte

P también se puede mostrar en un mapa

grados Norte (latitud)

ecuador

meridiano

las líneas curvas se aplanan en una cuadrícula

grados Este (longitud)

Polo Sur

Las líneas de longitud corren del Polo Norte al Polo Sur. Las líneas de latitud están en ángulo recto con las líneas de longitud. El origen está donde el ecuador (eje x) cruza el meridiano de Greenwich (eje y).

Las coordenadas de un punto como P se hallan averiguando a cuántos grados Este está del meridiano y a cuántos grados Norte del ecuador.

Así se ve la superficie de la Tierra en un mapa. Las líneas de latitud y longitud funcionan como si fueran ejes –las líneas verticales indican la latitud y las horizontales muestran la longitud–.

Vectores

UN VECTOR ES UNA LÍNEA QUE TIENE TAMAÑO (MAGNITUD) Y DIRECCIÓN.

Un vector es una manera de mostrar una distancia en una dirección particular. Suele dibujarse como una línea con una flecha. La longitud de la línea indica el tamaño del vector y la flecha su dirección.

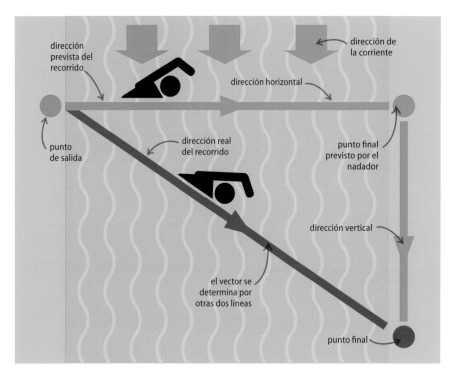

dirección prevista del recorrido

dirección de la corriente

dirección horizontal

punto de salida

dirección real del recorrido

punto final previsto por el nadador

dirección vertical

el vector se determina por otras dos líneas

punto final

¿Qué es un vector?

Un vector es una distancia en una dirección particular y, con frecuencia, una distancia en diagonal. En este caso, forma el lado diagonal (hipotenusa) de un triángulo rectángulo (ver págs. 120-121). Los otros lados del triángulo determinan la longitud y dirección del vector. En el ejemplo de la izquierda, el recorrido de un nadador es un vector. Los otros dos lados del triángulo son la distancia, de lado a lado, entre el punto de salida y la orilla opuesta, y la distancia, hacia abajo, desde el punto final que tenía como meta el nadador, hasta el actual punto final donde el nadador llega a la orilla.

◁ **Vector de un nadador**
Un hombre sale a nadar a la orilla opuesta de un río de 30 m de ancho. Mientras nada, una corriente lo empuja y termina 20 m abajo de donde se proponía llegar. Su trayectoria es un vector de dimensiones 30 de lado a lado y 20 hacia abajo.

Expresar vectores

En un diagrama, un vector se traza como una línea con una flecha, lo cual indica su tamaño y dirección. Existen tres maneras diferentes de escribir vectores con letras y cifras.

$\mathbf{v} =$ Un vector se designa a menudo con una "v", aun si se conoce su tamaño. Así suele representarse en un diagrama.

$\overrightarrow{\mathbf{ab}} =$ Un vector también se representa dando sus puntos inicial y final, con una flecha sobre ellos para indicar la dirección.

$\begin{pmatrix} 6 \\ 4 \end{pmatrix} =$ El tamaño y la dirección del vector se pueden expresar dando las unidades horizontales sobre las unidades verticales.

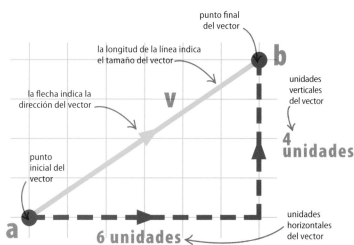

punto final del vector

la longitud de la línea indica el tamaño del vector

la flecha indica la dirección del vector

b

unidades verticales del vector

v

4 unidades

punto inicial del vector

a

6 unidades

unidades horizontales del vector

Dirección de los vectores

La dirección de un vector depende de sus unidades positivas o negativas: las horizontales positivas indican movimiento hacia la derecha y las horizontales negativas hacia la izquierda; las verticales positivas indican movimiento hacia arriba y las verticales negativas hacia abajo.

▷ **Movimiento arriba - izquierda**
Este movimiento es de un vector con unidades (u.) horizontales negativas y unidades verticales positivas.

u. horizontales negativas indican movimiento a la izquierda

u. verticales positivas indican movimiento hacia arriba

▷ **Movimiento abajo - izquierda**
Este movimiento es de un vector en el que ambos conjuntos de unidades son negativos.

u. horizontales negativas significan movimiento a la izquierda

u. verticales negativas indican movimiento hacia abajo

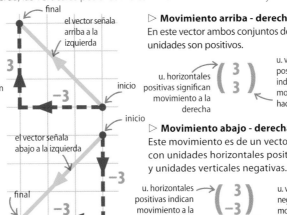

final

el vector señala arriba a la izquierda

inicio

inicio

el vector señala abajo a la izquierda

final

▷ **Movimiento arriba - derecha**
En este vector ambos conjuntos de unidades son positivos.

u. horizontales positivas significan movimiento a la derecha

u. verticales positivas indican movimiento hacia arriba

▷ **Movimiento abajo - derecha**
Este movimiento es de un vector con unidades horizontales positivas y unidades verticales negativas.

u. horizontales positivas indican movimiento a la derecha

u. verticales negativas indican movimiento hacia abajo

final

el vector señala arriba a la derecha

inicio

inicio

el vector señala abajo a la derecha

final

Vectores iguales

Se puede decir que dos o más vectores son iguales, aunque estén en diferentes posiciones, siempre que sus unidades horizontales y verticales sean iguales.

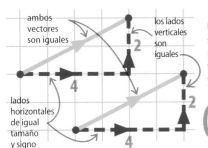

ambos vectores son iguales

lados horizontales de igual tamaño y signo

los lados verticales son iguales

◁ **Vectores iguales**
Estos dos vectores son iguales entre sí, pues sus lados tienen igual tamaño y dirección.

vector dado en u. al través sobre u. a lo largo

$\begin{pmatrix} 4 \\ 2 \end{pmatrix}$

▷ **Vectores iguales**
Estos dos vectores son iguales entre sí porque sus lados horizontales y verticales son del mismo tamaño y tienen la misma dirección.

$\begin{pmatrix} -1 \\ -5 \end{pmatrix}$

expresión numérica de ambos vectores

los lados verticales son iguales

ambos vectores son iguales

los lados horizontales son iguales

Magnitud de los vectores

En vectores diagonales, el vector es el lado más largo (c) de un triángulo rectángulo. Usa el teorema de Pitágoras para encontrar la longitud de un vector desde sus unidades vertical (a) y horizontal (b).

a en la fórmula

el vector forma el lado más largo del triángulo rectángulo, c en la fórmula

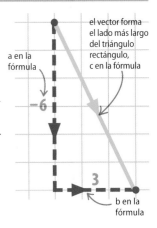

b en la fórmula

fórmula del teorema de Pitágoras

$$a^2 + b^2 = c^2$$

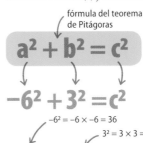

$$-6^2 + 3^2 = c^2$$

$-6^2 = -6 \times -6 = 36$

$3^2 = 3 \times 3 = 9$

$$36 + 9 = c^2$$

c^2 es el cuadrado del vector

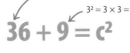
$$45 = c^2$$

raíz cuadrada de 45

c es la longitud del vector

$$c = \sqrt{45}$$

longitud del vector

$$c = \mathbf{6.7}$$

Coloca en la fórmula las unidades verticales y horizontales del vector.

Halla los cuadrados multiplicando cada valor por sí mismo.

Suma los dos cuadrados. Este total es igual a c^2 (cuadrado del vector).

Usa una calculadora para hallar la raíz cuadrada del valor total (45).

El resultado es la magnitud (longitud) del vector.

Suma y resta de vectores

Hay dos maneras de sumar y restar vectores. La primera consiste en usar números escritos para sumar los valores horizontales y verticales. La segunda consiste en dibujar los vectores extremo a extremo y luego ver qué nuevo vector se forma.

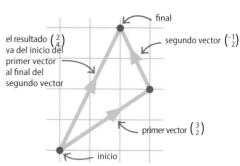

el resultado $\binom{2}{4}$ va del inicio del primer vector al final del segundo vector

▷ **Suma**
Existen dos métodos para sumar vectores y ambos dan el mismo resultado.

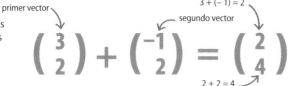

△ **Suma de las partes**
Para sumar vectores numéricamente, suma los dos números superiores (valores horizontales) y luego los dos números inferiores (valores verticales)

△ **Suma gráfica de vectores**
Traza un vector, luego traza el segundo comenzando en el punto final del primero. El resultado es la creación de un nuevo vector, desde el inicio del primero hasta el final del segundo.

▷ **Resta**
Hay dos métodos para restar vectores y ambos dan el mismo resultado.

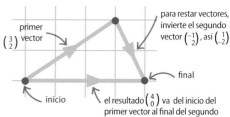

para restar vectores, invierte el segundo vector $\binom{-1}{2}$, así $\binom{1}{-2}$

△ **Resta de las partes**
Para restar un vector de otro, resta su valor vertical del valor vertical del primer vector y luego haz lo mismo para los valores horizontales.

△ **Resta gráfica de vectores**
Traza el primer vector, luego traza el segundo vector invertido, comenzando en el punto final del primer vector. El resultado de la resta es el vector que va desde el punto de inicio hasta el punto final.

Multiplicación de vectores

La dirección de un vector es la misma si se multiplica por un número positivo, pero se invierte si se multiplica por un número negativo. Los vectores se pueden multiplicar gráficamente o mediante el uso de sus valores numéricos.

▽ **Vector a**
El vector a tiene –4 unidades horizontales y +2 unidades verticales. Se puede representar como vector escrito o como vector gráfico.

$$a = \binom{-4}{2}$$

valor horizontal / valor vertical

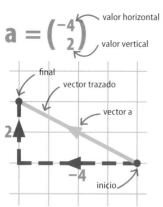

▽ **Vector a multiplicado por 2**
Para multiplicar numéricamente por 2 el vector a, multiplica por 2 cada una de sus partes horizontales y verticales. Para multiplicarlo gráficamente por 2, sencillamente prolonga el vector original al doble de su longitud.

$$2a = 2\times\binom{-4}{2} = \binom{-8}{4}$$

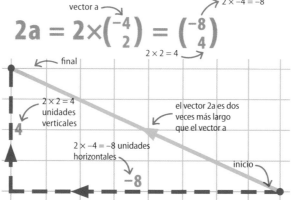

▽ **Vector a multiplicado por –½**
Para la multiplicación numérica, multiplica cada una de las partes de a por –½. Para multiplicarlo gráficamente por –½, traza un vector con la mitad de la longitud de a y en dirección opuesta.

$$-\frac{1}{2}a = -\frac{1}{2}\times\binom{-4}{2} = \binom{+2}{-1}$$

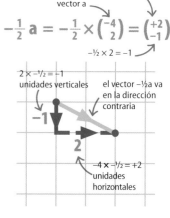

Trabajar con vectores en geometría

En geometría, los vectores se pueden usar para probar resultados. En este ejemplo, se utilizan vectores para demostrar que la línea que une los puntos medios de cualquiera de los dos lados de un triángulo, es paralela al tercer lado del triángulo, además de tener la mitad de su longitud.

Primero, escoge dos lados del triángulo ABC, en este ejemplo AB y AC. Marca estos lados como vectores a y b. Para llegar de B a C, pasa a lo largo de BA y luego de AC, en lugar de BC. BA es el vector -a, ya que es el opuesto de AB, y AC es b. Esto significa que el vector BC es -a + b.

$$\vec{BC} = -\,a + b$$

este es negativo
pues BA es el
contrario de AB

vector BC

el vector AB
se expresa
como a

el vector BC
también se puede
expresar así

$-a + b$

el vector AC se
expresa como b

Segundo, encuentra los puntos medios de los dos lados que se han elegido (AB y AC). Marca el punto medio de AB como P, y el punto medio de AC como Q. Esto crea tres nuevos vectores: AP, AQ y PQ. AP tiene la mitad de la longitud del vector a, y AQ la mitad de la longitud del vector b.

$$\vec{AP} = \tfrac{1}{2}\,\vec{AB} = \tfrac{1}{2}\,a$$

$$\vec{AQ} = \tfrac{1}{2}\,\vec{AC} = \tfrac{1}{2}\,b$$

P es el punto
medio de AB

$\tfrac{1}{2}\,a$

$\tfrac{1}{2}\,b$

Q es el punto
medio de AC

Tercero, usa los vectores ½a ½b para encontrar la longitud del vector PQ. Para llegar de P a Q, ve a lo largo de PA y luego de AQ. PA es el vector -½a, ya que se opone a AP, y ya se sabe que AQ es ½b. Esto significa que el vector PQ es - ½a + ½b.

En cuarto lugar, haz la prueba. Los vectores PQ y BC están en la misma dirección y por tanto son paralelos entre sí, por lo que la línea PQ (que une los puntos medios de los lados AB y AC) debe ser paralela a la línea BC. Además, como el vector PQ tiene la mitad de la longitud del vector BC, la línea PQ debe tener la mitad de la longitud de la línea BC.

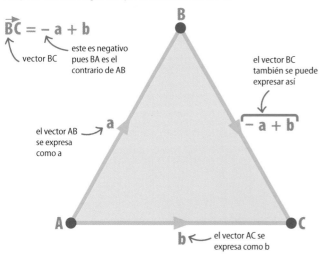

este es la
mitad de BA

este es la
mitad de AC

$$\vec{PQ} = -\tfrac{1}{2}\,a + \tfrac{1}{2}\,b$$

$$\vec{PQ} = \tfrac{1}{2}\,\vec{BC}$$

BC es –a + b, luego
PQ es la mitad de BC

este es negativo,
porque BA es el
contrario de AB

$-\tfrac{1}{2}\,a$

$-\tfrac{1}{2}a + \tfrac{1}{2}b$

$-a + b$

PQ es la
mitad de BC

$\tfrac{1}{2}\,b$

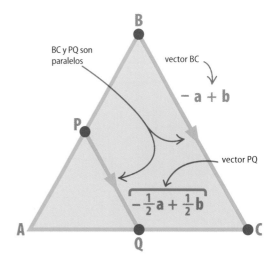

BC y PQ son
paralelos

vector BC

$-a + b$

vector PQ

$-\tfrac{1}{2}a + \tfrac{1}{2}b$

Traslaciones

UNA TRASLACIÓN CAMBIA LA POSICIÓN DE UNA FORMA.

Una traslación es un tipo de transformación. Mueve un objeto a una posición nueva.
El objeto trasladado se denomina imagen y tiene exactamente el mismo tamaño
y forma que el objeto original. Las traslaciones se expresan como vectores.

Cómo funcionan las traslaciones

Una traslación mueve un objeto a una nueva posición, sin hacer ningún otro cambio, por ejemplo de tamaño o forma.
Aquí, el triángulo llamado ABC es trasladado de modo que su imagen sea el triángulo $A_1B_1C_1$. Esta traslación se denomina T_1.
El triángulo $A_1B_1C_1$ se traslada de nuevo y su imagen es el triángulo $A_2B_2C_2$. Esta segunda traslación se denomina T_2.

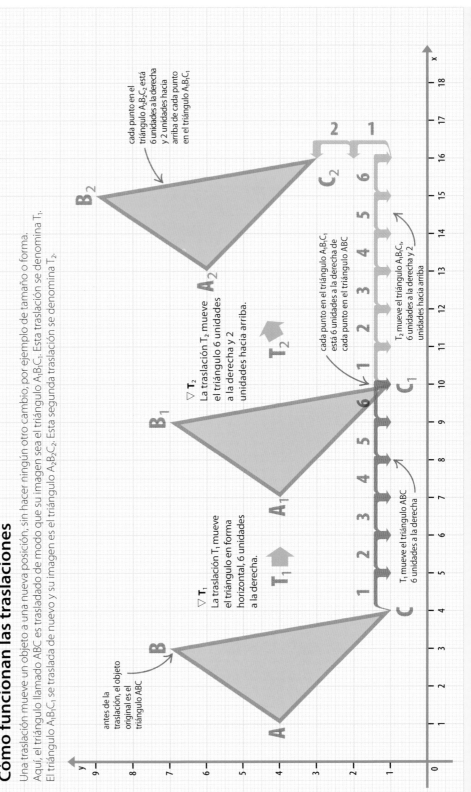

antes de la
traslación, el objeto
original es el
triángulo ABC

▽ T_1
La traslación T_1 mueve
el triángulo en forma
horizontal, 6 unidades
a la derecha.

T_1 mueve el triángulo ABC
6 unidades a la derecha

▽ T_2
La traslación T_2 mueve
el triángulo 6 unidades
a la derecha y 2
unidades hacia arriba.

cada punto en el triángulo $A_1B_1C_1$
está 6 unidades a la derecha de
cada punto en el triángulo ABC

T_2 mueve el triángulo $A_1B_1C_1$,
6 unidades a la derecha y 2
unidades hacia arriba

cada punto en el
triángulo $A_2B_2C_2$ está
6 unidades a la derecha
y 2 unidades hacia
arriba de cada punto
en el triángulo $A_1B_1C_1$

Expresión de las traslaciones

Las traslaciones se expresan como vectores. El número de arriba muestra la distancia horizontal en que se mueve un objeto, mientras que el número de abajo muestra la distancia vertical movida. Los dos números se colocan dentro de un paréntesis. Se puede numerar cada traslación –por ejemplo, T_1, T_2, T_3–, lo que permite identificar a cuál se hace referencia cuando se muestra más de una traslación.

número de traslación

distancia movida horizontalmente

distancia movida verticalmente

$$T_1 = \begin{pmatrix} 6 \\ 0 \end{pmatrix}$$

△ **Traslación T_1**
Para mover el triángulo ABC a la posición $A_1B_1C_1$, se mueve cada punto 6 unidades horizontalmente, pero no se mueve verticalmente. El vector se expresa como aparece arriba.

número de traslación

distancia movida horizontalmente

distancia movida verticalmente

$$T_2 = \begin{pmatrix} 6 \\ 2 \end{pmatrix}$$

△ **Traslación T_2**
Para mover el triángulo $A_1B_1C_1$ a la posición $A_2B_2C_2$, se mueve cada punto 6 unidades horizontalmente y luego se mueve 2 unidades verticalmente. El vector se expresa como aparece arriba.

Dirección de las traslaciones

Los números que representan el vector de una traslación son positivos o negativos, según la dirección en que se mueve el objeto. Si se mueve a la derecha o hacia arriba, es positivo; a la izquierda o hacia abajo, es negativo.

▽ **Traslación negativa**
El rectángulo ABCD se mueve hacia abajo y a la izquierda, por lo cual los valores en su vector son negativos.

esta es la traslación T_1

A_1 se mueve 3 unidades a la izquierda

esta es la forma original

se mueve 1 unidad hacia abajo

−3   −2   −1   −1

▽ **Traslación T_1**
La traslación T_1 mueve el rectángulo ABCD a la nueva posición $A_1B_1C_1D_1$. Se expresa como el vector mostrado –todas sus partes son negativas–.

distancia movida horizontalmente (a la izquierda)

distancia movida verticalmente (hacia abajo)

$$T_1 = \begin{pmatrix} -3 \\ -1 \end{pmatrix}$$

Teselaciones en acción

Una teselación es un patrón creado mediante formas para cubrir una superficie, sin dejar espacios en blanco. Dos formas, el cuadrado y el hexágono regular, se pueden teselar con ellas mismas sólo mediante traslación (sin rotación). Para teselar un hexágono con traslación se requieren 6 traslaciones distintas; para teselar un cuadrado se necesitan 8.

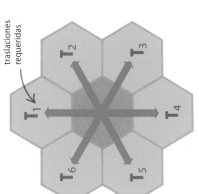

traslaciones requeridas

△ **Hexágonos**
Cada uno de los hexágonos que rodean el hexágono central es una imagen trasladada de él. La teselación prosigue de la misma manera.

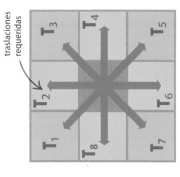

traslaciones requeridas

△ **Cuadrados**
Cada uno de los cuadrados que rodean el cuadrado central es una imagen trasladada de él. La teselación prosigue de la misma manera.

Rotaciones

UNA ROTACIÓN ES UN TIPO DE TRANSFORMACIÓN QUE TOMA
UN OBJETO Y LO MUEVE EN RELACIÓN CON UN PUNTO DADO.

El punto alrededor del cual se produce una rotación se llama centro de
rotación, y la distancia que rota una forma se llama ángulo de rotación.

Propiedades de una rotación

Las rotaciones se producen alrededor de un
punto fijo llamado centro de rotación y se miden
por ángulos. Cualquier punto de un objeto
original y el punto correspondiente
en su imagen rotada, estarán exactamente a la
misma distancia del centro de rotación. El centro
de rotación puede ubicarse dentro o fuera de un
objeto o en su contorno. Para trazar una rotación
o para hallar el centro y el ángulo de una rotación
existente, debes utilizar compás, regla y
transportador.

▷ **Rotación alrededor de un punto**
Este rectángulo se rota alrededor de
un punto por fuera de su contorno. Si
se rota 360°, vuelve a su posición inicial.

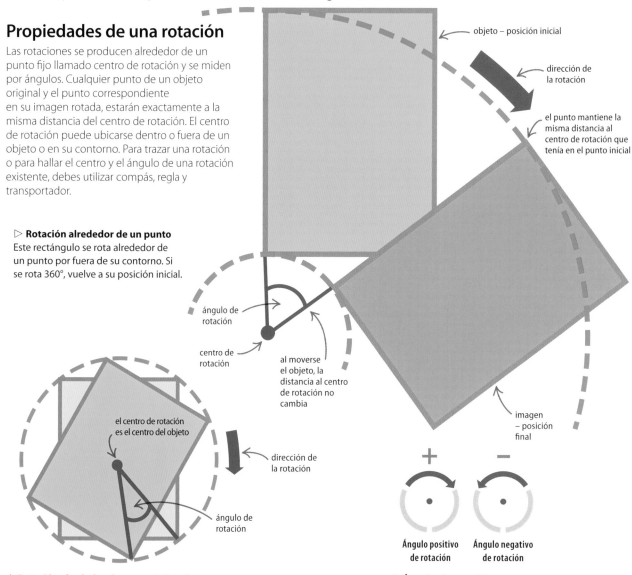

objeto – posición inicial

dirección de
la rotación

el punto mantiene la
misma distancia al
centro de rotación que
tenía en el punto inicial

ángulo de
rotación

centro de
rotación

al moverse
el objeto, la
distancia al centro
de rotación no
cambia

imagen
– posición
final

el centro de rotación
es el centro del objeto

dirección de
la rotación

ángulo de
rotación

+ **–**

Ángulo positivo   Ángulo negativo
de rotación   de rotación

△ **Rotación alrededor de un punto interior**
Un objeto puede girar alrededor de un punto que no
está por fuera sino dentro de sí mismo –este rectángulo
ha sido rotado alrededor de su punto central–. Si rota
180° encajará de nuevo en su contorno.

△ **Ángulo de rotación**
El ángulo de rotación es positivo o negativo.
Si es positivo, el objeto rota en sentido horario;
si es negativo, rota en sentido antihorario.

Construcción de una rotación

Para construir una rotación se necesitan tres elementos de información: el objeto que se va a rotar, la ubicación del centro de rotación y el tamaño del ángulo de rotación.

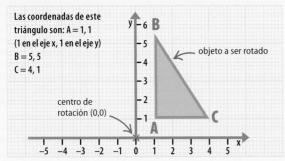

Las coordenadas de este triángulo son: A = 1, 1 (1 en el eje x, 1 en el eje y) B = 5, 5 C = 4, 1

centro de rotación (0,0)

objeto a ser rotado

Teniendo la posición del triángulo ABC (ver arriba) y el centro de rotación, rota el triángulo -90°, es decir, 90° en sentido antihorario. La imagen del triángulo ABC estará a la izquierda del eje y.

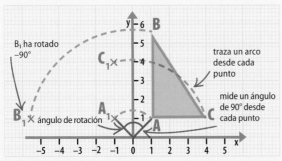

B_1 ha rotado −90°

traza un arco desde cada punto

mide un ángulo de 90° desde cada punto

B_1 × ángulo de rotación

Coloca la punta de un compás en el centro de rotación y traza arcos en sentido antihorario desde los puntos A, B y C (hacia la izquierda pues la rotación es negativa). Luego, coloca el centro de un transportador sobre el centro de rotación y mide un ángulo de 90° respecto a cada punto. Marca el punto donde el ángulo se encuentra con el arco.

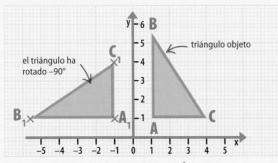

el triángulo ha rotado −90°

triángulo objeto

Llama A_1, B_1 y C_1 a los nuevos puntos. Únelos para formar la imagen. Cada punto en el nuevo triángulo $A_1B_1C_1$ ha rotado 90° hacia la izquierda de cada punto en el triángulo original ABC.

Encontrar el ángulo y el centro de una rotación

Si se tiene un objeto y su imagen rotada, se puede hallar el centro y el ángulo de rotación.

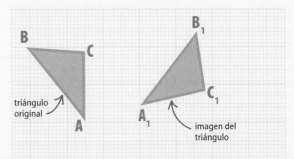

triángulo original

imagen del triángulo

El triángulo $A_1B_1C_1$ es la imagen del triángulo ABC después de una rotación. Se puede encontrar el centro y el ángulo de rotación trazando las mediatrices (líneas que cortan exactamente por la mitad –ver págs. 102-103–) de las líneas entre dos conjuntos de puntos, en este caso A y A_1 y B y B_1.

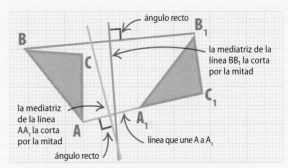

ángulo recto

la mediatriz de la línea BB_1 la corta por la mitad

la mediatriz de la línea AA_1 la corta por la mitad

línea que une A a A_1

ángulo recto

Usa un compás y una regla para construir la mediatriz de la línea que une A y A_1 y la mediatriz de la línea que une B y B_1. Estas bisectrices se cruzan entre sí.

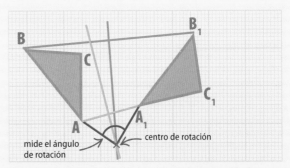

mide el ángulo de rotación

centro de rotación

El centro de rotación es el punto donde se cruzan las dos mediatrices. Para encontrar el ángulo de rotación, une A y A_1 con el centro de rotación y mide el ángulo entre estas líneas.

Reflexiones

UNA REFLEXIÓN MUESTRA UN OBJETO TRANSFORMADO EN SU
IMAGEN EN EL ESPEJO, AL OTRO LADO DE UN EJE DE REFLEXIÓN.

Propiedades de una reflexión

Todo punto de un objeto (por ejemplo, A) y el
punto correspondiente en su imagen reflejada
(por ejemplo, A_1) están en lados opuestos y a la
misma distancia del eje de reflexión. La imagen
reflejada es en realidad una imagen en el espejo,
cuya base está a lo largo del eje de reflexión.

▽ **Montaña reflejada**
La montaña cuyos puntos A, B, C,
D y E están marcados, tiene una
imagen reflejada, que incluye los
puntos A_1, B_1, C_1, D_1 y E_1.

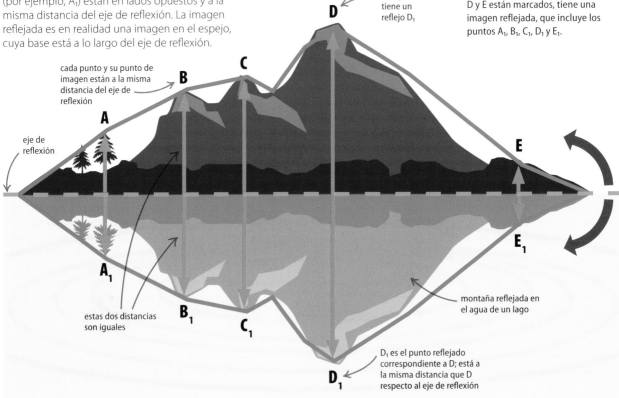

cada punto y su punto de
imagen están a la misma
distancia del eje de
reflexión

este punto D
tiene un
reflejo D_1

eje de
reflexión

estas dos distancias
son iguales

montaña reflejada en
el agua de un lago

D_1 es el punto reflejado
correspondiente a D; está a
la misma distancia que D
respecto al eje de reflexión

MÁS DE CERCA

Caleidoscopios

Un caleidoscopio crea patrones mediante el uso de espejos y cuentas de colores.
Los patrones resultan porque las cuentas se reflejan y luego se reflejan de nuevo.

dos espejos

este es un reflejo
de las cuentas
originales

el reflejo final,
que completa
la imagen

Un caleidoscopio simple tiene dos
espejos en ángulo recto (90°) entre sí
y algunas bolitas o cuentas de colores.

▶ **Las cuentas se reflejan** en los
dos espejos, produciendo dos
imágenes reflejadas en ambos lados.

▶ **Cada una de las dos reflexiones**
se refleja de nuevo, produciendo
otra imagen de las cuentas.

Construcción de una reflexión

Para construir el reflejo de un objeto, es necesario conocer la posición del eje de reflexión y la del objeto. Cada punto de la reflexión estará a la misma distancia del eje de reflexión que el punto que le corresponde en el original. Aquí se traza la reflexión del triángulo ABC para el eje de reflexión y = x (lo que significa que cada punto en el eje tiene las mismas coordenadas x y y).

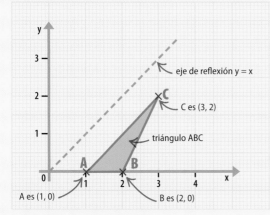

Primero, traza el eje de reflexión. Como y = x, esta línea del eje cruza por los puntos (0, 0), (1, 1), (2, 2), (3, 3), y así sucesivamente. Luego, dibuja, el objeto que se va a reflejar –el triángulo ABC, que tiene las coordenadas (1, 0), (2, 0) y (3, 2)–. En cada conjunto de coordenadas, el primer número es el valor de x, y el segundo número es el valor de y.

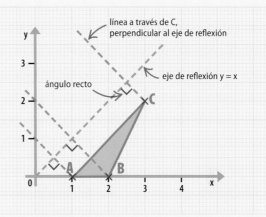

Segundo, desde cada punto del triángulo ABC traza líneas que formen ángulo recto (90°) con el eje de reflexión. Estas líneas deben cruzar el eje de reflexión y seguir adelante, ya que las nuevas coordenadas de la imagen reflejada se medirán a lo largo de ellas.

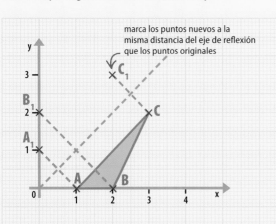

Tercero, mide la distancia desde cada uno de los puntos originales hasta el eje de reflexión. Luego, mide la misma distancia al otro lado del eje, para encontrar las posiciones de los puntos nuevos. Marca cada uno de los puntos nuevos con la letra del que reflejan, seguida por un pequeño 1, por ejemplo A_1.

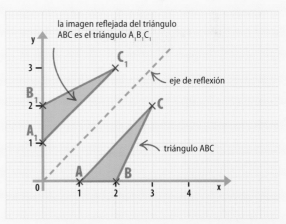

Por último, para completar la imagen, une los puntos A_1, B_1 y C_1. Cada uno de los puntos del triángulo tiene una imagen de espejo a través del eje de reflexión. Cada punto en el triángulo original tiene la misma distancia al eje de reflexión que su punto reflejado.

Ampliaciones

UNA AMPLIACIÓN ES UNA TRANSFORMACIÓN QUE TOMA UN OBJETO Y
PRODUCE UNA IMAGEN DE LA MISMA FORMA PERO DE DIFERENTE TAMAÑO.

VER TAMBIÉN

❮ **48–51** Razón y proporción
❮ **90–91** Traslaciones
❮ **92–93** Rotaciones
❮ **94–95** Reflexiones

Las ampliaciones se construyen mediante un punto fijo conocido
como centro de ampliación. La imagen puede ser mayor o menor.
Un número llamado factor de escala determina el cambio en el tamaño.

Propiedades de una ampliación

Cuando un objeto se transforma en una imagen
más grande, la relación entre los lados
correspondientes de dicho objeto y la imagen
es igual al factor de escala. Por ejemplo, si el
factor de escala es 5, los lados de la imagen
son 5 veces mayores que los del objeto original.

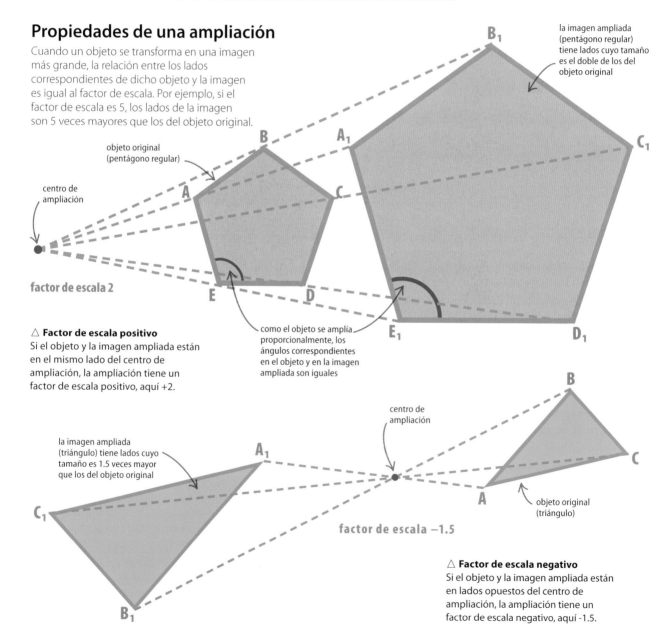

la imagen ampliada
(pentágono regular)
tiene lados cuyo tamaño
es el doble de los del
objeto original

objeto original
(pentágono regular)

centro de
ampliación

factor de escala 2

△ **Factor de escala positivo**
Si el objeto y la imagen ampliada están
en el mismo lado del centro de
ampliación, la ampliación tiene un
factor de escala positivo, aquí +2.

como el objeto se amplía
proporcionalmente, los
ángulos correspondientes
en el objeto y en la imagen
ampliada son iguales

la imagen ampliada
(triángulo) tiene lados cuyo
tamaño es 1.5 veces mayor
que los del objeto original

centro de
ampliación

factor de escala −1.5

objeto original
(triángulo)

△ **Factor de escala negativo**
Si el objeto y la imagen ampliada están
en lados opuestos del centro de
ampliación, la ampliación tiene un
factor de escala negativo, aquí -1.5.

Construcción de una ampliación

Para construir una ampliación, se trazan las coordenadas del objeto en papel cuadriculado (o gráfico). En este caso, se mide el cuadrilátero ABCD a partir del centro de ampliación (0, 0) con un factor de escala dado de 2.5.

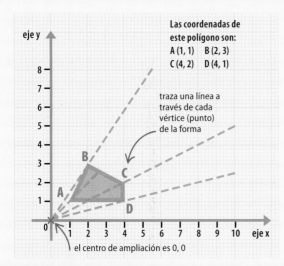

Las coordenadas de este polígono son:
A (1, 1)   B (2, 3)
C (4, 2)   D (4, 1)

traza una línea a través de cada vértice (punto) de la forma

el centro de ampliación es 0, 0

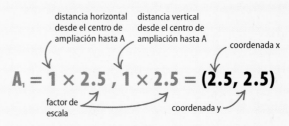

distancia horizontal desde el centro de ampliación hasta A

distancia vertical desde el centro de ampliación hasta A

coordenada x

$$A_1 = 1 \times 2.5 , 1 \times 2.5 = (2.5, 2.5)$$

factor de escala

coordenada y

El mismo principio se aplica luego a los demás puntos para resolver sus coordenadas x y y.

$$B_1 = 2 \times 2.5 , 3 \times 2.5 = (5, 7.5)$$

$$C_1 = 4 \times 2.5 , 2 \times 2.5 = (10, 5)$$

$$D_1 = 4 \times 2.5 , 1 \times 2.5 = (10, 2.5)$$

Dibuja el polígono ABCD utilizando las coordenadas dadas. Marca el centro de ampliación y traza líneas desde este punto a través de cada uno de los vértices de la forma (puntos donde los lados se encuentran).

Luego, calcula las posiciones de A_1, B_1, C_1 y D_1 multiplicando por un factor de escala de 2.5 las distancias horizontales y verticales de cada punto a partir del centro de ampliación (0, 0).

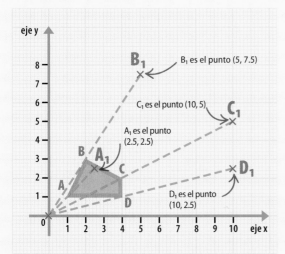

B_1 es el punto (5, 7.5)

C_1 es el punto (10, 5)

A_1 es el punto (2.5, 2.5)

D_1 es el punto (10, 2.5)

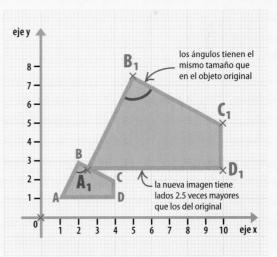

los ángulos tienen el mismo tamaño que en el objeto original

la nueva imagen tiene lados 2.5 veces mayores que los del original

Lee a lo largo del eje x y del eje y, para trazar los vértices (puntos) de la imagen ampliada. Por ejemplo, B_1 es el punto (5, 7.5) y C_1 es el punto (10, 5). Marca y denomina todos los puntos A_1, B_1, C_1 y D_1.

Une las nuevas coordenadas para completar la ampliación. La imagen ampliada es un cuadrilátero cuyos lados son 2.5 veces mayores que los del objeto original, pero con ángulos exactamente del mismo tamaño.

Dibujos a escala

ESTOS DIBUJOS MUESTRAN OBJETOS CON PRECISIÓN,
AL REDUCIRLOS O AMPLIARLOS A UN TAMAÑO PRÁCTICO.

Estos dibujos pueden aparecer reducidos, como un
mapa, o ampliados, como el diagrama de un microchip.

VER TAMBIÉN	
❰ 48–51 Razón y proporción	
❰ 96–97 Ampliaciones	
Círculos	130–131 ❱

Elección de una escala

Para hacer un plano exacto de un objeto grande, como un puente, es necesario reducir las
medidas del objeto. Para ello, cada medida del puente se reduce en la misma proporción.
El primer paso para crear un dibujo a escala es elegir una escala –por ejemplo, 1 cm por cada
10 metros–. La escala se representa luego como una razón, usando la menor unidad común.

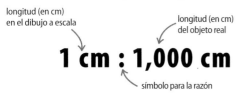

longitud (en cm)
en el dibujo a escala

longitud (en cm)
del objeto real

1 cm : 1,000 cm

símbolo para la razón

◁ **La escala como razón**
Una escala de 1 cm a 10 m
se puede mostrar como
razón usando centímetros
como unidad común. En un
metro hay 100 cm, por lo que
10×100 cm = 1,000 cm.

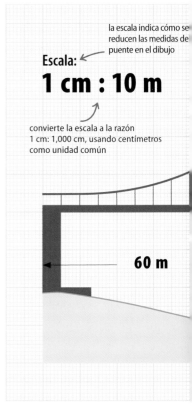

la escala indica cómo se
reducen las medidas del
puente en el dibujo

Escala: ←

1 cm : 10 m

convierte la escala a la razón
1 cm: 1,000 cm, usando centímetros
como unidad común

60 m

Cómo hacer un dibujo a escala

En este ejemplo, se debe dibujar a escala una cancha de baloncesto. El campo tiene 30
m de largo y 15 m de ancho. En su centro hay un círculo con un radio de 1 m, y en
cada extremo hay un semicírculo, cada uno con un radio de 5 metros. Para hacer un
dibujo a escala, primero haz un boceto, tomando nota de las medidas reales. A
continuación, elige una escala y úsala para convertir las medidas y crear el dibujo final.

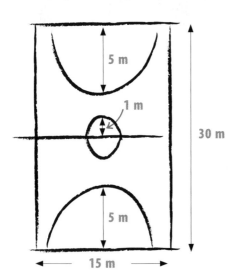

5 m

1 m

30 m

5 m

15 m

Dibuja un boceto que te sirva como guía, marcando
en él las medidas reales. Toma nota de la mayor
longitud (30 m). Con base en ella y en el espacio
disponible para el dibujo, decide una escala adecuada.

Elige una escala adecuada. Ten en cuenta que 30 m (la mayor medida
de la cancha) tienen que caber en un espacio máximo de 10 cm.

medidas en
el dibujo → **1 cm : 5 m** ← medidas en la
cancha real

Al convertir esto a una razón de 1 cm : 500 cm, es posible
trabajar las medidas que se utilizarán en el dibujo.

para hacer el cálculo más fácil,
las medidas reales cambiaron
de metros a centímetros

escala

longitud para
el dibujo

longitud del campo	= 3,000 cm ÷ 500 =	**6 cm**
anchura del campo	= 1,500 cm ÷ 500 =	**3 cm**
radio del círculo central	= 100 cm ÷ 500 =	**0.2 cm**
radio del semicírculo	= 500 cm ÷ 500 =	**1 cm**

▷ **Elige una escala adecuada** y conviértela en una razón,
utilizando centímetros, la menor unidad común. Enseguida,
convierte las medidas reales a las mismas unidades. Para hallar
las medidas del dibujo, divide cada medida por la escala.

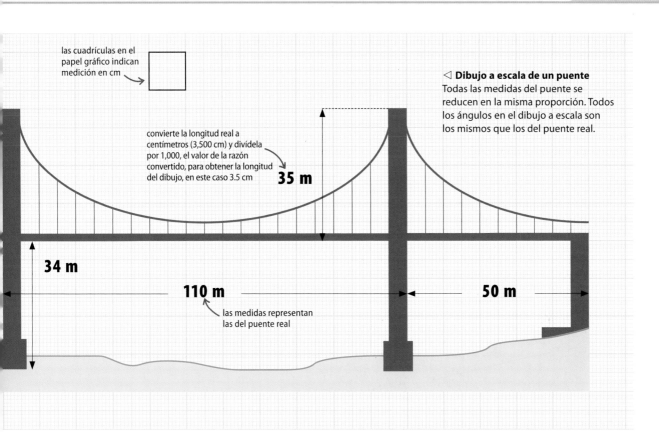

las cuadrículas en el papel gráfico indican medición en cm

◁ **Dibujo a escala de un puente**
Todas las medidas del puente se reducen en la misma proporción. Todos los ángulos en el dibujo a escala son los mismos que los del puente real.

convierte la longitud real a centímetros (3,500 cm) y divídela por 1,000, el valor de la razón convertido, para obtener la longitud del dibujo, en este caso 3.5 cm

35 m

34 m

110 m

las medidas representan las del puente real

50 m

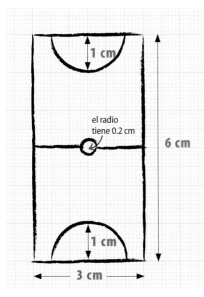

1 cm

el radio tiene 0.2 cm

6 cm

1 cm

3 cm

Haz un segundo boceto, marcando ahora las medidas a escala. Esto da una guía para el dibujo final.

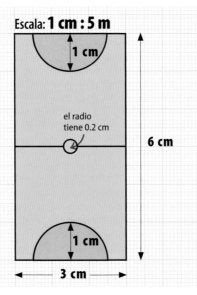

Escala: **1 cm : 5 m**

1 cm

el radio tiene 0.2 cm

6 cm

1 cm

3 cm

Elabora ahora un dibujo final, a escala y exacto, de la cancha de baloncesto. Para trazar las líneas usa una regla, y un compás para dibujar el círculo y los semicírculos.

Mapas

La escala para un mapa varía de acuerdo con el área que cubre. Para ver todo un país como Francia, se podría usar una escala 1 cm : 150 km. Para ver una ciudad, una escala 1 cm : 500 m es apropiada.

⤴ Rumbos

UN RUMBO MUESTRA UNA DIRECCIÓN.

Los rumbos muestran instrucciones precisas. Se pueden utilizar para trazar viajes a través de territorios desconocidos, donde la exactitud es vital.

VER TAMBIÉN
❮ **74–75** Herramientas
❮ **76–77** Ángulos
❮ **98–99** Dibujos a escala

¿Qué son rumbos?

Los rumbos son ángulos medidos en sentido horario, a partir de la dirección norte de la brújula. Generalmente se dan en grados y en números enteros de tres dígitos, como 270°, pero también se pueden utilizar decimales, por ejemplo, 247.5°. Las direcciones de la brújula se expresan en términos tales como "OSO", u "oeste-sur-oeste".

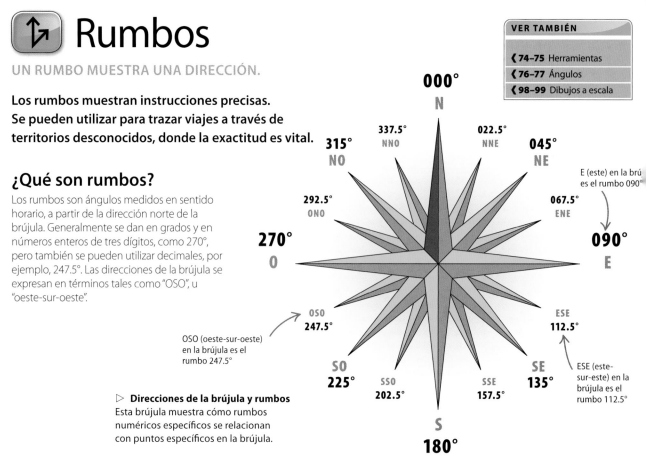

E (este) en la brú es el rumbo 090°

OSO (oeste-sur-oeste) en la brújula es el rumbo 247.5°

ESE (este-sur-este) en la brújula es el rumbo 112.5°

▷ **Direcciones de la brújula y rumbos**
Esta brújula muestra cómo rumbos numéricos específicos se relacionan con puntos específicos en la brújula.

Cómo medir un rumbo

Primero, decide el punto de inicio del viaje. Coloca un transportador en este punto de inicio o centro. Utiliza el transportador para trazar el ángulo del rumbo en sentido horario, a partir de la dirección norte de la brújula.

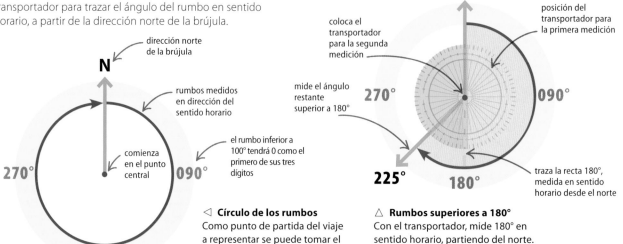

dirección norte de la brújula

rumbos medidos en dirección del sentido horario

el rumbo inferior a 100° tendrá 0 como el primero de sus tres dígitos

comienza en el punto central

coloca el transportador para la segunda medición

mide el ángulo restante superior a 180°

posición del transportador para la primera medición

traza la recta 180°, medida en sentido horario desde el norte

◁ **Círculo de los rumbos**
Como punto de partida del viaje a representar se puede tomar el centro de un círculo, alrededor del cual se ubican los rumbos.

△ **Rumbos superiores a 180°**
Con el transportador, mide 180° en sentido horario, partiendo del norte. Marca el punto y traza el ángulo restante de 180° –que en este ejemplo es 225°–.

Trazar un viaje con rumbos

Los rumbos sirven para trazar viajes con varios cambios de dirección. En este ejemplo, un avión vuela por 300 km en el rumbo 290°, luego toma el rumbo 045° por 200 km. Usando una escala de 1 cm por 100 km, traza su última etapa de regreso al inicio.

ESCALA

1 cm : 100 km

Primero, traza el rumbo 290°. Coloca el transportador en el centro y traza 180°. Traza 110° más, para un total de 290°.

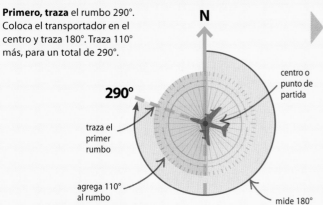

N

290°

traza el primer rumbo

agrega 110° al rumbo

centro o punto de partida

mide 180°

Luego, calcula la distancia recorrida en el rumbo 290°. Al usar la escala, la distancia es 3 cm, porque 1 cm es igual a 100 km.

N

marca la primera parte del vuelo

3 cm

punto de partida

distancia real

distancia en dibujo a escala

300 ÷ 100 = 3 cm

Traza una línea nueva al norte. El siguiente rumbo está a 045° de este norte. Usa el transportador para trazar la línea y el ángulo.

N   N

45°

traza el segundo rumbo de 045°

nuevo centro al final de 3 cm

transportador colocado en el nuevo centro

3 cm

punto de partida

Calcula la distancia recorrida en el rumbo 045°, usando la escala de 1 cm por cada 100 km. La distancia es 2 cm.

N   N

marca la segunda parte del vuelo

2 cm

distancia real

3 cm

200 ÷ 100 = 2 cm

distancia en dibujo a escala

punto de partida

Coloca el transportador en el punto final de los 2 cm y traza una nueva línea al norte. El siguiente rumbo está a 150° de este último norte. Esta dirección lleva el avión de regreso al punto de partida.

x = 150°

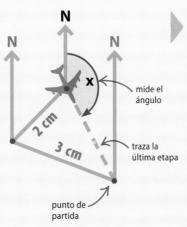

N

N   N

x

2 cm

3 cm

mide el ángulo

traza la última etapa

punto de partida

Por último, traza la distancia recorrida en el rumbo de 150°. Usando la escala, la distancia es de 2,8 cm, es decir, la etapa final del viaje es 280 km.

y = 2.8 cm

2.8 x 100 = 280 km

distancia en dibujo a escala

distancia real de la última etapa del vuelo

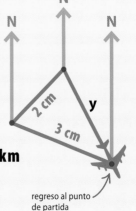

N

N   N

2 cm   **y**

3 cm

regreso al punto de partida

Construcciones

TRAZAR LÍNEAS PERPENDICULARES Y ÁNGULOS USANDO UN COMPÁS Y UNA REGLA.

VER TAMBIÉN

‹ 74–75 Herramientas

‹ 76–77 Ángulos

Triángulos   108–109 ›

Triángulos congruentes   112–113 ›

Se llama construcción al dibujo geométrico exacto.

Estos dibujos pueden incluir líneas, ángulos y figuras. Las herramientas que se necesitan son un compás y un borde recto.

Construcción de líneas perpendiculares

Dos rectas son perpendiculares cuando se intersecan (o cruzan) a 90°, o formando ángulos rectos. Una línea perpendicular se puede construir de dos maneras: la primera es trazarla a través de un punto marcado en una línea determinada, y la segunda consiste en utilizar un punto que esté por encima o por debajo de la línea dada.

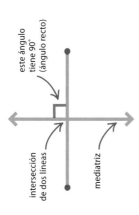

este ángulo tiene 90° (ángulo recto)

intersección de dos líneas

mediatriz

▽ **Mediatriz**
Una mediatriz corta otra línea exactamente por la mitad, cruzando a través de su punto medio en ángulo recto o 90°.

Usar un punto en la línea

Se puede construir una línea perpendicular mediante el uso de un punto marcado en una línea. El punto se marca donde las dos líneas se intersecarán (se cruzarán) en ángulo recto.

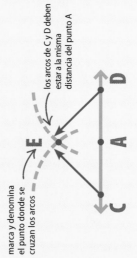

los arcos deben estar a la misma distancia del punto A

marca un punto más o menos en la mitad de la línea

cada arco debe cruzar la línea

marca y denomina los puntos por donde los arcos cruzan la línea

▲ **Traza una línea** y marca un punto en ella con una letra, por ejemplo, A. Coloca la punta de un compás en el punto A y dibuja dos arcos, uno a cada lado, a la misma distancia del punto.

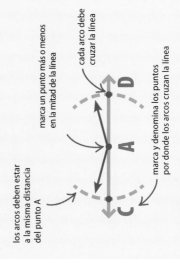

marca y denomina el punto donde se cruzan los arcos

los arcos de C y D deben estar a la misma distancia del punto A

▲ **Coloca la punta** de un compás en el punto C y dibuja un arco sobre la línea. Haz lo mismo desde el punto D. Los arcos se intersecarán (se cruzarán) en un punto, que llamarás E.

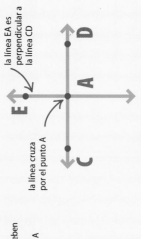

la línea EA es perpendicular a la línea CD

la línea cruza por el punto A

▲ **Ahora, traza una línea** de E a A. Esta línea es perpendicular (forma ángulo recto) a la línea original.

Usar un punto por encima de la línea

Es posible construir líneas perpendiculares marcando un punto por encima de la primera línea, a través del cual pase la segunda línea perpendicular.

marca el punto por encima de la línea

traza una línea

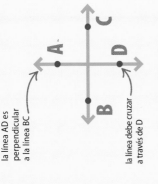

Traza una línea y marca un punto por encima de ella. Dale un nombre a esta marca con una letra, por ejemplo, A.

dibuja dos arcos desde A

los arcos de A cruzan la línea en B y C

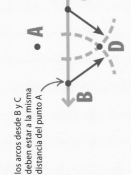

Coloca un compás sobre el punto A. Dibuja dos arcos que crucen la línea en dos puntos. Llama B y C a estos puntos.

los arcos desde B y C deben estar a la misma distancia del punto A

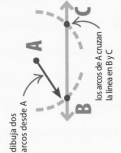

Con el compás sobre los puntos B y C, traza dos arcos de la misma longitud por debajo de la línea. Los dos arcos se cortan en un punto, al que llamarás D.

la línea AD es perpendicular a la línea BC

la línea debe cruzar a través de D

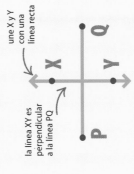

Traza una línea del punto A al D; esta línea es perpendicular (forma ángulo recto) a la línea BC.

Construcción de una mediatriz

Mediatriz es una línea que pasa exactamente por el punto medio de un segmento de línea formando ángulo recto, o a 90°. Se puede construir marcando puntos por encima y por debajo del segmento de línea.

línea PQ

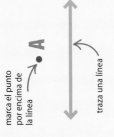

Primero, traza una línea y dale un nombre a cada punto extremo, por ejemplo P y Q.

dibuja un arco desde el punto P

Abre el compás más allá de la mitad de la línea PQ

Coloca un compás en el punto P y traza un arco a una distancia ligeramente mayor a la mitad de la longitud de la línea PQ.

los arcos de Q cruzarán los arcos de P

mantén el compás a la misma distancia

coloca el compás en el punto Q

Dibuja otro arco desde el punto Q, manteniendo el compás a la misma distancia. Este arco cruzará el primer arco en dos puntos.

la línea XY es perpendicular a la línea PQ

une X y Y con una línea recta

Llama X y Y a los puntos donde los arcos se cruzan. Traza una línea que une X y Y; esta es la mediatriz de la línea PQ.

Bisección de un ángulo

La bisectriz de un ángulo es una línea recta que cruza el vértice (punto) del ángulo y lo divide en dos partes iguales. Esta línea se puede construir usando un compás para marcar puntos en los lados del ángulo.

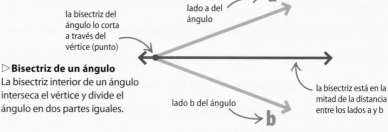

la bisectriz del ángulo lo corta a través del vértice (punto)

lado a del ángulo

la bisectriz está en la mitad de la distancia entre los lados a y b

lado b del ángulo

▷ **Bisectriz de un ángulo**
La bisectriz interior de un ángulo interseca el vértice y divide el ángulo en dos partes iguales.

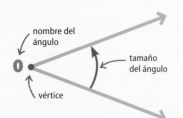

nombre del ángulo

tamaño del ángulo

vértice

Primero, dibuja un ángulo de cualquier tamaño. Ponle nombre al vértice de este ángulo con una letra, por ejemplo, O.

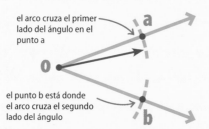

el arco cruza el primer lado del ángulo en el punto a

el punto b está donde el arco cruza el segundo lado del ángulo

Dibuja un arco colocando la punta de un compás en el vértice. Marca y ponle nombre a los puntos en donde el arco interseca los lados del ángulo.

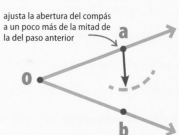

ajusta la abertura del compás a un poco más de la mitad de la del paso anterior

Coloca el compás sobre el punto a y dibuja un arco en el espacio entre los lados del ángulo.

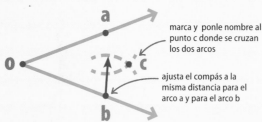

marca y ponle nombre al punto c donde se cruzan los dos arcos

ajusta el compás a la misma distancia para el arco a y para el arco b

Mantén el compás en la misma abertura y colócalo en el punto b; luego, dibuja otro arco. Los dos arcos se cortan en un punto. Llama c a esta intersección.

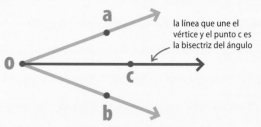

la línea que une el vértice y el punto c es la bisectriz del ángulo

Traza una línea desde el vértice o hasta el punto c –esta es la bisectriz del ángulo–. Ahora el ángulo está dividido en dos partes iguales.

Triángulos congruentes

Los triángulos son congruentes si todos sus lados y ángulos interiores son iguales. Los puntos que se marcan al elaborar una bisectriz del ángulo, crean dos triángulos congruentes –uno sobre la bisectriz y otro debajo de ella.

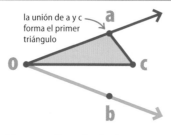

la unión de a y c forma el primer triángulo

▷ **Construcción de triángulos**
Si unes los puntos marcados en los lados de un ángulo después de trazar una línea bisectriz, se forman dos triángulos congruentes.

Traza una línea de a hasta c para formar el primer triángulo –aquí sombreado con rojo–.

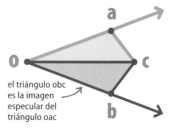

el triángulo obc es la imagen especular del triángulo oac

Ahora traza una línea de b hasta c para construir el segundo triángulo –aquí sombreado de rojo–.

Construcción de ángulos de 90° y 45°

La bisectriz de un ángulo se puede usar para construir algunos ángulos comunes como por ejemplo, un ángulo recto (90°) y un ángulo de 45°, sin tener que usar transportador.

ponles nombre a los extremos de la línea

dibuja arcos por encima y por debajo de la línea

Traza una línea recta (AB). Pon un compás sobre el punto A, ábrelo un poco más allá de la mitad de la línea y traza dos arcos, por encima y por debajo de la línea.

ponles nombre a los puntos en donde se cruzan los arcos

debes ajustar el compás al mismo tamaño de los arcos desde el punto A

Luego, dibuja dos arcos conservando la misma abertura del compás y colocándolo en el punto B. Llama P y Q a los puntos donde los arcos se cruzan entre sí.

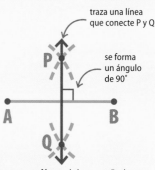

traza una línea que conecte P y Q

se forma un ángulo de 90°

Traza una línea del punto P al punto Q. Esta es una mediatriz de la línea original, que forma cuatro ángulos de 90°.

marca los puntos por donde pasa el arco

arco desde o

Dibuja un arco desde el punto o, que cruce dos de las líneas; esto crea un ángulo de 90°. Llama f y e a los puntos en donde el arco interseca las líneas.

marca y ponle nombre a la intersección de los arcos

Conserva la misma abertura del compás que usaste en el último arco y dibuja dos arcos desde los puntos f y e. Usa la letra s para nombrar la intersección de estos arcos.

une o y s con una línea recta

se forma un ángulo de de 45°

Traza una línea desde punto o, pasando por s. Esta línea es la bisectriz del ángulo. Ahora, el ángulo de 90° está dividido en dos de 45°.

Construcción de ángulos de 60°

Para construir un triángulo equilátero, que tiene tres lados iguales y tres ángulos de 60°, no hay necesidad de usar transportador.

nombra la línea con letras

2.5 cm

la primera línea puede tener cualquier longitud

Traza una línea, que formará un brazo del primer ángulo. Aquí la línea tiene 2,5 cm de largo, pero puede tener cualquier longitud. Marca cada extremo de la línea con una letra.

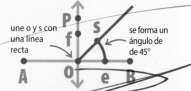

ajusta el compás a la longitud de la primera línea

2.5 cm

marca el punto C donde se cruzan los arcos

2.5 cm

Ajusta el compás a la longitud de la primera línea. Dibuja un arco desde el punto A, luego otro desde el punto B. Marca con la letra C el punto donde los dos arcos cruzan.

2.5 cm

une A y C

el ángulo tiene 60°

2.5 cm

Traza ahora una línea que conecte los puntos A y C. La línea AC tiene la misma longitud que la línea AB. Se ha formado un ángulo de 60°.

todos los ángulos internos tienen 60°

2.5 cm
2.5 cm

une C y B

2.5 cm

Construye un triángulo equilátero, trazando una tercera línea de B a C. Todos los lados del triángulo son iguales y todos los ángulos interiores del triángulo son de 60°.

Lugares geométricos

UN LUGAR GEOMÉTRICO ES EL CAMINO SEGUIDO POR UN PUNTO
QUE, AL MOVERSE, ES FIEL A UNA DETERMINADA NORMA.

VER TAMBIÉN

❮ **74–75** Herramientas
❮ **98–99** Dibujos a escala
❮ **102–105** Construcciones

¿Qué es un lugar geométrico?

Muchas formas familiares, como círculos y líneas rectas, son ejemplos
de lugares geométricos, ya que son caminos de puntos que se ajustan
a condiciones específicas. Los lugares geométricos también pueden
producir formas más complicadas. Se utilizan con frecuencia para resolver
problemas prácticos como, por ejemplo, localizar una ubicación exacta.

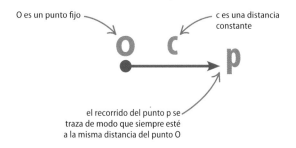

O es un punto fijo

c es una distancia
constante

el recorrido del punto p se
traza de modo que siempre esté
a la misma distancia del punto O

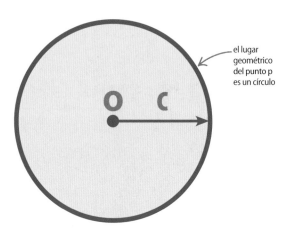

el lugar
geométrico
del punto p
es un círculo

Para construir este lugar geométrico, se necesitan un
compás y un lápiz. La punta del compás se mantiene en el
punto fijo, O. Los brazos del compás se extienden de modo
que la distancia entre ellos sea la distancia constante c.

La figura resultante al dar al compás un giro
completo, revela que el lugar es un círculo. El centro
del círculo es O y el radio es la distancia constante
entre la punta del compás y el lápiz (c).

Trabajo con lugares geométricos

Para dibujar un lugar geométrico es necesario encontrar todos los puntos que se
ajustan a la norma dada. Además, se necesitará un compás, un lápiz y una regla.
Este ejemplo muestra cómo encontrar el lugar geométrico de un punto que se
mueve de tal modo, que su distancia a una línea fija AB siempre es la misma.

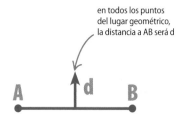

en todos los puntos
del lugar geométrico,
la distancia a AB será d

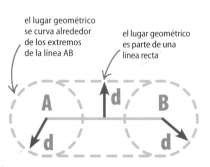

el lugar geométrico
se curva alrededor
de los extremos
de la línea AB

el lugar geométrico
es parte de una
línea recta

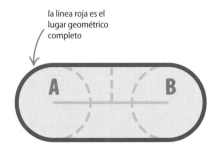

la línea roja es el
lugar geométrico
completo

Traza el segmento de línea AB. A y B
son puntos fijos. Ahora traza la distancia
d desde la línea AB.

Entre los puntos A y B, el lugar geométrico
es una línea recta. Al final de estas líneas, es un
semicírculo. Traza los semicírculos con un compás.

**Este es el lugar geométrico
completo.** Tiene la forma de
una pista de atletismo típica.

Lugares geométricos espirales

Los lugares geométricos pueden seguir rutas más complejas. El de este ejemplo sigue el camino de un trozo de cuerda que se enrolla alrededor de un cilindro, creando un lugar geométrico en espiral.

cilindro

el extremo de la cuerda comienza en la posición P_1

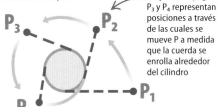

los puntos P_1, P_2, P_3 y P_4 representan posiciones a través de las cuales se mueve P a medida que la cuerda se enrolla alrededor del cilindro

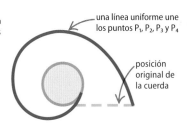

una línea uniforme une los puntos P_1, P_2, P_3 y P_4

posición original de la cuerda

La cuerda comienza horizontal, con un punto P_1 que marca la posición de su extremo.

A medida que la cuerda se enrolla alrededor del cilindro, su extremo se acerca a la superficie del cilindro.

Al trazar la ruta del punto P, se forma un lugar geométrico en espiral.

Uso de los lugares geométricos

Los lugares geométricos pueden ser útiles para resolver problemas difíciles. Supón que dos estaciones de radio, A y B, comparten la misma frecuencia, pero están a 200 km de distancia y el alcance de sus transmisores es de 150 km. El área donde el alcance de los dos transmisores se intercepta se puede encontrar mostrando el lugar geométrico de cada transmisor y usando un dibujo a escala (ver págs. 98-99).

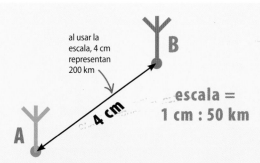

al usar la escala, 4 cm representan 200 km

escala = 1 cm : 50 km

Primero elige una escala para hallar el área de interceptación. Una escala adecuada para este ejemplo es 1 cm : 50 km. Luego, dibuja la distancia entre los transmisores.

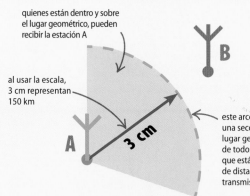

quienes están dentro y sobre el lugar geométrico, pueden recibir la estación A

al usar la escala, 3 cm representan 150 km

este arco representa una sección del lugar geométrico de todos los puntos que están a 150 km de distancia del transmisor A

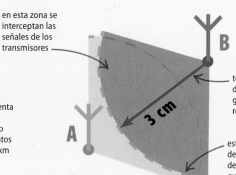

en esta zona se interceptan las señales de los transmisores

todos los que están dentro y sobre el lugar geométrico, pueden recibir la estación B

este arco es una sección del lugar geométrico de todos los puntos que están a 150 km de distancia de B

Construye el área de recepción de la estación de radio A. Dibuja el lugar geométrico de un punto que siempre esté a 150 km de la estación A. Según la escala, 150 km = 3 cm, así que dibuja un arco con un radio de 3 cm, cuyo centro sea A.

Construye el área de recepción de la estación de radio B. Esta vez, traza un arco con el compás abierto a 3 cm y con B como centro. La interceptación se presenta en el área donde se superponen las dos rutas.

Triángulos

UN TRIÁNGULO SE FORMA CUANDO SE UNEN TRES LÍNEAS RECTAS.

El triángulo tiene tres lados y tres ángulos interiores. El vértice es el punto donde se encuentran dos lados de un triángulo. Un triángulo tiene tres vértices.

Presentación de los triángulos

Un triángulo es un polígono de tres lados. Aunque cualquiera de los tres lados puede ser la base del triángulo, generalmente es el inferior. El lado más largo de un triángulo se opone al ángulo más grande. El lado más corto se opone al ángulo más pequeño. Los tres ángulos interiores de un triángulo suman 180°.

A

lado más corto

lado más largo

▲ABC

B

C

ángulo más grande

ángulo más pequeño

△ **Designar un triángulo**
Para identificar cada vértice se utiliza una letra mayúscula. Un triángulo con vértices A, B y C se conoce como ▲ABC. Para representar la palabra triángulo, se puede usar el símbolo "▲".

vértice el punto donde se unen dos lados

perímetro la longitud del marco externo

lado uno de tres lados

ángulo cantidad de giro entre dos líneas rectas alrededor de un punto fijo

base lado sobre el cual "descansa" el triángulo

Tipos de triángulo

Existen varios tipos de triángulo, cada uno con características o propiedades específicas. Un triángulo se clasifica de acuerdo con la longitud de sus lados o el tamaño de sus ángulos.

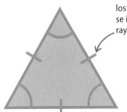

los lados iguales se indican con una raya o dos rayas

◁ **Triángulo equilátero**
Es un triángulo con tres lados iguales y tres ángulos iguales, cada uno de los cuales mide 60°.

los ángulos iguales se representan con un arco o doble arco

◁ **Triángulo isósceles**
Es un triángulo con dos lados iguales. Los ángulos opuestos a estos lados también son iguales.

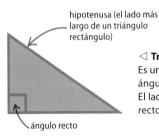

hipotenusa (el lado más largo de un triángulo rectángulo)

◁ **Triángulo rectángulo**
Es un triángulo con un ángulo de 90° (ángulo recto). El lado opuesto al ángulo recto se llama hipotenusa.

ángulo recto

ángulo mayor de 90°

◁ **Triángulo obtuso**
Es un triángulo con un ángulo que mide más de 90°.

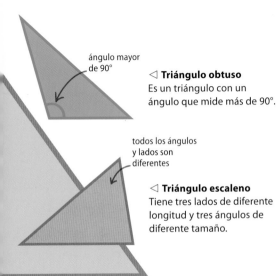

todos los ángulos y lados son diferentes

◁ **Triángulo escaleno**
Tiene tres lados de diferente longitud y tres ángulos de diferente tamaño.

Ángulos interiores de un triángulo

Un triángulo tiene tres ángulos interiores, en los puntos donde cada par de lados se unen. Estos ángulos siempre suman 180°. Si se organizan juntos, forman una línea recta, que siempre mide 180°.

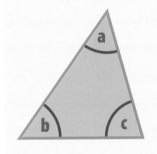

$$a + b + c = 180°$$

Prueba que la suma de los ángulos de un triángulo da 180°
Al agregar una línea paralela se producen dos tipos de relaciones entre los ángulos, que ayudan a probar que la suma interior de un triángulo da 180°.

Dibuja un triángulo y agrega una línea paralela a uno de sus lados, comenzando en la base, para crear nuevos ángulos.

▷ **Los ángulos correspondientes** son iguales y también los ángulos alternos. Como los ángulos c, a, y b están sobre una línea recta, suman 180°.

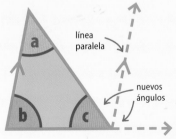

línea paralela

nuevos ángulos

ángulos alternos

ángulos correspondientes

Ángulos externos de un triángulo

Un triángulo tiene tres ángulos internos y tres externos. Los ángulos externos se encuentran prolongando cada uno de los lados del triángulo. La suma de los ángulos externos de cualquier triángulo es 360°.

$$x + y + z = 360°$$

ángulo interno opuesto a y

cada ángulo externo de un triángulo es igual a la suma de los dos ángulos internos opuestos, luego y = p + q

ángulo interno opuesto a y

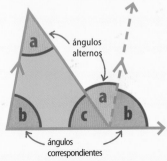

Construcción de triángulos

PARA TRAZAR (CONSTRUIR) TRIÁNGULOS SE NECESITA UN COMPÁS, UNA REGLA Y UN TRANSPORTADOR.

Para construir un triángulo, no se necesitan todas las medidas de sus lados y ángulos, siempre y cuando se conozcan algunas de ellas en la combinación correcta.

¿Qué se necesita?

Un triángulo se puede construir a partir de tan sólo algunas de sus medidas, combinando de manera adecuada las herramientas mencionadas anteriormente para hallar sus medidas desconocidas. Se puede construir un triángulo cuando se conocen las medidas de los tres lados (LLL), cuando se conocen dos ángulos y el lado entre ellos (AAL), o cuando se conocen dos lados y el ángulo entre ellos (LAL). Además, al conocer LLL, AAL o LAL de dos triángulos, sabrás si son del mismo tamaño (congruentes). Si tienen las mismas medidas, los triángulos son congruentes.

MUNDO REAL
Uso de triángulos para gráficas en 3-D

Las gráficas en 3-D se crean usando triángulos. Cada objeto se dibuja con una serie de formas básicas que luego son divididas en triángulos. Cuando estas formas cambian, parece que el objeto se moviera. Para darle vida al objeto, se colorea cada triángulo.

▷ **Animación por computador**
Para crear el movimiento, un computador calcula la nueva forma de millones de formas.

Construcción de un triángulo cuando se conocen los tres lados (LLL)

Si se dan las medidas de los tres lados, por ejemplo, **5 cm**, **4 cm** y **3 cm**, es posible construir un triángulo, con una regla y un compás, siguiendo los pasos que aparecen a continuación.

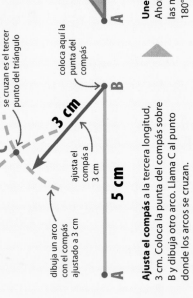

Traza la línea base, con la mayor longitud. Denomina los extremos A y B. Ajusta el compás a la segunda longitud, 4 cm. Coloca la punta del compás en A y dibuja un arco.

coloca aquí el compás

ajusta el compás a 4 cm

4 cm

5 cm

dibuja un arco con el compás ajustado a 4 cm

Ajusta el compás a la tercera longitud, 3 cm. Coloca la punta del compás sobre B y dibuja otro arco. Llama C al punto donde los arcos se cruzan.

5 cm

3 cm

A   B

dibuja un arco con el compás ajustado a 3 cm

ajusta el compás a 3 cm

coloca aquí la punta del compás

el punto donde dos arcos se cruzan es el tercer punto del triángulo

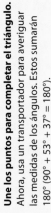
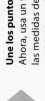

Une los puntos para completar el triángulo. Ahora, usa un transportador para averiguar las medidas de los ángulos. Estos sumarán 180° (90° + 53° + 37° = 180°).

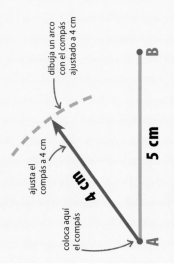

90°   C   3 cm

4 cm   53°

37°

A   5 cm   B

para medir los ángulos, usa el transportador

Construcción de un triángulo cuando se conocen dos ángulos y un lado (AAL)

Se puede construir un triángulo cuando se dan dos ángulos, por ejemplo **73°** y **38°**, y la longitud del lado que está entre ellos, por ejemplo, **5 cm**.

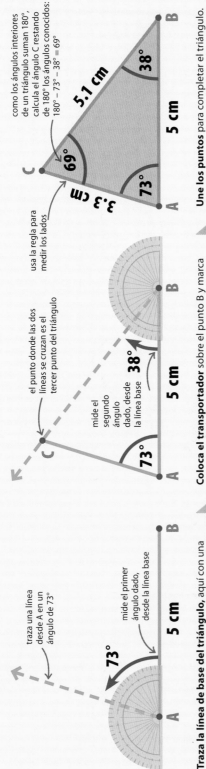

Traza la línea de base del triángulo, aquí con una longitud de 5 cm. Denomina los extremos A y B. Coloca el transportador sobre A y mide el primer ángulo, 73°. Traza un lado del triángulo desde A.

▶ **Coloca el transportador** sobre el punto B y marca 38°. Dibuja otro lado del triángulo desde B. El punto C es donde las dos nuevas líneas se encuentran.

▶ **Une los puntos** para completar el triángulo. Calcula el ángulo desconocido y usa la regla para medir los lados desconocidos.

como los ángulos interiores de un triángulo suman 180°, calcula el ángulo C restando de 180° los ángulos conocidos: 180° − 73° − 38° = 69°

usa la regla para medir los lados

el punto donde las dos líneas se cruzan es el tercer punto del triángulo

mide el segundo ángulo dado, desde la línea base

traza una línea desde A en un ángulo de 73°

mide el primer ángulo dado, desde la línea base

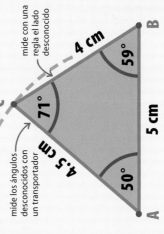

Construcción de un triángulo cuando se conocen dos lados y el ángulo entre ellos (LAL)

Es posible construir un triángulo partiendo de las medidas de dos de sus lados, por ejemplo, **5 cm** y **4.5 cm**, y el ángulo entre ellos, por ejemplo, **50°**.

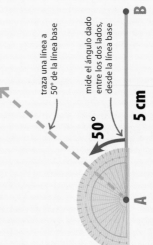

Traza la línea de base, con la mayor longitud. Llama A y B a los extremos. Pon el transportador sobre el punto A y marca 50°. Dibuja una línea que salga de A con una inclinación de 50°. Este será el siguiente lado del triángulo.

▶ **Ajusta el compás** a la segunda longitud, 4.5 cm. Colócalo sobre el punto A y dibuja un arco. El punto C se encuentra cuando el arco corta la recta que viene desde el punto A.

▶ **Une los puntos** para completar el triángulo. Usa un transportador para encontrar los ángulos desconocidos y una regla para hallar la longitud del lado desconocido.

mide con una regla el lado desconocido

mide los ángulos desconocidos con un transportador

el punto C es donde el arco y la línea se encuentran

traza una línea a 50° de la línea base

mide el ángulo dado entre los dos lados, desde la línea base

Triángulos congruentes

SON TRIÁNGULOS CUYA FORMA Y TAMAÑO SON EXACTAMENTE IGUALES.

VER TAMBIÉN

❮ **90–91** Traslaciones
❮ **92–93** Rotaciones
❮ **94–95** Reflexiones

Triángulos idénticos

Dos o más triángulos son congruentes si sus lados tienen la misma longitud y sus ángulos interiores correspondientes son del mismo tamaño. Además de los lados y ángulos, todas las demás propiedades de los triángulos congruentes son iguales, por ejemplo, el área. Al igual que otras formas, los triángulos congruentes se pueden trasladar, rotar y reflejar, por lo que pueden parecer diferentes, incluso si siguen teniendo el mismo tamaño y ángulos idénticos.

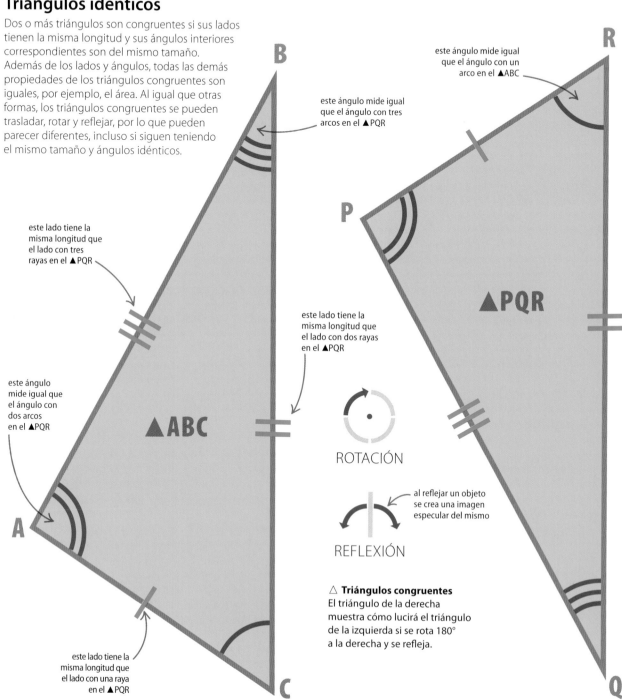

este ángulo mide igual que el ángulo con tres arcos en el ▲PQR

este ángulo mide igual que el ángulo con un arco en el ▲ABC

este lado tiene la misma longitud que el lado con tres rayas en el ▲PQR

este lado tiene la misma longitud que el lado con dos rayas en el ▲PQR

este ángulo mide igual que el ángulo con dos arcos en el ▲PQR

▲ABC

▲PQR

ROTACIÓN

al reflejar un objeto se crea una imagen especular del mismo

REFLEXIÓN

△ **Triángulos congruentes**
El triángulo de la derecha muestra cómo lucirá el triángulo de la izquierda si se rota 180° a la derecha y se refleja.

este lado tiene la misma longitud que el lado con una raya en el ▲PQR

Cómo saber si los triángulos son congruentes

Para saber si dos triángulos son congruentes, cuando se desconoce la longitud de todos los lados o los tamaños de todos los ángulos, basta con conocer sólo tres medidas. Hay cuatro grupos de medidas.

▷ **Lado, lado, lado (LLL)**
Cuando los tres lados de un triángulo son iguales a los tres lados correspondientes de otro triángulo, los dos triángulos son congruentes.

▷ **Ángulo, ángulo, lado (AAL)**
Cuando dos ángulos y un lado de un triángulo son iguales a dos ángulos y el lado correspondiente de otro triángulo, los dos triángulos son congruentes.

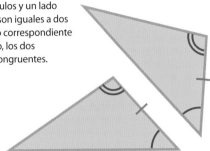

▷ **Lado, ángulo, lado (LAL)**
Cuando dos lados y el ángulo entre ellos (llamado ángulo incluido) de un triángulo son iguales a los dos lados y el ángulo incluido de otro triángulo, ambos triángulos son congruentes.

▷ **Ángulo recto, hipotenusa, lado (RHL)**
Cuando la hipotenusa y un lado de un triángulo rectángulo son iguales a la hipotenusa y un lado de otro triángulo rectángulo, los dos triángulos son congruentes.

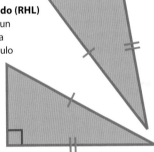

Demuestra que dos triángulos isósceles tienen dos ángulos iguales

Un triángulo isósceles tiene dos lados iguales. Puedes trazar una línea perpendicular para probar que tiene dos ángulos iguales.

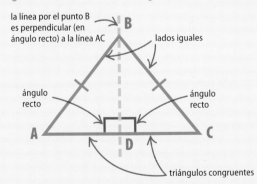

la línea por el punto B es perpendicular (en ángulo recto) a la línea AC

lados iguales

ángulo recto

ángulo recto

triángulos congruentes

Traza una línea perpendicular (en ángulo recto) a la base de un triángulo isósceles. Esto crea dos nuevos triángulos rectángulos congruentes, es decir, idénticos en todo.

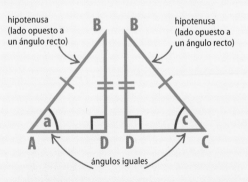

hipotenusa (lado opuesto a un ángulo recto)

hipotenusa (lado opuesto a un ángulo recto)

ángulos iguales

La línea perpendicular es común a ambos triángulos. Ambos triángulos tienen hipotenusas iguales, otro par de lados iguales y ángulos rectos. Los triángulos son congruentes (RHS), luego, los ángulos a y c son iguales.

Área de un triángulo

EL ÁREA ES EL ESPACIO COMPLETO DENTRO DE UN TRIÁNGULO.

¿Qué es área?

El área de una figura es la cantidad de espacio que cabe dentro de su contorno o perímetro. Se mide en unidades cuadradas, como cm². Si conoces la longitud de la base y la altura vertical de un triángulo, puedes utilizar estos valores para encontrar su área, usando una sencilla fórmula, que se muestra a continuación.

$$\text{área} = \frac{1}{2} \times \text{base} \times \text{altura vertical}$$

esta es la fórmula para encontrar el área de un triángulo

área es el espacio dentro del contorno de un triángulo

ápice (punto en la parte superior del triángulo)

◁ **Área, base y altura**
El área de un triángulo se encuentra usando dos medidas: la base del triángulo y su altura vertical, que es la distancia desde su base hasta su ápice, tomada formando ángulo recto con la base.

altura vertical

la altura vertical forma ángulo recto con la base

base

Base y altura vertical

Para encontrar el área de un triángulo se necesitan dos medidas: la base y la altura vertical. Base es el lado en el que un triángulo "descansa". La altura vertical es una línea entre la base y el ápice, que forma ángulo recto con la base. En la fórmula del área, cualquiera de los tres lados de un triángulo puede servir como base.

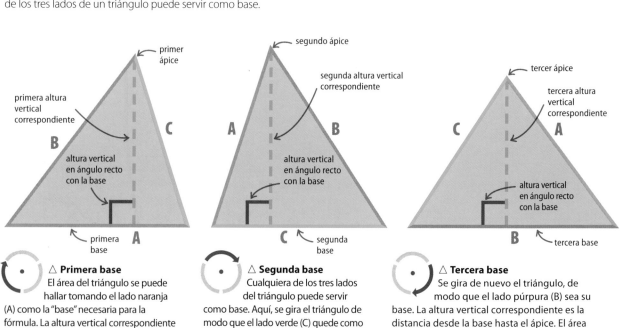

primer ápice

primera altura vertical correspondiente

B

C

altura vertical en ángulo recto con la base

primera base

A

△ **Primera base**
El área del triángulo se puede hallar tomando el lado naranja (A) como la "base" necesaria para la fórmula. La altura vertical correspondiente es la distancia desde la base del triángulo hasta su ápice (punto más alto).

segundo ápice

segunda altura vertical correspondiente

A

B

altura vertical en ángulo recto con la base

C

segunda base

△ **Segunda base**
Cualquiera de los tres lados del triángulo puede servir como base. Aquí, se gira el triángulo de modo que el lado verde (C) quede como base. La altura vertical correspondiente es la distancia de la base al ápice.

tercer ápice

tercera altura vertical correspondiente

C

A

altura vertical en ángulo recto con la base

B

tercera base

△ **Tercera base**
Se gira de nuevo el triángulo, de modo que el lado púrpura (B) sea su base. La altura vertical correspondiente es la distancia desde la base hasta el ápice. El área del triángulo es la misma, cualquiera que sea el lado que se use como base en la fórmula.

Encontrar el área de un triángulo

Para calcular el área de un triángulo, sustituye en la fórmula los valores dados para la base y altura vertical. Luego, resuelve la multiplicación que muestra la fórmula (½ × base × altura vertical).

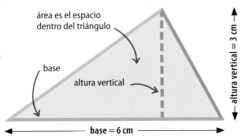

área es el espacio dentro del triángulo

base

altura vertical

altura vertical = 3 cm

base = 6 cm

▷ **Un triángulo acutángulo**
La base de este triángulo tiene 6 cm y su altura vertical es de 3 cm. Encuentra el área del triángulo con la fórmula.

Primero, escribe la fórmula para el área de un triángulo.

$$\text{área} = \frac{1}{2} \times \text{base} \times \text{altura vertical}$$

Luego, sustituye en la fórmula las longitudes conocidas.

$$\text{área} = \frac{1}{2} \times 6 \times 3$$

Para hallar la respuesta, resuelve la multiplicación en la fórmula. En este ejemplo, ½ × 6 × 3 = 9. Suma las unidades del área a la respuesta, aquí, cm².

el área se mide en unidades cuadradas

$$\text{área} = 9 \text{ cm}^2$$

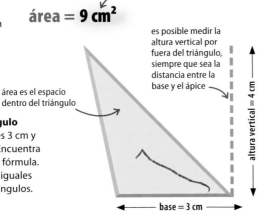

es posible medir la altura vertical por fuera del triángulo, siempre que sea la distancia entre la base y el ápice

altura vertical = 4 cm

área es el espacio dentro del triángulo

base = 3 cm

▷ **Un triángulo obtusángulo**
La base de este triángulo es 3 cm y su altura vertical es 4 cm. Encuentra el área del triángulo con la fórmula. La fórmula y los pasos son iguales para todos los tipos de triángulos.

Primero, escribe la fórmula para el área de un triángulo.

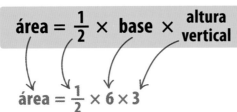

$$\text{área} = \frac{1}{2} \times \text{base} \times \text{altura vertical}$$

Luego, sustituye en la fórmula las longitudes conocidas.

$$\text{área} = \frac{1}{2} \times 3 \times 4$$

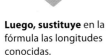

½ × 3 × 4 = 6

el área se mide en unidades cuadradas

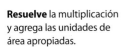

$$\text{área} = 6 \text{ cm}^2$$

Resuelve la multiplicación y agrega las unidades de área apropiadas.

Por qué funciona la fórmula

Al ajustar la forma de un triángulo, se puede convertir en un rectángulo. Este proceso hace que la fórmula para el triángulo sea más fácil de entender.

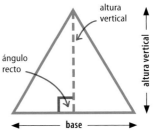

altura vertical

altura vertical

ángulo recto

base

Dibuja un triángulo y denomina su base y su altura vertical.

línea a través del punto medio de la altura vertical

base

Traza una línea a través del punto medio de la altura vertical, que sea paralela a la base.

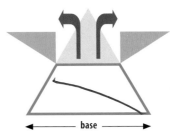

base

Esto crea dos nuevos triángulos que se pueden girar hacia los lados del triángulo para formar un rectángulo. Este tiene exactamente la misma área que el triángulo original.

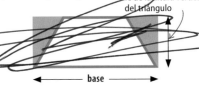

½ de la altura vertical del triángulo

base

El área del triángulo original se halla con la fórmula para el área de un rectángulo (b × h). Ambas formas tienen la misma base; la altura del rectángulo es ½ de la altura del triángulo. Esto da la fórmula del área del triángulo: ½ × base × altura vertical.

Hallar la base de un triángulo usando su área y altura

La fórmula para el área de un triángulo también se puede utilizar para encontrar la base, cuando se conocen el área y la altura. Dadas el área y la altura del triángulo, es necesario reorganizar la fórmula para encontrar la longitud de la base del triángulo.

Primero, escribe la fórmula para el área de un triángulo. Esta fórmula establece que el área de un triángulo es igual a ½ multiplicado por la longitud de la base, multiplicado por la altura.

▼

Sustituye en la fórmula los valores conocidos. Aquí, se conocen los valores del área (12 cm²) y la altura (3 cm).

▼

Simplifica la fórmula tanto como sea posible, multiplicando ½ por la altura. El resultado es 1.5.

▼

Haz de la base el sujeto de la fórmula mediante su reorganización. En este ejemplo ambas partes se dividen por 1.5.

▼

Calcula el resultado final dividiendo 12 (área) por 1.5. En este ejemplo el resultado es 8 cm.

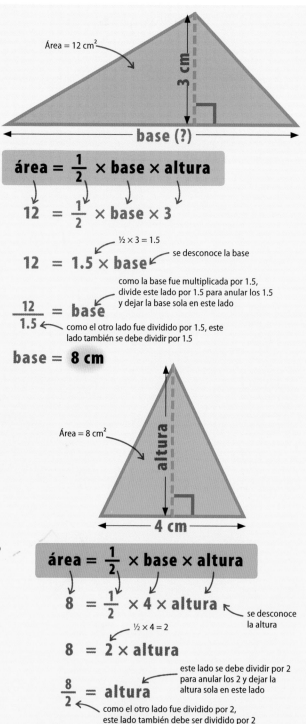

Área = 12 cm²

3 cm

base (?)

$$\text{área} = \frac{1}{2} \times \text{base} \times \text{altura}$$

$$12 = \frac{1}{2} \times \text{base} \times 3$$

½ × 3 = 1.5

$$12 = 1.5 \times \text{base}$$ se desconoce la base

como la base fue multiplicada por 1.5, divide este lado por 1.5 para anular los 1.5 y dejar la base sola en este lado

$$\frac{12}{1.5} = \text{base}$$ como el otro lado fue dividido por 1.5, este lado también se debe dividir por 1.5

$$\text{base} = \mathbf{8\ cm}$$

Hallar la altura vertical de un triángulo usando el área y la base

La fórmula para el área de un triángulo también se puede usar para hallar su altura, si se conocen el área y la base. Dadas el área y la longitud de la base del triángulo, es necesario reorganizar la fórmula para encontrar su altura.

Primero, escribe la fórmula. Esto indica que el área de un triángulo es igual a ½ multiplicado por su base, multiplicado por su altura.

▼

Sustituye en la fórmula los valores conocidos. Aquí, se conocen los valores del área (8 cm²) y la base (4 cm).

▼

Simplifica la ecuación tanto como sea posible, multiplicando ½ por la base. En este ejemplo, el resultado es 2.

▼

Haz de la altura el sujeto de la fórmula mediante su reorganización. En este ejemplo ambas partes se dividen por 2.

▼

Calcula el resultado final dividiendo 8 (área) por 2 (½ de la base). En este ejemplo el resultado es 4 cm.

Área = 8 cm²

altura

4 cm

$$\text{área} = \frac{1}{2} \times \text{base} \times \text{altura}$$

$$8 = \frac{1}{2} \times 4 \times \text{altura}$$ se desconoce la altura

½ × 4 = 2

$$8 = 2 \times \text{altura}$$

este lado se debe dividir por 2 para anular los 2 y dejar la altura sola en este lado

$$\frac{8}{2} = \text{altura}$$ como el otro lado fue dividido por 2, este lado también debe ser dividido por 2

$$\text{altura} = \mathbf{4\ cm}$$

Triángulos similares

TRIÁNGULOS SIMILARES SON DOS TRIÁNGULOS QUE TIENEN
EXACTAMENTE LA MISMA FORMA PERO NO EL MISMO TAMAÑO.

VER TAMBIÉN

❮ **48–51** Razón
y proporción

❮ **96–97** Ampliaciones

❮ **108–109** Triángulos

¿Qué son triángulos similares?

Los triángulos similares se obtienen haciendo copias más grandes o más
pequeñas de un triángulo, transformación conocida como ampliación.
Cada uno de los triángulos tiene lados y ángulos correspondientes iguales,
que son proporcionales entre sí; por ejemplo, cada lado del triángulo ABC
tiene el doble de la longitud de cada lado en el triángulo A2B2C2. Hay
cuatro formas para comprobar si un par de triángulos son similares
(ver pág.118). Si se sabe que dos triángulos son similares, se usan sus
propiedades para hallar las longitudes de los lados que faltan.

el ángulo en B_1 tiene el
mismo tamaño que los
ángulos en B y B_2

B_1

B es B_1 dividido por 1.5 y 2
veces la longitud de B_2.

B

A_1B_1 es 1.5 veces más
largo que AB y 3 veces
más largo que A_2B_2

B_1C_1 es 1.5 veces
más largo que BC
y 3 veces más
largo que B_2C_2

el ángulo B_2 tiene el
mismo tamaño que
los ángulos B y B_1

AB es A_1B_1 dividido
por 1.5 y 2 veces la
longitud de A_2B_2

5 cm

B_2

B_2C_2 es BC dividido
por 2 y B_1C_1
dividido por 3

BC es B_1C_1 dividido
por 1.5, y 2 veces
más largo que B_2C_2

7.5 cm

A_2B_2 es AB dividido por
2 y A_1B_1 dividido por 3

2.5 cm

C_2

3 cm

A_2

el ángulo en C_2 tiene
el mismo tamaño que
los ángulos en C y C_1

6 cm

C

C_1

A

el ángulo en A tiene el
mismo tamaño que los
ángulos en A_1 y A_2

9 cm

A_1

A_1C_1 es 1.5 veces más
largo que AC y 3 veces
más largo que A_2C_2

△ **Tres triángulos similares**

Tenemos tres triángulos similares. Los ángulos
correspondientes, como los de A, A_1 y A_2 tienen el mismo
tamaño (iguales), y los lados correspondientes, como AB,
A_1B_1 y A_2B_2 tienen la misma proporción entre sí que los
otros lados correspondientes. Esto se puede comprobar
dividiendo cada lado de un triángulo por el lado
correspondiente del otro triángulo. Si todas las respuestas
son iguales, los lados son proporcionales entre sí.

¿CUÁNDO SON DOS TRIÁNGULOS SIMILARES?

Es posible saber si dos triángulos son similares sin medir todos los ángulos y todos los lados. Esto se puede hacer observando las siguientes medidas correspondientes para ambos triángulos: dos ángulos, los tres lados, un par de lados con un ángulo entre ellos o, si los triángulos son rectángulos, la hipotenusa y el otro lado.

Ángulo, ángulo (AA)

Cuando dos ángulos de un triángulo son iguales a dos ángulos de otro triángulo, entonces todos los ángulos correspondientes son iguales en pares, luego los dos triángulos son similares.

$$U = U_1$$
$$V = V_1$$

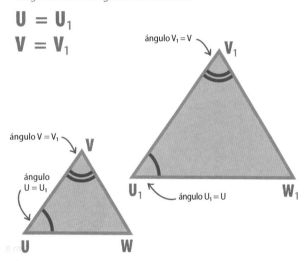

ángulo $V_1 = V$

ángulo $V = V_1$

ángulo $U = U_1$

ángulo $U_1 = U$

Lado, ángulo, lado (LAL)

Cuando dos triángulos tienen dos pares de lados correspondientes que están en la misma proporción y los ángulos entre estos dos lados son iguales, los dos triángulos son similares.

$$\frac{PR}{P_1R_1} = \frac{PQ}{P_1Q_1} \quad \text{and} \quad P = P_1$$

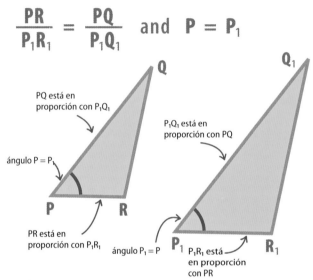

PQ está en proporción con P_1Q_1

P_1Q_1 está en proporción con PQ

ángulo $P = P_1$

PR está en proporción con P_1R_1

ángulo $P_1 = P$

P_1R_1 está en proporción con PR

Lado, lado, lado (LLL)

Cuando dos triángulos tienen tres pares de lados correspondientes que están en la misma proporción, los dos triángulos son similares.

$$\frac{AB}{A_1B_1} = \frac{AC}{A_1C_1} = \frac{BC}{B_1C_1}$$

Ángulo recto, hipotenusa, lado (RHL)

Si la razón entre las hipotenusas de dos triángulos rectángulos es la misma que la razón entre otro par de lados correspondientes, entonces los dos triángulos son similares.

$$\frac{LN}{L_1N_1} = \frac{ML}{M_1L_1} \left(\text{o} \; \frac{MN}{M_1N_1} \right)$$

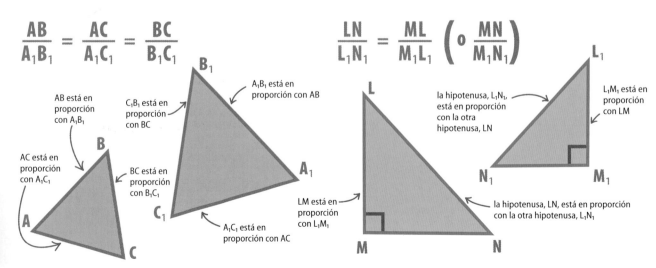

AB está en proporción con A_1B_1

C_1B_1 está en proporción con BC

A_1B_1 está en proporción con AB

AC está en proporción con A_1C_1

BC está en proporción con B_1C_1

A_1C_1 está en proporción con AC

la hipotenusa, L_1N_1, está en proporción con la otra hipotenusa, LN

L_1M_1 está en proporción con LM

LM está en proporción con L_1M_1

la hipotenusa, LN, está en proporción con la otra hipotenusa, L_1N_1

LADOS QUE FALTAN EN TRIÁNGULOS SIMILARES

Las relaciones de proporción entre los lados de triángulos similares sirven para encontrar el valor de los lados que faltan, cuando se conocen las longitudes de algunos de los lados.

▷ **Triángulos similares**
Los triángulos ABC y ADE son similares (AA). Los valores faltantes de AD y BC se pueden encontrar usando las razones entre los lados conocidos.

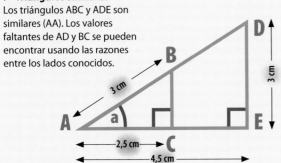

Encuentra la longitud de BC

Para encontrar la longitud de BC, usa la razón entre BC y su lado correspondiente DE, y la razón entre un par de lados de los que se conocen ambas longitudes –AE y AC–.

Escribe las razones
entre los dos pares de lados, cada una con el lado más largo sobre el lado más corto. Estas razones son iguales.

$$\frac{DE}{BC} = \frac{AE}{AC}$$

▼

Sustituye los valores
que se conocen en las razones. Ahora puedes cambiar los números para encontrar la longitud de BC.

$$\frac{3}{BC} = \frac{4.5}{2.5}$$

▼

Reordena la ecuación
para aislar BC. Esto puede tomar más de un paso. Primero multiplica ambos lados de la ecuación por BC.

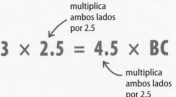

▼

Luego, reordena la ecuación de nuevo. Esta vez multiplica ambos lados de la ecuación por 2.5.

$$3 \times 2.5 = 4.5 \times BC$$

multiplica ambos lados por 2.5

multiplica ambos lados por 2.5

▼

Ahora puedes aislar BC
reordenando la ecuación una vez más –divide ambos lados de la ecuación por 4.5–.

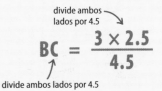

divide ambos lados por 4.5

divide ambos lados por 4.5

▼

Haz la multiplicación para encontrar la respuesta, agrega las unidades y redondea a un número razonable de lugares decimales.

redondea 1.6666... a 2 lugares decimales

$$BC = \mathbf{1.67\ cm}$$

Encuentra la longitud de AD

Para encontrar la longitud de AD, utiliza la razón entre AD y su lado correspondiente AB, y la razón entre un par de lados de los que se conocen ambas longitudes –AE y AC–.

Escribe las razones
entre los dos pares de lados, cada una con el lado más largo sobre el más corto. Estas razones son iguales.

$$\frac{AD}{AB} = \frac{AE}{AC}$$

▼

Sustituye los valores
que se conocen en las razones. Ahora puedes reordenar los números para encontrar la longitud de AD.

AD es desconocido

$$\frac{AD}{3} = \frac{4.5}{2.5}$$

▼

Reordena la ecuación
para aislar AD. En este ejemplo se hace multiplicando ambos lados de la ecuación por 3.

multiplica ambos lados por 3

multiplica por 3 para aislar AD

▼

Haz la multiplicación para encontrar el resultado, y agrégale las unidades. Esta es la longitud de AD.

$$AD = \mathbf{5.4\ cm}$$

Teorema de Pitágoras

EL TEOREMA DE PITÁGORAS SE USA PARA HALLAR LA LONGITUD DE LOS LADOS FALTANTES EN LOS TRIÁNGULOS RECTÁNGULOS.

VER TAMBIÉN

❰ **32–35** Potencias y raíces
❰ **108–109** Triángulos
❰ **114–116** Área de un triángulo
Fórmulas **169–171** ❱

Si se conocen las longitudes de dos lados de un triángulo rectángulo, se puede hallar la longitud del tercer lado usando el teorema de Pitágoras.

¿Qué es el teorema de Pitágoras?

El principio básico del teorema de Pitágoras es que al elevar al cuadrado los dos lados menores de un triángulo rectángulo (es decir, multiplicar cada lado por sí mismo) y sumar los resultados, se obtendrá el cuadrado del lado más largo. La idea de "elevar al cuadrado" cada lado se puede ilustrar, literalmente, como tres cuadrados diferentes. A la derecha, un cuadrado en cada lado muestra cómo el cuadrado más grande tiene la misma superficie que los otros dos cuadrados juntos.

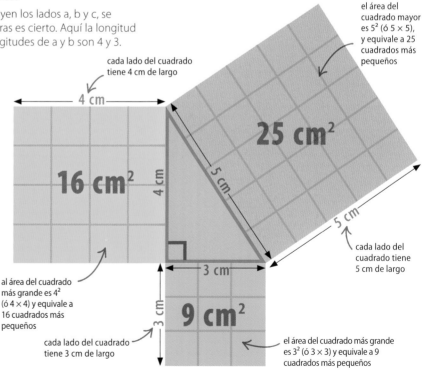

c^2 es el área del cuadrado formado por lados de longitud c

$$c^2 = c \times c$$

a^2 es el área del cuadrado formado por lados de longitud a

$$a^2 = a \times a$$

a^2

hipotenusa

c^2

▷ **Lados cuadrados**
Los cuadrados de los lados más cortos se muestran aquí con el cuadrado del lado más largo (hipotenusa).

b^2

$$b^2 = b \times b$$

b^2 es el área del cuadrado formado por lados de longitud b

lado a   lado b   lado c (hipotenusa)

$$a^2 + b^2 = c^2$$

la fórmula indica que la suma del lado a al cuadrado más el lado b al cuadrado es igual al lado c al cuadrado

Al utilizar la fórmula con valores que sustituyen los lados a, b y c, se puede demostrar que el teorema de Pitágoras es cierto. Aquí la longitud de c (hipotenusa) es 5, mientras que las longitudes de a y b son 4 y 3.

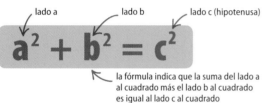

a es 4   b es 3   c es 5

$$a^2 + b^2 = c^2$$

$$4^2 + 3^2 = 5^2$$

4 × 4   3 × 3   5 × 5

$$16 + 9 = 25$$

cuadrados de los dos lados más cortos sumados

cuadrado de la hipotenusa

△ **Pitágoras en acción**
En la ecuación, la suma de los cuadrados de los lados más cortos (4 y 3) es igual al cuadrado de la hipotenusa (5), lo cual demuestra que el teorema de Pitágoras funciona.

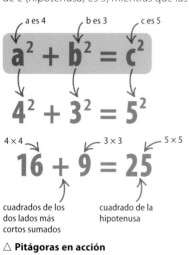

cada lado del cuadrado tiene 4 cm de largo

4 cm

16 cm²

4 cm

el área del cuadrado mayor es 5^2 (ó 5 × 5), y equivale a 25 cuadrados más pequeños

25 cm²

5 cm

5 cm

cada lado del cuadrado tiene 5 cm de largo

al área del cuadrado más grande es 4^2 (ó 4 × 4) y equivale a 16 cuadrados más pequeños

3 cm

3 cm

9 cm²

cada lado del cuadrado tiene 3 cm de largo

el área del cuadrado más grande es 3^2 (ó 3 × 3) y equivale a 9 cuadrados más pequeños

Halla el valor de la hipotenusa

El teorema de Pitágoras se puede usar para encontrar el valor de la longitud del lado más largo (hipotenusa) en un triángulo rectángulo, cuando se conocen las longitudes de los lados más cortos. Este ejemplo muestra cómo funciona esto, si los dos lados conocidos tienen 3.5 cm y 7.2 cm de largo.

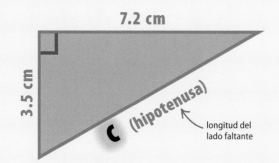

7.2 cm

3.5 cm

c (hipotenusa)

longitud del lado faltante

$$a^2 + b^2 = c^2$$

Primero, toma la fórmula del teorema de Pitágoras.

un lado   otro lado   hipotenusa faltante

$$3.5^2 + 7.2^2 = c^2$$

Sustituye en la fórmula los valores dados, 3.5 y 7.2 en este ejemplo.

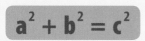
3.5 × 3.5 igual a   7.2 × 7.2 igual a

$$12.25 + 51.84 = c^2$$

Calcula los cuadrados de los lados conocidos de cada triángulo, multiplicándolos.

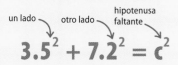
12.25 + 51.84 igual a

$$64.09 = c^2$$

Suma estos resultados para hallar el cuadrado de la hipotenusa.

signo de la raíz cuadrada

$$\sqrt{64.09} = \sqrt{c^2}$$

la raíz cuadrada de 64.09 es igual a la raíz cuadrada de c^2

Usa una calculadora para hallar la raíz cuadrada de 64.09, que será la longitud del lado c.

La raíz cuadrada es la longitud de la hipotenusa.

resultado redondeado a dos cifras decimales

$$c = 8.01 \text{ cm}$$

Halla el valor del otro lado

Para hallar la longitud de cualquiera de los dos lados de un triángulo rectángulo, que no sea la hipotenusa, se puede reordenar el teorema. Hay que saber la longitud de la hipotenusa y la del otro lado. Aquí se muestra cómo funciona esto con un lado de 5 cm y una hipotenusa de 13 cm.

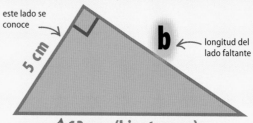

este lado se conoce

5 cm

b ← longitud del lado faltante

13 cm (hipotenusa)

este lado se conoce

Para calcular la longitud del lado b, toma la fórmula del teorema de Pitágoras.

$$a^2 + b^2 = c^2$$

lado conocido   hipotenusa

$$5^2 + b^2 = 13^2$$

lado desconocido

Sustituye en la fórmula los valores dados, 5 y 13 en este ejemplo.

el lado desconocido es ahora el resultado de la ecuación

$$13^2 - 5^2 = b^2$$

la hipotenusa ahora está al comienzo de la fórmula

Reordena la ecuación restando 5^2 de cada lado. Esto aísla b^2 en un lado, ya que $5^2 - 5^2$ se elimina.

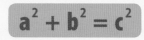

$$169 - 25 = b^2$$

13 × 13 igual a   5 × 5 igual a

Calcula los cuadrados de los dos lados conocidos del triángulo.

$$144 = b^2$$

Resta estos cuadrados para hallar el cuadrado del lado desconocido.

signo de la raíz cuadrada

$$\sqrt{144} = \sqrt{b^2}$$

la raíz cuadrada de 144 es igual a la raíz cuadrada de b^2

Halla la raíz cuadrada de 144 para saber la longitud del lado desconocido.

La raíz cuadrada es la longitud del lado b.

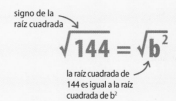
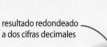
longitud del lado faltante

$$b = 12 \text{ cm}$$

Cuadriláteros

SON POLÍGONOS DE CUATRO LADOS. "CUADRI" SE
REFIERE A CUATRO Y "LÁTERO" SE REFIERE A LADO.

VER TAMBIÉN
‹ 76–77 Ángulos
‹ 78–79 Líneas rectas
Polígonos **126–129 ›**

Cuadriláteros: presentación

Un cuadrilátero es una forma bidimensional con
cuatro lados rectos, cuatro vértices (puntos donde
se encuentran los lados) y cuatro ángulos interiores.
Los ángulos interiores de un cuadrilátero siempre
suman 360°. Un ángulo exterior y su ángulo interior
correspondiente siempre suman 180°, ya que
forman una línea recta. Hay varios tipos de
cuadriláteros, cada uno con diferentes propiedades.

vértice uno de cuatro vértices

uno de cuatro lados

diagonal

uno de cuatro ángulos interiores

ángulo interior

la línea se prolonga para formar un ángulo exterior

los ángulos interior y exterior suman 180°

△ **Ángulos interiores**
Si se traza una sola línea
diagonal desde cualquier
esquina a la esquina opuesta,
el cuadrilátero se divide en dos
triángulos. La suma de los
ángulos interiores de cualquier
triángulo es 180°, por tanto, la
suma de los ángulos interiores
de un cuadrilátero es 2 × 180°.

▽ **Tipos de cuadriláteros**
Cada tipo de cuadrilátero se agrupa y nombra
de acuerdo con sus propiedades. Hay
cuadriláteros regulares e irregulares. Un
cuadrilátero regular tiene lados y ángulos
iguales, mientras que un cuadrilátero irregular
tiene lados y ángulos de diferentes tamaños.

COMIENZO

? ¿Los ángulos interiores
son rectángulos?

| SÍ | NO |

? ¿Todos los lados tienen
la misma longitud?

| SÍ | NO |

? ¿Los ángulos opuestos
son iguales?

| SÍ | NO |

? ¿Dos de los lados
son paralelos?

| SÍ | NO |

? ¿Todos los lados tienen
la misma longitud?

| SÍ | NO |

? ¿Los lados adyacentes
tienen la misma
longitud?

| SÍ | NO |

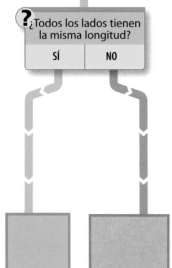

CUADRADO   **RECTÁNGULO**   **ROMBO**   **PARALELOGRAMO**   **TRAPECIO**   **ROMBOIDE
O "COMETA"**   **TRAPEZOIDE
(IRREGULAR)**

PROPIEDADES DE LOS CUADRILÁTEROS

Cada tipo de cuadrilátero tiene su propio nombre y una serie de propiedades únicas. Conocer algunas de las propiedades de una figura puede ayudar a distinguir un tipo de cuadrilátero de otro. A continuación se muestran seis de los cuadriláteros más comunes con sus respectivas propiedades.

Cuadrado

Un cuadrado tiene cuatro ángulos iguales (ángulos rectos) y cuatro lados iguales. Sus lados opuestos son paralelos. Las diagonales bisecan –cortan en dos partes iguales– los ángulos de 90° (ángulos rectos).

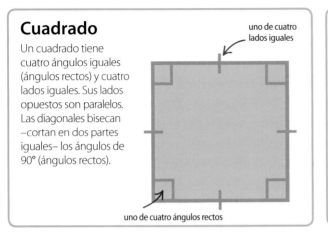

uno de cuatro lados iguales

uno de cuatro ángulos rectos

Rectángulo

Un rectángulo tiene cuatro ángulos rectos y dos pares de lados opuestos iguales. Los lados adyacentes no son iguales. Los lados opuestos son paralelos y las diagonales se cortan mutuamente.

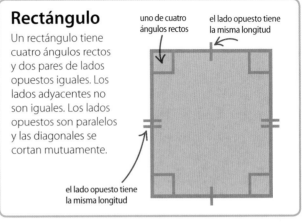

uno de cuatro ángulos rectos

el lado opuesto tiene la misma longitud

el lado opuesto tiene la misma longitud

Rombo

Todos los lados de un rombo tienen igual longitud. Los ángulos opuestos son iguales y los lados opuestos son paralelos. Las diagonales se cortan en ángulo recto.

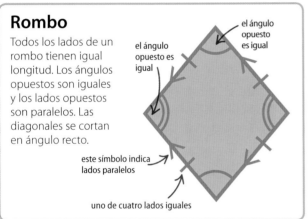

el ángulo opuesto es igual

el ángulo opuesto es igual

este símbolo indica lados paralelos

uno de cuatro lados iguales

Paralelogramo

Los lados opuestos de un paralelogramo son paralelos y tienen la misma longitud. Los lados adyacentes no tienen igual longitud. Los ángulos opuestos son iguales y las diagonales se cruzan en el centro de la figura.

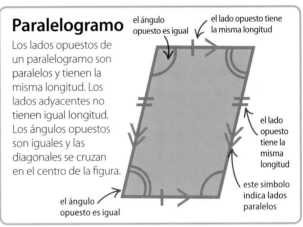

el ángulo opuesto es igual

el lado opuesto tiene la misma longitud

el lado opuesto tiene la misma longitud

este símbolo indica lados paralelos

el ángulo opuesto es igual

Trapecio

Un trapecio tiene un par de lados opuestos que son paralelos y dos no paralelos pero de igual longitud. Si no hay dos lados iguales se le llama rapezoide y no tienen la misma longitud.

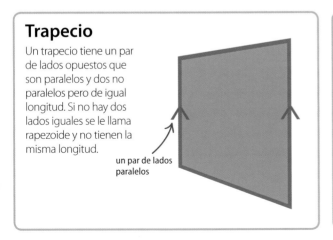

un par de lados paralelos

Cometa

Una cometa tiene dos pares de lados adyacentes de la misma longitud. Los lados opuestos no tienen igual longitud. Tiene un par de ángulos opuestos que son iguales y otro par de ángulos de diferentes valores.

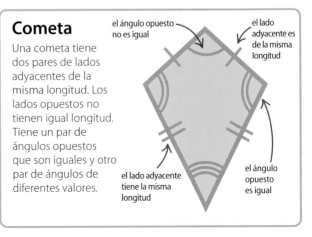

el ángulo opuesto no es igual

el lado adyacente es de la misma longitud

el lado adyacente tiene la misma longitud

el ángulo opuesto es igual

CÓMO HALLAR EL ÁREA DE LOS CUADRILÁTEROS

El área es el espacio que está dentro del marco de una forma bidimensional. Se mide en unidades cuadradas, por ejemplo, cm^2. Para calcular las áreas de muchos tipos de figuras se utilizan fórmulas. Cada tipo de cuadrilátero tiene una fórmula única para calcular su área.

Hallar el área de un cuadrado

Para hallar el área de un cuadrado, se multiplica su longitud por su anchura. Como su longitud y anchura tienen el mismo tamaño, la fórmula es el cuadrado de un lado.

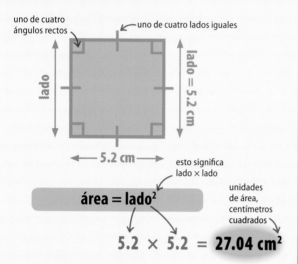

uno de cuatro ángulos rectos

uno de cuatro lados iguales

lado

lado = 5.2 cm

5.2 cm

esto significa lado × lado

área = lado²

unidades de área, centímetros cuadrados

$5.2 \times 5.2 = $ **27.04 cm²**

△ **Multiplica los lados**
En este ejemplo, cada uno de los cuatro lados mide 5.2 cm. Para hallar el área de este cuadrado, multiplica 5.2 x 5.2.

Hallar el área de un rectángulo

El área de un rectángulo se obtiene multiplicando su base por su altura.

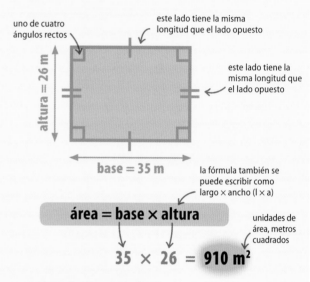

uno de cuatro ángulos rectos

este lado tiene la misma longitud que el lado opuesto

altura = 26 m

este lado tiene la misma longitud que el lado opuesto

base = 35 m

la fórmula también se puede escribir como largo × ancho (l × a)

área = base × altura

unidades de área, metros cuadrados

$35 \times 26 = $ **910 m²**

△ **Multiplica base por altura**
La altura (o anchura) en este rectángulo es 26 m, y su base (o longitud) mide 35 m. Para encontrar el área, multiplica estas dos medidas.

Hallar el área de un rombo

Para hallar el área de un rombo, multiplica la longitud de su base por su altura vertical. La altura vertical, también conocida como altura perpendicular, es la distancia vertical desde la parte superior (vértice) de una figura hasta la base opuesta. La altura vertical es perpendicular a la base.

▷ **Altura vertical**
Para encontrar el área de un rombo, es preciso conocer su altura vertical. En este ejemplo, la altura vertical mide 8 cm y su base tiene 9 cm.

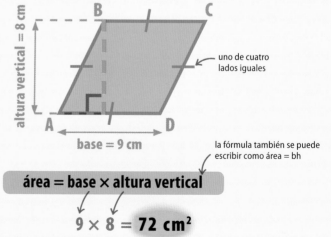

altura vertical = 8 cm

B   C

uno de cuatro lados iguales

A   D

base = 9 cm

la fórmula también se puede escribir como área = bh

área = base × altura vertical

$9 \times 8 = $ **72 cm²**

Hallar el área de un paralelogramo

Al igual que con el área de un rombo, es posible encontrar el área de un paralelogramo multiplicando la longitud de su base por su altura vertical.

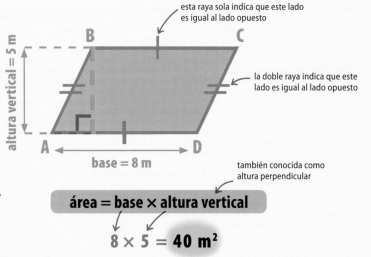

esta raya sola indica que este lado es igual al lado opuesto

la doble raya indica que este lado es igual al lado opuesto

altura vertical = 5 m

base = 8 m

también conocida como altura perpendicular

▷ **Multiplica la base por la altura vertical**
Es importante recordar que el lado inclinado, AB, no es la altura vertical. Esta fórmula sólo sirve si se utiliza la altura vertical.

área = base × altura vertical

$$8 \times 5 = 40 \text{ m}^2$$

Probar que los ángulos opuestos de un rombo son iguales

Al crear dos pares de triángulos isósceles dividiendo un rombo con dos diagonales, se puede probar que los ángulos opuestos de un rombo son iguales. Un triángulo isósceles tiene dos lados iguales y dos ángulos iguales.

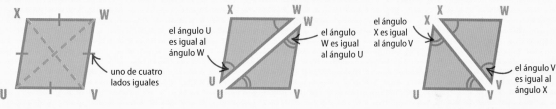

uno de cuatro lados iguales

el ángulo U es igual al ángulo W

el ángulo W es igual al ángulo U

el ángulo X es igual al ángulo V

el ángulo V es igual al ángulo X

Todos los lados de un rombo tienen la misma longitud. Esto se indica con una raya a cada lado.

Divide el rombo a lo largo de las diagonales para formar dos triángulos isósceles. Cada triángulo tiene un par de ángulos iguales.

Si divides a lo largo de la otra diagonal, creas otro par de triángulos isósceles.

Probar que los lados opuestos de un paralelogramo son paralelos

Al dividir un paralelogramo con dos diagonales para crear un par de triángulos congruentes, se puede probar que los lados opuestos de un paralelogramo son paralelos. Los triángulos congruentes tienen igual tamaño y forma.

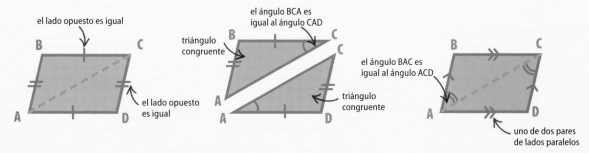

el lado opuesto es igual

el lado opuesto es igual

el ángulo BCA es igual al ángulo CAD

triángulo congruente

triángulo congruente

el ángulo BAC es igual al ángulo ACD

uno de dos pares de lados paralelos

Los lados opuestos de un paralelogramo tienen la misma longitud. Esto se indica con raya y doble raya.

Los triángulos ABC y ADC son congruentes. El ángulo BCA = CAD. Como estos son ángulos alternos, BC es paralela a AD.

Los triángulos son congruentes, luego el ángulo BAC = ACD. Como estos son ángulos alternos, DC es paralela a AB.

Polígonos

FIGURAS BIDIMENSIONALES CERRADAS DE TRES O MÁS LADOS.

Los polígonos van desde simples triángulos de tres lados y cuadrados de cuatro lados, hasta formas más complejas, como trapezoides y dodecágonos. Los polígonos se denominan según su número de lados y ángulos.

VER TAMBIÉN

❰ **76–77** Ángulos
❰ **108–109** Triángulos
❰ **112–113** Triángulos congruentes
❰ **122–125** Cuadriláteros

¿Qué es un polígono?

Un polígono es una figura bidimensional cerrada, formada por líneas rectas cuyos extremos se conectan en un punto llamado vértice. Los ángulos interiores de un polígono generalmente son más pequeños que los exteriores, aunque lo contrario es posible. Los polígonos con un ángulo interior de más de 180° se llaman reentrantes.

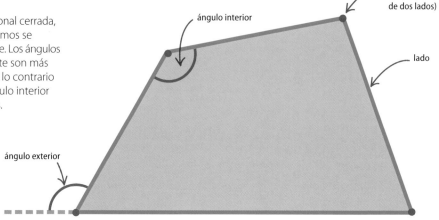

vértice (punto de encuentro de dos lados)

ángulo interior

lado

▷ **Partes de un polígono**
Independientemente de su forma, todos los polígonos se componen de las mismas partes: lados, vértices (puntos de conexión) y ángulos interiores y exteriores.

ángulo exterior

Descripción de los polígonos

Los polígonos se pueden describir de diferentes maneras. Una de ellas es por la regularidad o irregularidad de sus lados y ángulos. Un polígono es regular cuando todos sus lados y ángulos son iguales. Un polígono irregular tiene al menos dos lados o dos ángulos que son diferentes.

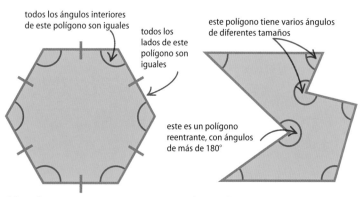

todos los ángulos interiores de este polígono son iguales

todos los lados de este polígono son iguales

este polígono tiene varios ángulos de diferentes tamaños

este es un polígono reentrante, con ángulos de más de 180°

△**Regular**
Todos los lados y ángulos del polígono regular son iguales. Este hexágono es regular: tiene seis lados iguales y seis ángulos iguales.

△**Irregular**
No todos los lados y ángulos de un polígono irregular son iguales. Este heptágono es irregular: tiene varios ángulos de diferente tamaño.

MÁS DE CERCA

¿Ángulos iguales o lados iguales?

En un polígono regular, todos los ángulos y lados son iguales; es decir, el polígono es tanto equilátero como equiangular. En algunos polígonos, sólo los ángulos (equiangular) o los lados (equilátero) son iguales.

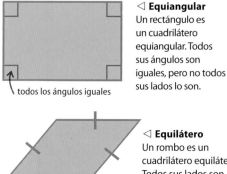

◁ **Equiangular**
Un rectángulo es un cuadrilátero equiangular. Todos sus ángulos son iguales, pero no todos sus lados lo son.

todos los ángulos iguales

◁ **Equilátero**
Un rombo es un cuadrilátero equilátero. Todos sus lados son iguales, pero no todos sus ángulos lo son.

todos los lados iguales

Denominación de los polígonos

Independientemente de si un polígono es regular o irregular, el número de sus lados siempre es igual al número de sus ángulos. Este número se usa para nombrar ambas clases de polígonos. Por ejemplo, un polígono con seis lados y ángulos se llama hexágono, porque "hex" es un prefijo que indica seis. Si todos sus lados y ángulos son iguales, se conoce como hexágono regular; de lo contrario, se llama hexágono irregular.

Triángulo

3
Lados y ángulos

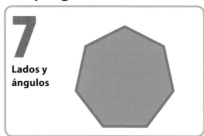

Cuadrilátero

4
Lados y ángulos

Pentágono

5
Lados y ángulos

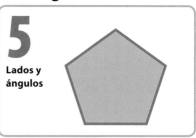

Hexágono

6
Lados y ángulos

Heptágono

7
Lados y ángulos

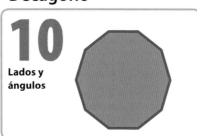

Octágono

8
Lados y ángulos

Nonágono

9
Lados y ángulos

Decágono

10
Lados y ángulos

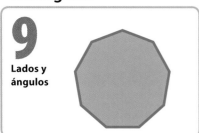

Endecágono

11
Lados y ángulos

Dodecágono

12
Lados y ángulos

Pentadecágono

15
Lados y ángulos

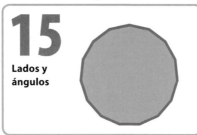

Icoságono

20
Lados y ángulos

PROPIEDADES DE UN POLÍGONO

Un número ilimitado de polígonos diferentes se pueden trazar usando líneas rectas.
Todos ellos comparten algunas propiedades importantes.

Convexo o cóncavo

Independientemente de cuántos ángulos tienen, los polígonos se pueden clasificar como cóncavos o convexos.
Esta diferencia se basa en si los ángulos interiores de un polígono tienen o no más de 180°. Un polígono convexo
se identifica fácilmente porque por lo menos uno de sus ángulos tiene más de 180°.

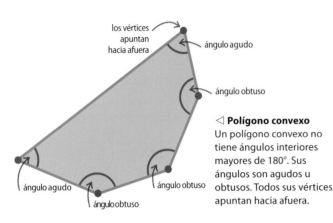

los vértices
apuntan
hacia afuera

ángulo agudo

ángulo obtuso

ángulo agudo

ángulo obtuso

ángulo obtuso

◁ **Polígono convexo**
Un polígono convexo no
tiene ángulos interiores
mayores de 180°. Sus
ángulos son agudos u
obtusos. Todos sus vértices
apuntan hacia afuera.

ángulo agudo

ángulo reflejo

el vértice
apunta hacia
adentro

ángulo agudo

ángulo agudo

◁ **Polígono cóncavo**
Por lo menos un ángulo
de un polígono cóncavo
tiene más de 180°. Este
tipo de ángulo se
conoce como ángulo
reflejo. El vértice del
ángulo reflejo apunta
hacia adentro y hacia
el centro de la figura.

Suma de los ángulos interiores de polígonos

La suma de los ángulos interiores de polígonos convexos, regulares como
irregulares, depende del número de lados que tenga el polígono. La suma
de los ángulos se puede resolver dividiendo el polígono en triángulos.

cuadrilátero
convexo

la diagonal divide la
figura en dos triángulos

Este cuadrilátero es convexo. Todos sus ángulos tienen
menos de 180°. La suma de sus ángulos interiores es fácil
de encontrar si se descompone la figura en triángulos.
Esto se hace trazando una línea diagonal que conecte
dos vértices que no son contiguos entre sí.

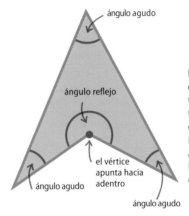

los ángulos interiores del
triángulo 1 suman hasta 180°

los ángulos
interiores del
triángulo 2 suman
hasta 180°

Un cuadrilátero se puede dividir en dos
triángulos. Los ángulos de cada triángulo suman
180°, por lo que la suma de los ángulos del
cuadrilátero es la suma de los ángulos de
los dos cuadriláteros juntos: 2 × 180° = 360°.

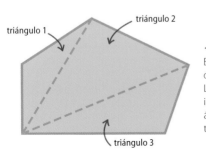

triángulo 1

triángulo 2

triángulo 3

◁ **Pentágono irregular**
Este pentágono se puede
dividir en tres triángulos.
La suma de sus ángulos
interiores es la suma de los
ángulos de los tres
triángulos: 3 × 180° = 540°.

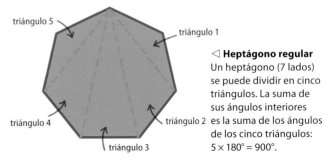

triángulo 5

triángulo 1

triángulo 4

triángulo 2

triángulo 3

◁ **Heptágono regular**
Un heptágono (7 lados)
se puede dividir en cinco
triángulos. La suma de
sus ángulos interiores
es la suma de los ángulos
de los cinco triángulos:
5 × 180° = 900°.

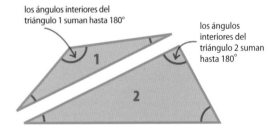

Fórmula para sumar ángulos interiores

El número de triángulos en que se divide un polígono convexo siempre es 2 menos que el de sus lados. Esto quiere decir que para hallar la suma de los ángulos internos de un polígono convexo se puede usar una fórmula.

> **Suma de ángulos interiores = (n − 2) × 180°**

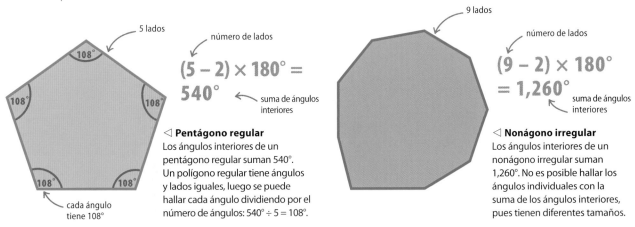

número de lados

$$(5 − 2) × 180° = 540°$$
← suma de ángulos interiores

◁ **Pentágono regular**
Los ángulos interiores de un pentágono regular suman 540°. Un polígono regular tiene ángulos y lados iguales, luego se puede hallar cada ángulo dividiendo por el número de ángulos: 540° ÷ 5 = 108°.

número de lados

$$(9 − 2) × 180° = 1,260°$$
← suma de ángulos interiores

◁ **Nonágono irregular**
Los ángulos interiores de un nonágono irregular suman 1,260°. No es posible hallar los ángulos individuales con la suma de los ángulos interiores, pues tienen diferentes tamaños.

Suma de ángulos exteriores de un polígono

Imagina caminar por el exterior de un polígono. Comienza en un vértice y camina de frente al siguiente. En el siguiente, gira el número de grados del ángulo externo y así alrededor de todos los vértices. Al caminar por un polígono, giras un círculo completo o 360°. Los ángulos exteriores de un polígono suman hasta 360°.

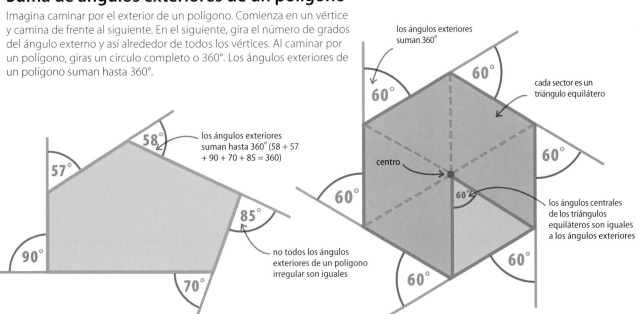

los ángulos exteriores suman hasta 360° (58 + 57 + 90 + 70 + 85 = 360)

no todos los ángulos exteriores de un polígono irregular son iguales

los ángulos exteriores suman 360°

cada sector es un triángulo equilátero

centro

los ángulos centrales de los triángulos equiláteros son iguales a los ángulos exteriores

△ **Pentágono irregular**
Los ángulos exteriores de un polígono, sea regular o irregular, suman 360°. Otra forma de decirlo es que la suma de los ángulos exteriores de un polígono forma un círculo completo.

△ **Hexágono regular**
Para encontrar el tamaño de los ángulos exteriores de un polígono regular, se divide 360° por el número de lados que tiene el polígono. Los ángulos centrales de un hexágono regular (formado dividiendo la figura en 6 triángulos equiláteros) son iguales a los ángulos exteriores.

 Círculos

UN CÍRCULO ES UNA LÍNEA CURVA QUE RODEA UN PUNTO CENTRAL. CADA PUNTO DE ESTA LÍNEA CURVA ESTÁ A IGUAL DISTANCIA DE ESTE PUNTO.

VER TAMBIÉN

❮ **74–75** Herramientas

Circunferencia
y diámetro   **132–133** ❯

Área de un círculo **134–135** ❯

Propiedades de un círculo

Un círculo puede doblarse en dos mitades idénticas, lo que significa que tiene "simetría reflectiva" (ver pág. 80). La línea de este doblez es una de las partes más importantes del círculo: es su diámetro. Un círculo también puede rotarse desde su centro y seguirá encajando en su línea exterior, por lo cual también tiene "simetría rotacional" en su punto central.

circunferencia distancia alrededor de un círculo

segmento espacio entre una cuerda y un arco

cuerda línea recta que une dos puntos en la circunferencia

diámetro línea que corta un círculo exactamente por la mitad

sector espacio encerrado por dos radios

radio distancia del borde al centro

área espacio total cubierto por un círculo

arco sección de una circunferencia

tangente línea que toca un círculo en un solo punto

punto central del círculo

▷ **Un círculo dividido**
Este diagrama muestra las diferentes partes de un círculo. Muchas de estas partes se presentarán en las fórmulas, en las siguientes páginas.

Partes de un círculo

Hay varias maneras de medir y dividir un círculo. Cada una de ellas tiene nombre y carácter específico y todas se muestran abajo.

Radio
Toda línea recta desde el centro de un círculo hasta su circunferencia.

Diámetro
Línea recta que va de un lado al otro del círculo, pasando por el centro.

Cuerda
Toda línea recta que une dos puntos de la circunferencia de un círculo.

Segmento
La menor de dos partes de un círculo creadas al dividirlo por una cuerda.

Circunferencia
Longitud total del borde exterior (perímetro) de un círculo.

Arco
Cualquier sección de la circunferencia de un círculo.

Sector
Una "tajada" de un círculo, similar a una rebanada de pastel. Está encerrada por dos radios y un arco.

Área
Cantidad de espacio dentro de la circunferencia de un círculo.

Tangente
Línea recta que toca el círculo en un solo punto.

Cómo dibujar un círculo

Para dibujar un círculo se necesitan dos instrumentos: compás y lápiz. La punta del compás marca el centro del círculo y la distancia entre la punta y el lápiz, pegado al compás, forma el radio del círculo. Para medir correctamente el radio del círculo se necesita una regla.

"x" representa la distancia en cm entre la punta del compás y el lápiz o longitud del radio.

Ajusta el compás.
Primero, decide cuál es el radio del círculo y luego usa una regla para ajustar el compás a esta distancia.

x cm

para ajustar la longitud del radio, usa una regla

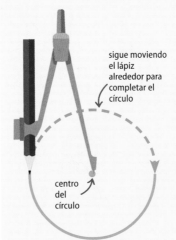

sigue moviendo el lápiz alrededor para completar el círculo

centro del círculo

Decide dónde ubicar el centro del círculo y sostén con firmeza la punta del compás en este lugar. Luego, coloca el lápiz sobre el papel y muévelo alrededor para trazar la circunferencia del círculo.

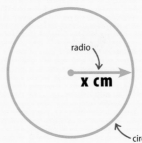

radio

x cm

circunferencia

El círculo terminado
tiene un radio cuya longitud es igual a la distancia a la cual se ajustó originalmente el compás.

Circunferencia y diámetro

CIRCUNFERENCIA ES LA DISTANCIA ALREDEDOR DEL BORDE DE UN
CÍRCULO; DIÁMETRO ES LA DISTANCIA A TRAVÉS DE LA MITAD DEL CÍRCULO.

VER TAMBIÉN
❮ **48–51** Razón y proporción
❮ **96–97** Ampliaciones
❮ **130–131** Círculos
Área de un círculo **134–135** ❯

Los círculos tienen exactamente la misma forma. Esto significa que sus
medidas, incluyendo circunferencia y diámetro, son proporcionales entre sí.

El número pi

La razón entre la circunferencia y el diámetro de un círculo es
un número llamado pi, que se escribe π. Este número se utiliza
en muchas de las fórmulas asociadas con círculos, incluidas las
fórmulas para la circunferencia y el diámetro.

símbolo de pi

$$\pi = 3.14$$

valor a 2 cifras decimales

◁ **Valor de pi**
Los números después del
punto decimal en pi van
hasta el infinito. Comienza
como 3.1415926, pero
generalmente se dan
sólo dos cifras decimales.

Circunferencia (c)

Circunferencia es la distancia alrededor del borde de un
círculo. Para hallar la circunferencia de un círculo, se usa
el diámetro o el radio y el número pi. El diámetro
siempre tiene el doble de la longitud del radio.

circunferencia   π es una constante   radio   circunferencia   π es constante   diámetro

$$c = 2\pi r \qquad c = \pi d$$

◁ **Fórmulas**
Hay dos fórmulas para
la circunferencia. Una
utiliza el diámetro y la
otra usa el radio.

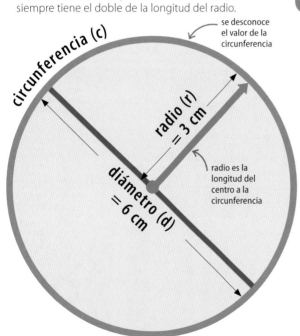

se desconoce
el valor de la
circunferencia

radio es la
longitud del
centro a la
circunferencia

△ **Encuentra la circunferencia**
Si conoces la longitud del diámetro, podrás
encontrar la longitud de la circunferencia de un
círculo; en este ejemplo, el diámetro tiene 6 cm.

**La fórmula para la
circunferencia** indica
que la circunferencia es
igual a pi multiplicado por
el diámetro del círculo.

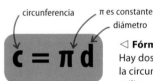
$$c = \pi d$$

d es igual que
$2 \times r$, la fórmula
también se puede
escribir $c = 2\pi r$

Sustituye los valores
conocidos en la fórmula
para la circunferencia.
Aquí, se sabe que el
radio del círculo es 3 cm.

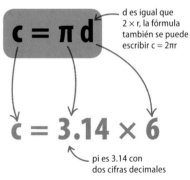
$$c = 3.14 \times 6$$

pi es 3.14 con
dos cifras decimales

Multiplica los números
para encontrar la longitud.
Redondea el resultado
a un número adecuado
de cifras decimales.

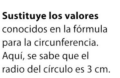
$$c = \mathbf{18.8\ cm}$$

18.84 se redondea a un
lugar o cifra decimal

Diámetro (d)

Diámetro es la distancia a través del medio de un círculo. Su longitud es el doble de la del radio. Para encontrar el diámetro de un círculo, se dobla la longitud de su radio, o se puede usar su circunferencia y el número pi en la fórmula que se muestra a continuación. La fórmula es una versión modificada de la fórmula para la circunferencia de un círculo.

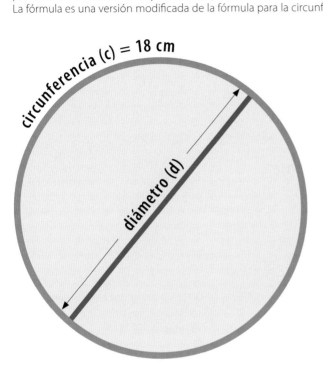

circunferencia (c) = 18 cm

diámetro (d)

△ Encuentra el diámetro
Este círculo tiene una circunferencia de 18 cm. Puedes hallar su diámetro utilizando la fórmula indicada anteriormente.

diámetro — circunferencia

La fórmula para el diámetro indica que la longitud del diámetro es igual a la longitud de la circunferencia dividida por pi.

$$d = \frac{c}{\pi}$$

π es una constante

Sustituye los valores conocidos en la fórmula para el diámetro. En este ejemplo, la circunferencia del círculo tiene 18 cm.

$$d = \frac{18}{\pi}$$

Divide la circunferencia por el valor de pi, 3.14, para hallar la longitud del diámetro.

$$d = \frac{18}{3.14}$$

es más preciso si se usa la tecla π en una calculadora

Redondea el resultado a un número adecuado de cifras decimales. En este ejemplo, el resultado se da con dos decimales.

$$d = 5.73 \text{ cm}$$

el resultado se da con dos decimales

MÁS DE CERCA

¿Por qué π?

Los círculos son similares entre sí. Esto significa que las longitudes en los círculos, como sus diámetros y circunferencias, siempre son proporcionales entre sí. El número π se obtiene dividiendo la circunferencia de un círculo por su diámetro –toda circunferencia de un círculo dividida por su diámetro siempre es igual a π, que es un valor constante–.

▷ Círculos similares
Como todos los círculos son ampliaciones de ellos mismos, sus diámetros (d1, d2) y circunferencias (c1, c2) siempre están en proporción a los demás.

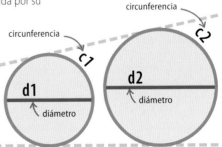

circunferencia

circunferencia

c1

c2

d1

d2

diámetro

diámetro

0

Área de un círculo

EL ÁREA DE UN CÍRCULO ES LA CANTIDAD DE ESPACIO
ENCERRADO DENTRO DE SU PERÍMETRO (CIRCUNFERENCIA).

Puedes hallar el área de un círculo usando las medidas
de su radio o de su diámetro.

Hallar el área de un círculo

El área de un círculo se mide en unidades cuadradas. Se puede
encontrar utilizando el radio de un círculo (r) y la fórmula que
se muestra a continuación. Si conoces el diámetro, mas no el
radio, encuentras el radio dividiendo el diámetro por 2.

**En la fórmula para el área
del círculo,** πr^2 significa π
(pi) × radio × radio.

**Sustituye en la fórmula los
valores conocidos;** en este
ejemplo, el radio tiene 4 cm.

Multiplica el radio por sí
mismo, como se indica; esto
hace más sencilla la última
multiplicación.

Revisa que el resultado se dé
en las unidades correctas (aquí
en cm²) y redondéalo a un
número apropiado.

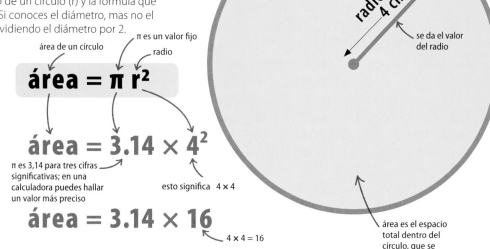

área de un círculo
π es un valor fijo
radio

$$\text{área} = \pi\, r^2$$

$$\text{área} = 3.14 \times 4^2$$

π es 3,14 para tres cifras
significativas; en una
calculadora puedes hallar
un valor más preciso

esto significa 4 × 4

$$\text{área} = 3.14 \times 16$$

4 × 4 = 16

$$\text{área} = 50.24 \text{ cm}^2$$

50.2654... se
redondea a 2
cifras decimales

el borde del
círculo es la
circunferencia

radio (r) =
4 cm

se da el valor
del radio

área es el espacio
total dentro del
círculo, que se
muestra en amarillo

MÁS DE CERCA

¿Por qué funciona la fórmula para el área de un círculo?

La fórmula para el área de un círculo
se puede probar dividiendo un círculo
en segmentos y reordenando los
segmentos en una figura rectangular.
La fórmula para el área de un rectángulo
(altura x ancho) es más sencilla que la
del área de un círculo. La altura de la
figura rectangular es simplemente la
longitud de un segmento de círculo, que
es igual al radio del círculo. El ancho de
la forma rectangular es la mitad del total
de los segmentos y equivale a la mitad
de la circunferencia del círculo.

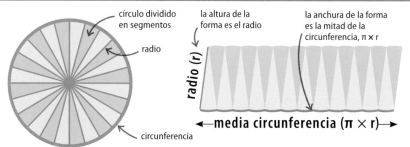

círculo dividido
en segmentos

radio

circunferencia

la altura de la
forma es el radio

radio (r)

la anchura de la forma
es la mitad de la
circunferencia, π × r

media circunferencia (π × r)

Divide un círculo en
segmentos iguales tan
pequeños como te sea posible.

Organiza los segmentos en una forma rectangular.
El área de un rectángulo es ancho × altura, que en este
caso es radio x media circunferencia, o πr × r, que es πr^2.

Hallar el área usando el diámetro

La fórmula para el área del círculo por lo general utiliza radio, pero también se puede hallar el área si se conoce el diámetro.

el radio tiene la mitad de la longitud del diámetro

diámetro = 5 cm

el valor que se debe encontrar es el área

La fórmula del área de un círculo siempre es la misma, no importan los valores.

$$área = \pi\, r^2$$

Sustituye en la fórmula los valores conocidos; en este ejemplo el radio es 2,5, la mitad del diámetro.

$$área = 3.14 \times 2.5^2$$

el radio es la mitad del diámetro: $5 \div 2 = 2.5$

π es 3.14 para 3 cifras significativas

Multiplica el radio por sí mismo como se muestra en la fórmula. Esto simplifica la multiplicación.

$$área = 3.14 \times 6.25$$

$2.5 \times 2.5 = 6.25$

19.6349... se redondea a 2 cifras.

Revisa que el resultado esté en las unidades correctas, aquí en cm², y redondéalo.

$$área = \mathbf{19.63\ cm^2}$$

Hallar el radio a partir del área

Si conoces su superficie, puedes usar la fórmula del área del círculo para encontrar su radio.

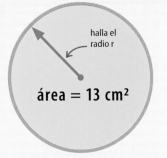

halla el radio r

área = 13 cm²

La fórmula para el área de un círculo se puede usar para hallar su radio, si se conoce su área.

$$área = \pi\, r^2$$

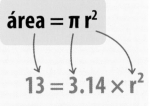

Sustituye en la fórmula los valores conocidos –aquí el área es 13 cm²–.

$$13 = 3.14 \times r^2$$

divide este lado por 3.14

como r^2 fue multiplicado por 3.14, divide por 3.14 para aislar r^2

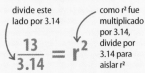

$$\frac{13}{3.14} = r^2$$

Reordena la fórmula, de modo que r^2 esté solo en un lado, divide ambos lados por 3.14.

r^2 se muestra primero

Redondea el resultado e intercambia los lados de manera que r^2 se vea primero.

$$r^2 = 4.14$$

4.1380... se redondea a 2 cifras o lugares decimales

Para encontrar el valor del radio, halla la raíz cuadrada del último resultado.

$$r = \sqrt{4.14}$$

2.0342... se redondea a dos cifras decimales

Revisa que el resultado se dé en las unidades correctas, aquí en cm², y redondéalo a un número apropiado.

$$= \mathbf{2.03\ cm}$$

MÁS DE CERCA

Figuras más complejas

Cuando dos o más formas diferentes se juntan, el resultado se denomina forma compuesta. Para hallar el área de una forma compuesta, debes sumar las partes de los elementos que la componen. En este ejemplo, las partes son un semicírculo y un rectángulo. La superficie total es 1,414 cm² (área del semicírculo, que es $\frac{1}{2} \times \pi r^2$, la mitad del área de un círculo) + 5,400 cm² (área del rectángulo) = 6,814 cm².

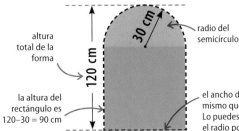

altura total de la forma

120 cm

30 cm

radio del semicírculo

la altura del rectángulo es 120−30 = 90 cm

◁ **Formas compuestas**
Esta forma compuesta consta de un semicírculo y un rectángulo. Puedes hallar su área usando sólo dos de las medidas dadas aquí.

el ancho del rectángulo es el mismo que el diámetro del círculo. Lo puedes encontrar multiplicando el radio por 2, 30 × 2 = 60 cm

Ángulos en un círculo

LOS ÁNGULOS EN UN CÍRCULO TIENEN PROPIEDADES ESPECIALES.

VER TAMBIÉN
❮ **76-77** Ángulos
❮ **108-109** Triángulos
❮ **130-131** Círculos

Si trazas ángulos al centro y a la circunferencia de un círculo desde los mismos dos puntos en la circunferencia, el ángulo del centro es el doble del ángulo de la circunferencia.

Ángulos trazados (subtendidos)

Todo ángulo dentro de un círculo es "subtendido" o "trazado" desde dos puntos en su circunferencia: se "para" en los dos puntos. En estos dos ejemplos, el ángulo trazado es el ángulo en el punto R, o sea, está parado en los puntos P y Q. Los ángulos trazados se pueden ubicar en cualquier parte dentro del círculo.

▷ **Ángulos subtendidos**
Los círculos muestran cómo un punto se traza desde otros dos en la circunferenia para formar un ángulo. El ángulo en el punto R es trazado de los puntos P y Q.

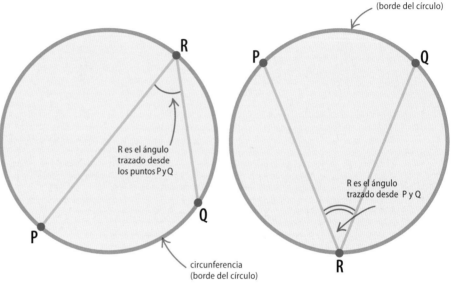

circunferencia (borde del círculo)

R es el ángulo trazado desde los puntos P y Q

R es el ángulo trazado desde P y Q

circunferencia (borde del círculo)

Ángulos en el centro y en la circunferencia

Cuando se trazan los ángulos desde los dos mismos puntos tanto al centro del círculo como a su circunferencia, el ángulo del centro siempre tiene el doble del tamaño del ángulo formado en la circunferencia. En este ejemplo, ambos ángulos, R en la circunferencia y O en el centro, son trazados desde los mismos puntos, P y Q.

$$\text{ángulo del centro} = 2 \times \text{ángulo de la circunferencia}$$

▷ **Propiedad del ángulo**
Los ángulos O y R están trazados por los puntos P y Q en la circunferencia. Esto significa que el ángulo en O tiene el doble del tamaño que el ángulo en R.

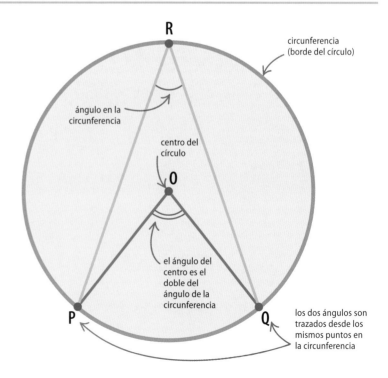

circunferencia (borde del círculo)

ángulo en la circunferencia

centro del círculo

O

el ángulo del centro es el doble del ángulo de la circunferencia

los dos ángulos son trazados desde los mismos puntos en la circunferencia

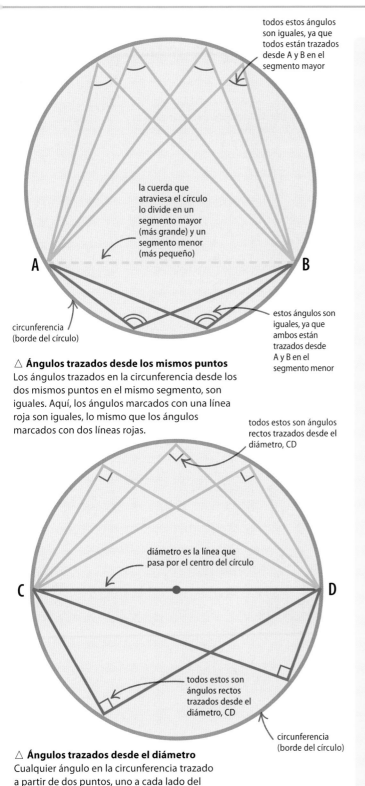

todos estos ángulos son iguales, ya que todos están trazados desde A y B en el segmento mayor

la cuerda que atraviesa el círculo lo divide en un segmento mayor (más grande) y un segmento menor (más pequeño)

circunferencia (borde del círculo)

estos ángulos son iguales, ya que ambos están trazados desde A y B en el segmento menor

△ **Ángulos trazados desde los mismos puntos**
Los ángulos trazados en la circunferencia desde los dos mismos puntos en el mismo segmento, son iguales. Aquí, los ángulos marcados con una línea roja son iguales, lo mismo que los ángulos marcados con dos líneas rojas.

todos estos son ángulos rectos trazados desde el diámetro, CD

diámetro es la línea que pasa por el centro del círculo

todos estos son ángulos rectos trazados desde el diámetro, CD

circunferencia (borde del círculo)

△ **Ángulos trazados desde el diámetro**
Cualquier ángulo en la circunferencia trazado a partir de dos puntos, uno a cada lado del diámetro, es igual a 90°, es un ángulo recto.

Comprobación de las reglas de los ángulos en los círculos

Un ángulo del centro dobla en tamaño a un ángulo de la circunferencia cuando ambos se trazan desde los mismos puntos.

R, P y Q son 3 puntos en la circunferencia

Dibuja un círculo y marca 3 puntos cualesquiera en su circunferencia, por ejemplo, P, Q y R. Marca el centro del círculo, en este ejemplo O.

centro

Traza líneas rectas de R a P, R a Q, O a P, y O a Q. Esto crea dos ángulos, uno en R (circunferencia del círculo) y otro en O (centro del círculo), ambos trazados desde los puntos P y Q.

ángulo R trazado desde P y Q

ángulo O trazado desde P y Q

Traza una línea desde R pasando por O, hasta el otro lado del círculo. Esta línea crea dos triángulos isósceles. Los triángulos isósceles tienen 2 lados y 2 ángulos que son iguales. En este caso, dos lados de los triángulos POR y QOR se forman de 2 radios del círculo.

la línea divisoria crea dos triángulos isósceles

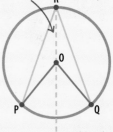

Para un triángulo, los dos ángulos de la base son iguales y se denominan A. El ángulo exterior de este triángulo es la suma de los ángulos interiores opuestos (A y A), o 2A. En cuanto a los dos triángulos, es evidente que el ángulo en O (centro) es el doble del ángulo en R (circunferencia).

el ángulo en O es el doble del ángulo en R

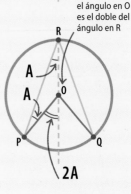

2A

Cuerdas y cuadriláteros cíclicos

UNA CUERDA ES UNA LÍNEA RECTA QUE UNE DOS PUNTOS CUALESQUIERA DE LA CIRCUNFERENCIA DE UN CÍRCULO. LOS CUADRILÁTEROS CÍCLICOS TIENEN CUATRO CUERDAS COMO LADOS.

Las cuerdas varían en longitud –el diámetro de un círculo es su cuerda más larga–.
Las cuerdas de igual longitud están a igual distancia del centro del círculo.
Los vértices de un cuadrilátero cíclico tocan la circunferencia de un círculo.

VER TAMBIÉN
❮ **122–125** Cuadriláteros
❮ **130–131** Círculos

Cuerdas

Una cuerda es una línea recta a través de un círculo. La cuerda más larga de cualquier círculo es su diámetro, ya que el diámetro cruza un círculo en su parte más ancha. La mediatriz de una cuerda es una línea que pasa a través de su centro formando ángulo recto (90º). La mediatriz de cualquier cuerda pasa por el centro del círculo. La distancia de una cuerda al centro de un círculo se encuentra midiendo su mediatriz. Si dos cuerdas tienen longitudes iguales, siempre estarán a la misma distancia del centro del círculo.

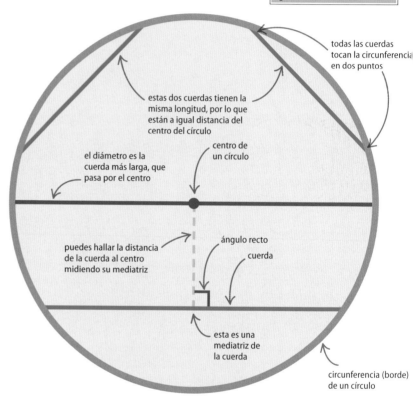

todas las cuerdas tocan la circunferencia en dos puntos

estas dos cuerdas tienen la misma longitud, por lo que están a igual distancia del centro del círculo

centro de un círculo

el diámetro es la cuerda más larga, que pasa por el centro

puedes hallar la distancia de la cuerda al centro midiendo su mediatriz

ángulo recto

cuerda

▷ **Propiedades de las cuerdas**
Este círculo muestra cuatro cuerdas, de las cuales la más larga es el diámetro. Dos cuerdas tienen la misma longitud, mientras que la otra se muestra con su mediatriz (línea que la corta en dos, formando ángulo recto).

esta es una mediatriz de la cuerda

circunferencia (borde) de un círculo

MÁS DE CERCA

Intersección de cuerdas

Cuando dos cuerdas se cruzan o "intersecan", adquieren una propiedad interesante: al mutiplicar entre sí las dos partes de una de las cuerdas, por dondequiera que esta se divida, se obtiene como resultado el mismo valor que al multiplicar las dos partes de la otra cuerda.

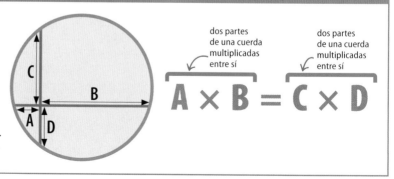

dos partes de una cuerda multiplicadas entre sí

dos partes de una cuerda multiplicadas entre sí

$$A \times B = C \times D$$

▷ **Cruce de cuerdas**
Este círculo muestra dos cuerdas, que se cruzan entre sí (intersecan). Una cuerda se divide en las partes A y B, y la otra en las partes C y D.

Hallar el centro de un círculo

Las cuerdas se pueden usar para encontrar el centro de un círculo. Traza dos cuerdas a través del círculo. Busca el punto medio de cada cuerda y traza una línea a través de él, que sea perpendicular (en ángulo recto) a la cuerda (es una mediatriz). El centro del círculo es donde estas dos líneas se cruzan.

la línea está en ángulo recto con la cuerda

mediatriz

traza dos cuerdas cualesquiera

centro del círculo

punto medio de la cuerda

▷ **Primero, traza** dos cuerdas a través del círculo cuyo centro necesitas encontrar.

▷ **Luego, mide el punto medio** de una de las cuerdas y traza una línea sobre él, formando ángulo recto (90º) con la cuerda.

▷ **Haz lo mismo** con la otra cuerda. El centro del círculo es el punto donde se cortan las dos líneas perpendiculares.

Cuadriláteros cíclicos

Los cuadriláteros cíclicos son figuras de cuatro lados hechas con cuerdas. Cada esquina de la figura se encuentra sobre la circunferencia de un círculo y sus ángulos interiores suman 360º, al igual que para todos los cuadriláteros. Los ángulos interiores opuestos de un cuadrilátero cíclico suman 180º, y sus ángulos exteriores son iguales a los ángulos interiores opuestos.

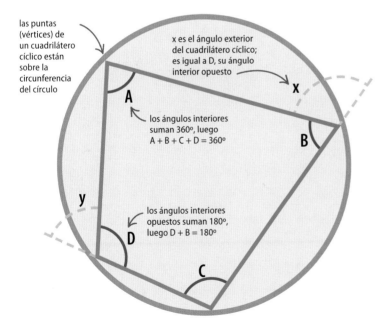

las puntas (vértices) de un cuadrilátero cíclico están sobre la circunferencia del círculo

x es el ángulo exterior del cuadrilátero cíclico; es igual a D, su ángulo interior opuesto

los ángulos interiores suman 360º, luego A + B + C + D = 360º

los ángulos interiores opuestos suman 180º, luego D + B = 180º

$$A + B + C + D = 360°$$

△ **Suma de los ángulos interiores**
Los ángulos interiores de un cuadrilátero cíclico siempre suman 360º. Por tanto, en este ejemplo A + B + C + D = 360º.

$$A + C = 180°$$
$$B + D = 180°$$

△ **Ángulos opuestos**
Los ángulos opuestos en un cuadrilátero cíclico siempre suman 180º. En este ejemplo, A + C = 180º y B + D = 180º.

ángulo exterior opuesto al ángulo B

$$y = B$$

ángulo exterior opuesto al ángulo D

$$x = D$$

△ **Ángulos en un cuadrilátero cíclico**
Los cuatro ángulos interiores de este cuadrilátero cíclico son A, B, C y D. Dos de los cuatro ángulos exteriores son x y y.

△ **Ángulos exteriores**
Los ángulos exteriores en los cuadriláteros cíclicos son iguales a los ángulos interiores opuestos. Por tanto, en el ejemplo y = B y x = D.

Tangentes

SON LÍNEAS RECTAS QUE TOCAN LA CIRCUNFERENCIA
(BORDE) DE UN CÍRCULO EN UN SOLO PUNTO.

VER TAMBIÉN

❮ **102–105** Construcciones
❮ **120–121** Teorema de Pitágoras
❮ **130–131** Círculos

¿Qué son las tangentes?

Son líneas que se extienden desde un punto fuera de un círculo
y tocan su borde en un solo lugar, el punto de contacto. La línea
que une el centro del círculo con el punto de contacto es un
radio, que está en ángulo recto (90°) con la tangente. Desde un
punto fuera de un círculo, se pueden trazar dos de sus tangentes.

▷ **Propiedades de la tangente**
Las longitudes de las dos tangentes trazadas
desde un punto fuera de un círculo, hasta sus
puntos de contacto, son iguales.

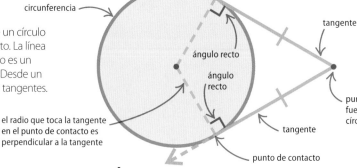

punto de contacto

circunferencia

ángulo recto

ángulo recto

el radio que toca la tangente
en el punto de contacto es
perpendicular a la tangente

tangente

punto por
fuera del
círculo

tangente

punto de contacto

Hallar la longitud de una tangente

Una tangente es perpendicular (en ángulo recto) al
radio en el punto de contacto, por lo que se puede
crear un triángulo rectángulo utilizando el radio, la
tangente, y una línea entre ellos, que es la hipotenusa
del triángulo. Para encontrar la longitud de cualquiera
de los tres lados del triángulo rectángulo, si se conocen
dos lados, se puede usar el teorema de Pitágoras.

A

1.5 cm

0

radio

4 cm

P

tangente

hipotenusa

◁ **Halla la tangente**
La tangente, el radio del
círculo y la línea que
une el centro del círculo
hasta el punto P, forman
un triángulo rectángulo.

El teorema de Pitágoras muestra que el cuadrado de la hipotenusa
(lado frente al ángulo recto) de un triángulo rectángulo, es igual a la
suma de los cuadrados de los otros dos lados del triángulo.

cuadrado
de un
lado

cuadrado
del otro
lado

cuadrado de
la hipotenusa

$$a^2 + b^2 = c^2$$

Sustituye en la fórmula los números conocidos. La hipotenusa
es el lado OP, que tiene 4 cm y la otra longitud conocida es el radio,
que tiene 1.5 cm. El lado desconocido es la tangente, AP.

$$1.5^2 + AP^2 = 4^2$$

Calcula los cuadrados de los dos lados conocidos multiplicando el valor
de cada uno por sí mismo. El cuadrado de 1.5 es 2.25 y el cuadrado de
4 es 16. Deja como está el valor del lado desconocido, AP^2.

$1.5 \times 1.5 = 2.25$

se desconoce el
valor de la tangente

$4 \times 4 = 16$

$$2.25 + AP^2 = 16$$

Reordena la ecuación para aislar la variable desconocida. En este
ejemplo se desconoce AP^2, la tangente. La aíslas restando 2.25 de
ambos lados de la ecuación.

resta 2.25 de ambos
lados para aislar el
valor desconocido

para aislar el valor desconocido,
debes restar 2.25 de ambos

$$AP^2 = 16 - 2.25$$

Haz la resta en el lado derecho de la ecuación. El valor que se
crea, 13.75, es el valor al cuadrado de AP, que es la longitud del
lado faltante.

esto significa $AP \times AP$

$16 - 2.25 = 13.75$

$$AP^2 = 13.75$$

Para encontrar el valor de AP, halla la raíz cuadrada de ambos lados
de la ecuación. La raíz cuadrada de AP^2 es sólo AP. Usa una
calculadora para hallar la raíz cuadrada de 13.75.

la raíz cuadrada
de AP^2 es AP

este es el signo de
la raíz cuadrada

$$AP = \sqrt{13.75}$$

Halla la raíz cuadrada del valor de la derecha, y redondea el resultado a un
número adecuado de cifras decimales. Esta es la longitud del lado faltante.

3.708... se redondea
a 2 cifras decimales

$$AP = 3.71 \text{ cm}$$

Construcción de tangentes

Para construir una tangente con precisión, se necesitan compás y regla. Este ejemplo muestra cómo construir dos tangentes entre un círculo con centro 0 y un punto dado fuera del círculo, P, en este caso.

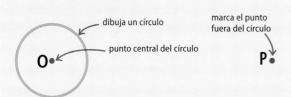

dibuja un círculo

punto central del círculo

marca el punto fuera del círculo

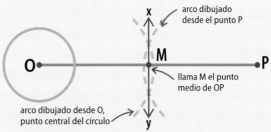

x

arco dibujado desde el punto P

llama M el punto medio de OP

arco dibujado desde O, punto central del círculo

y

Dibuja un círculo con un compás y marca el centro O. Marca otro punto fuera del círculo y ponle nombre (en este caso P). Construye dos tangentes al círculo desde el punto.

Traza una línea entre O y P y encuentra su punto medio. Ajusta el compás a un poco más de la mitad de OP y dibuja dos arcos, desde O y desde P. Une con una línea (xy) los puntos donde los arcos se cruzan. El punto medio es donde xy cruza OP.

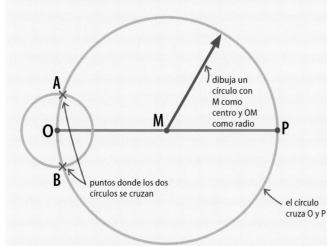

dibuja un círculo con M como centro y OM como radio

puntos donde los dos círculos se cruzan

el círculo cruza O y P

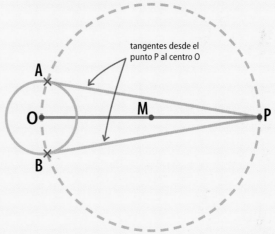

tangentes desde el punto P al centro O

Ajusta el compás a la distancia OM (o MP que es la misma longitud) y dibuja un círculo con M como centro. Marca como A y B los dos puntos en los que este nuevo círculo se interseca (cruza) con la circunferencia del círculo original.

Por último, une cada punto donde se intersecan (cruzan) los círculos, A y B, con el punto P. Estas dos líneas son las tangentes del punto P a la circunferencia con centro O. Las dos tangentes tienen la misma longitud.

Tangentes y ángulos

Las tangentes a los círculos tienen propiedades de ángulos especiales. Si la tangente toca un círculo en B, y se traza una cuerda BC desde B, a través del círculo, se forma un ángulo entre la tangente y la cuerda en B. Si se trazan líneas (BD y CD) a la circunferencia desde los extremos de la cuerda, crean un ángulo en D, que es igual al ángulo B.

▷ **Tangentes y cuerdas**
Si se trazan dos líneas desde los extremos de la cuerda hasta un mismo punto de la circunferencia, el ángulo formado entre la tangente y la cuerda es igual al ángulo formado en la circunferencia.

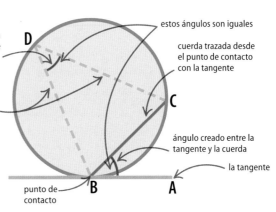

ángulo en la circunferencia trazado desde cualquiera de los extremos de la cuerda

dos líneas desde los extremos de la cuerda que crean un ángulo en la circunferencia

estos ángulos son iguales

cuerda trazada desde el punto de contacto con la tangente

ángulo creado entre la tangente y la cuerda

la tangente

punto de contacto

Arcos

UN ARCO ES UNA SECCIÓN DE LA CIRCUNFERENCIA. SU LONGITUD SE PUEDE HALLAR A PARTIR DE SU ÁNGULO RELACIONADO EN EL CENTRO DEL CÍRCULO.

VER TAMBIÉN

❮ **48–51** Razón y proporción
❮ **130–131** Círculos
❮ **132–133** Circunferencia y diámetro

¿Qué es un arco?

Es una parte de la circunferencia de un círculo. Su longitud es proporcional al tamaño del ángulo formado en el centro del círculo cuando se trazan líneas desde cada extremo del arco. Si se desconoce la longitud de un arco, se puede hallar a partir de la circunferencia y este ángulo. Cuando un círculo se divide en dos arcos, el más grande se llama "arco mayor" y el más pequeño "arco menor".

fórmula para longitud de arco

$$\frac{\text{longitud del arco}}{\text{circunferencia}} = \frac{\text{ángulo en el centro}}{360°}$$

longitud total del borde del círculo

360° en un círculo

ángulo creado en el centro cuando se trazan dos líneas desde los extremos del arco mayor

arco mayor

arco menor

▷ **Arcos y ángulos**
Este diagrama muestra dos arcos: uno mayor, uno menor y sus ángulos en el centro del círculo.

ángulo creado en el centro cuando se traz dos líneas desde los extremos del arco me

Hallar la longitud de un arco

La longitud de un arco es una parte del total de la circunferencia del círculo. La proporción exacta es la razón entre el ángulo formado desde cada extremo del arco al centro del círculo, y 360º, que es el número total de grados alrededor del punto central. Esta relación es parte de la fórmula para la longitud de un arco.

◁ **Encuentra la longitud del arco**
Este círculo tiene una circunferencia de 10 cm. Encuentra la longitud del arco que forma un ángulo de 120º en el centro del círculo.

120°

la circunferencia es de 10 cm

Parte de la fórmula para encontrar la longitud de un arco. La fórmula utiliza las razones entre la longitud del arco y la circunferencia, y entre el ángulo en el centro del círculo y 360° (número total de grados).

Sustituye en la fórmula los números conocidos. En este ejemplo, se sabe que la circunferencia tiene 10 cm, y el ángulo en el centro del círculo es de 120º; los 360º quedan como están.

Reordena la ecuación para aislar el valor desconocido –la longitud del arco– a un lado del signo igual. En este ejemplo, se aísla la longitud del arco multiplicando ambos lados por 10.

Para obtener el valor de la longitud del arco, multiplica 10 por 120 y divide el resultado por 360. Luego redondea el resultado a un número adecuado de cifras decimales.

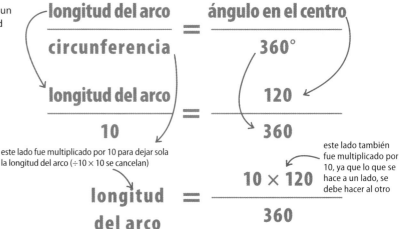

$$\frac{\text{longitud del arco}}{\text{circunferencia}} = \frac{\text{ángulo en el centro}}{360°}$$

$$\frac{\text{longitud del arco}}{10} = \frac{120}{360}$$

este lado fue multiplicado por 10 para dejar sola la longitud del arco (÷10 × 10 se cancelan)

este lado también fue multiplicado por 10, ya que lo que se hace a un lado, se debe hacer al otro

$$\text{longitud del arco} = \frac{10 \times 120}{360}$$

3,333... se redondea a 2 cifras decimales

$$C = 3.33 \text{ cm}$$

Sectores

UN SECTOR ES UN TROZO DE LA SUPERFICIE DE UN CÍRCULO. SU ÁREA
SE PUEDE HALLAR USANDO EL ÁNGULO EN EL CENTRO DEL CÍRCULO.

VER TAMBIÉN

❰ **48–51** Razón y proporción

❰ **130–131** Círculos

❰ **132–133** Circunferencia y diámetro

¿Qué es un sector?

Un sector de un círculo es el espacio comprendido
entre dos radios y un arco. Su área depende del tamaño
del ángulo entre los dos radios en el centro del círculo.
El área de un sector se puede encontrar a partir de
este ángulo y el área del círculo. Cuando un círculo
se divide en dos sectores, el más grande se llama
"sector mayor" y el más pequeño "sector menor".

arco menor

ángulo en el centro creado por los dos radios del sector menor

sector menor

ángulo en el centro, creado por los dos radios del sector mayor

sector mayor

arco mayor

$$\frac{\text{área del sector}}{\text{área del círculo}} = \frac{\text{ángulo del centro}}{360°}$$

fórmula para hallar
el área de un sector

▷ **Sectores y ángulos**
Este diagrama muestra
dos sectores: uno mayor,
uno menor y sus ángulos
en el centro del círculo.

Encuentra el área de un sector

El área de un sector es una proporción del área total del
círculo. La proporción exacta es la razón entre el ángulo
formado por los dos radios que bordean el sector y 360°.
Esta razón es parte de la fórmula para el área de un sector.

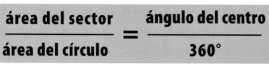

45°

ángulo formado por el sector

el área del círculo es 7 cm²

◁ **Encuentra el área del sector**
Este círculo tiene un área de 7 cm².
Encuentra el área del sector que forma
un ángulo de 45° en el centro del círculo.

Parte de la fórmula para encontrar el área de un
sector. La fórmula utiliza las razones entre el área
de un sector y el área del círculo, y entre el ángulo
en el centro del círculo y 360°.

▼

Sustituye en la fórmula los números conocidos.
En este ejemplo, se sabe que el área tiene 7 cm²
y el ángulo en el centro del círculo es de 45°. El
número total de grados en un círculo es de 360°.

▼

Reordena la ecuación para aislar el valor
desconocido –el área del sector– a un lado
del signo igual. En este ejemplo, esto se hace
multiplicando ambos lados por 7.

▼

Para obtener el área del sector, multiplica
45 por 7 y divide el resultado por 360.
Redondea el resultado a un número
adecuado de cifras decimales.

$$\frac{\text{área del sector}}{\text{área del círculo}} = \frac{\text{ángulo del centro}}{360°}$$

número total de grados en un círculo

$$\frac{\text{área del sector}}{7} = \frac{45}{360}$$

este lado se multiplicó por 7
para dejar sola el área de un
sector (÷7 × 7 se cancelan)

este lado también
se multiplicó por 7

$$\text{área del sector} = \frac{45 \times 7}{360}$$

0,875 se redondea a
dos cifras decimales

$$C = 0.88 \text{ cm}^2$$

Sólidos

UN SÓLIDO ES UNA FIGURA TRIDIMENSIONAL.

VER TAMBIÉN

❬ **126–129** Polígonos

Volúmenes **146–147**❭

Superficie de los sólidos **148–149**❭

Los sólidos son objetos con tres dimensiones: ancho, largo y alto. También tienen áreas y volúmenes de superficie.

Prismas

Muchos sólidos comunes son poliedros –figuras tridimensionales con superficies planas y bordes rectos–. Los prismas son un tipo de poliedro formado por dos figuras paralelas de exactamente la misma forma y tamaño, conectadas por las caras. En el ejemplo de la derecha, las figuras paralelas son pentágonos, unidos por caras rectangulares. Por lo general, al prisma se le da el nombre de la forma de sus extremos, por lo que un cilindro es un prisma circular. Un paralelepípedo es un prisma cuyas figuras paralelas son rectángulos, por lo que se conoce como prisma rectangular.

▷ **Un prisma**
La sección transversal de este prisma es un pentágono (figura con cinco lados), por lo que se llama prisma pentagonal.

◁ **Volumen**
Volumen es la cantidad de espacio que un sólido ocupa.

borde
línea donde se unen las superficies

altura
distancia de arriba abajo

ancho
distancia horizontal en ángulo recto con la longitud

la sección transversal de un prisma pentagonal es un pentágono

un pentágono es una figura con cinco lados

esta red forma una figura con siete caras

△ **Sección transversal**
Una sección o corte transversal es la figura que se hace cuando se corta un objeto de arriba abajo.

sección o corte transversal

para construirla, recorta la red a lo largo de los bordes y dóblalos

◁ **Superficie**
El área de la superficie de un sólido es el área total de su red o plano –una figura bidimensional, que el sólido forma si se lo dobla–.

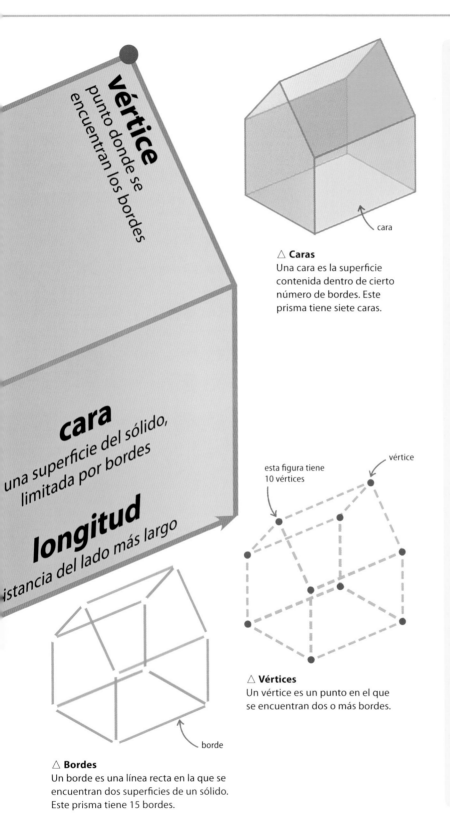

vértice
punto donde se encuentran los bordes

cara
una superficie del sólido, limitada por bordes

longitud
distancia del lado más largo

△ Caras
Una cara es la superficie contenida dentro de cierto número de bordes. Este prisma tiene siete caras.

cara

esta figura tiene 10 vértices

vértice

△ Vértices
Un vértice es un punto en el que se encuentran dos o más bordes.

borde

△ Bordes
Un borde es una línea recta en la que se encuentran dos superficies de un sólido. Este prisma tiene 15 bordes.

Otros sólidos
Un sólido con sólo superficies planas se llama poliedro y un sólido con una superficie curva se denomina no poliedro. Todo sólido común también tiene un nombre propio.

▷ Cilindro
Es un prisma con dos extremos circulares unidos por una superficie curva.

extremo circular

▷ Cuboides
Un cuboide es un prisma cuyas caras opuestas son iguales. Si todos sus bordes tienen la misma longitud, es un cubo.

esta cara tiene el mismo tamaño que su opuesta

▷ Esfera
Una esfera es un sólido redondo en el que la superficie siempre está a la misma distancia de su centro.

vértice

▷ Pirámide
Una pirámide tiene un polígono como base y caras triangulares que se encuentran en un vértice (punta).

ápice

▷ Cono
Un cono es un sólido con una base circular que está conectada a su ápice (punto más alto) por medio de una superficie curva.

Volúmenes

CANTIDAD DE ESPACIO DENTRO DE UNA FIGURA TRIDIMENSIONAL.

VER TAMBIÉN

❮ **28–29** Unidades de medida

❮ **144–145** Sólidos

Superficie de los sólidos **148–149** ❯

Espacio sólido

Cuando se mide el volumen, se usan unidades de cubos, también llamadas unidades cúbicas, como cm^3 y m^3. En algunos tipos de figuras tridimensionales, también conocidas como sólidos, como el cubo, cabe un número exacto de unidades cúbicas. Pero este no es el caso para la mayoría de los sólidos, como por ejemplo, un cilindro. Para encontrar los volúmenes de los sólidos se utilizan fórmulas. Para hallar el volumen de un sólido, es clave encontrar el área de la base, o la sección transversal.

▷ **Unidades cúbicas**
Los lados de una unidad cúbica tienen el mismo tamaño. Un cubo de 1 cm tiene un volumen de $1 \times 1 \times 1$ cm, o $1\ cm^3$. El espacio dentro de un sólido se puede medir por el número de unidades cúbicas que caben en él. Este cuboide tiene un volumen de $3 \times 2 \times 2$ cm, o $12\ cm^3$.

la altura es 2 cm

la longitud es 3 cm

el ancho es 2 cm

Hallar el volumen de un cilindro

Un cilindro se compone de un rectángulo y dos círculos. Su volumen se obtiene multiplicando el área de un círculo por la longitud o la altura del cilindro.

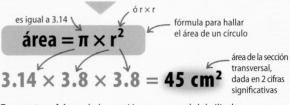

fórmula para hallar el volumen de un cilindro

$$\textbf{volumen} = \boldsymbol{\pi} \times \textbf{r}^2 \times \textbf{l}$$

La fórmula para el volumen de un cilindro utiliza la fórmula para el área de un círculo, multiplicada por la longitud del cilindro.

es igual a 3.14

ó r × r

$$\textbf{área} = \boldsymbol{\pi} \times \textbf{r}^2$$

fórmula para hallar el área de un círculo

$$3.14 \times 3.8 \times 3.8 = \textbf{45 cm}^2$$

área de la sección transversal, dada en 2 cifras significativas

Encuentra el área de la sección transversal del cilindro, usando la fórmula para hallar el área de un círculo. Introduce los valores que figuran en la ilustración del cilindro de abajo.

$$\textbf{volumen} = \textbf{área} \times \textbf{longitud}$$

$$45 \times 12 = \textbf{544 cm}^3$$

Luego, multiplica el área por la longitud del cilindro para encontrar su volumen.

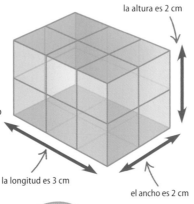

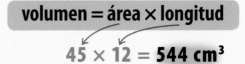

▷ **Sección transversal circular**
La base de un cilindro es un círculo. Al cortar un cilindro a lo ancho, se forman círculos idénticos, por eso se dice que tiene una sección transversal circular.

LONGITUD = 12 cm

RADIO = 3.8 cm

área de la sección transversal

Hallar el volumen de un cuboide

Un cuboide tiene seis lados planos y todas sus caras son rectángulos. Para hallar el volumen de un cuboide se multiplica el largo por el ancho por la altura.

la fórmula también se escribe
$v = l \times a \times h$, ó $v = lah$

$$\text{volumen} = \text{longitud} \times \text{ancho} \times \text{altura}$$

$$4.3 \times 2.2 \times 1.7 = \mathbf{16 \ cm^3}$$

redondea el resultado a 2 cifras significativas

▷ **Multiplica las longitudes de los lados**
Este cuboide tiene una longitud de 4.3 cm, un ancho de 2.2 cm y una altura de 1.7 cm. Para hallar su volumen, multiplica estas medidas.

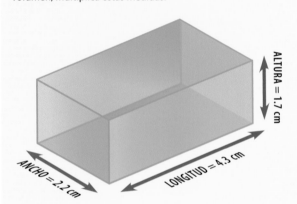

ALTURA = 1.7 cm

ANCHO = 2.2 cm

LONGITUD = 4.3 cm

Hallar el volumen de un cono

Multiplica la distancia desde la punta del cono hasta el centro de su base (altura vertical) por el área de su base (área de un círculo) y multiplica por ⅓.

también llamada altura perpendicular

$$\text{volumen} = \frac{1}{3} \times \pi \times r^2 \times \text{altura vertical}$$

$$\frac{1}{3} \times 3.14 \times 2 \times 2 \times 4.3 = \mathbf{18 \ cm^3}$$

redondea el resultado a 2 cifras significativas

▷ **Usa la fórmula**
Para hallar el volumen de este cono, multiplicas ⅓, π, el radio al cuadrado y la altura vertical.

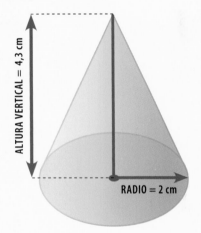

ALTURA VERTICAL = 4,3 cm

RADIO = 2 cm

Hallar el volumen de una esfera

La única medida que se necesita para hallar el volumen de una esfera es su radio. Esta esfera tiene un radio de 2.5 cm.

multiplica el radio por sí mismo dos veces

$$\text{volumen} = \frac{4}{3} \times \pi \times r^3$$

$$\frac{4}{3} \times 3.14 \times 2.5 \times 2.5 \times 2.5 = \mathbf{65 \ cm^3}$$

redondea el resultado a 2 cifras significativas

▷ **Usa la fórmula**
Para hallar el volumen de esta esfera, multiplica ⁴⁄₃, π y el radio al cubo (el radio multiplicado por sí mismo dos veces).

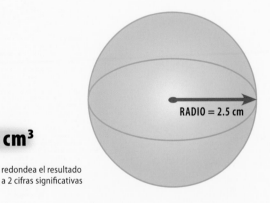

RADIO = 2.5 cm

Superficie de los sólidos

ES EL ESPACIO OCUPADO POR LAS SUPERFICIES EXTERNAS DE UNA FIGURA.

VER TAMBIÉN
‹ **28–29** Unidades de medida
‹ **144–145** Sólidos
‹ **146–147** Volúmenes

En los sólidos, el área de superficie se halla sumando las áreas de sus caras.
La esfera es la excepción, pero hay una fórmula fácil de usar.

Área de superficie de las figuras

Para los sólidos con bordes rectos, el área se encuentra sumando las áreas de todas las caras del sólido. Una forma de hacerlo es imaginar que se despliega y aplana el sólido en formas bidimensionales. Entonces es fácil calcular y sumar las áreas de estas formas. El diagrama de una forma desplegada y aplanada se conoce como su red.

▷ **Cilindro**
Un cilindro tiene dos caras planas y una superficie curva. Para crear su red, separa las superficies planas y despliega la superficie curva.

radio es la longitud desde el centro del círculo hasta su perímetro

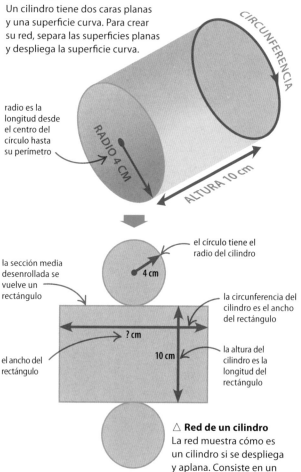

CIRCUNFERENCIA

RADIO 4 CM

ALTURA 10 cm

la sección media desenrollada se vuelve un rectángulo

el círculo tiene el radio del cilindro

4 cm

la circunferencia del cilindro es el ancho del rectángulo

? cm

el ancho del rectángulo

10 cm

la altura del cilindro es la longitud del rectángulo

△ **Red de un cilindro**
La red muestra cómo es un cilindro si se despliega y aplana. Consiste en un rectángulo y dos círculos.

Área de superficie de un cilindro

Al desplegar un cilindro en todas sus partes, creas un rectángulo y dos círculos. Para encontrar la superficie total, calcula el área de cada uno de estos y súmalos.

fórmula para área del círculo

área del círculo

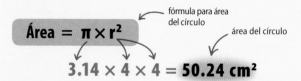

$$\text{Área} = \pi \times r^2$$

$$3.14 \times 4 \times 4 = 50.24 \text{ cm}^2$$

El área de los círculos se resuelve utilizando el radio conocido y la fórmula para el área de un círculo. π (pi) suele reducirse a 3.14, y el área siempre se expresa en unidades cuadradas.

fórmula para la circunferencia

circunferencia del cilindro

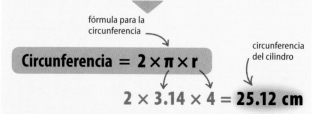

$$\text{Circunferencia} = 2 \times \pi \times r$$

$$2 \times 3.14 \times 4 = 25.12 \text{ cm}$$

Antes de encontrar el área del rectángulo, necesitas establecer su anchura –la circunferencia del cilindro–. Lo haces usando el radio conocido y la fórmula para la circunferencia.

ancho del cilindro = circunferencia del cilindro

largo del rectángulo = altura del cilindro

área del rectángulo

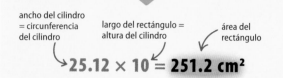

$$25.12 \times 10 = 251.2 \text{ cm}^2$$

Ahora puedes encontrar el área del rectángulo, utilizando la fórmula para el área de un rectángulo (largo x ancho).

área de superficie del cilindro

$$50.24 + 50.24 + 251.2 = 351.68 \text{ cm}^2$$

Para encontrar el área de la superficie de un cilindro, sumas las áreas de las tres figuras que componen su red –dos círculos y un rectángulo–.

Hallar la superficie de un cuboide

Un cuboide o paralelepípedo posee tres diferentes pares de rectángulos, vistos aquí como A, B y C. Su superficie es la suma de las áreas de todas sus caras.

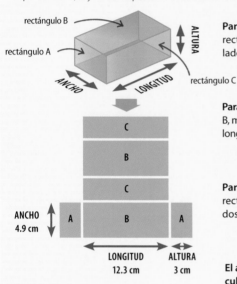

Para encontrar el área de un rectángulo, multiplicas sus dos lados: altura y ancho.

Para hallar el área del rectángulo B, multiplicas sus dos lados: longitud y ancho del cuboide.

Para hallar el área del rectángulo C, multiplicas sus dos lados: altura y longitud.

El área de la superficie del cuboide es la suma de las áreas de sus lados –el doble del área A, sumado al doble del área B, sumado al doble del área C–.

rectángulo B
rectángulo A
ALTURA
ANCHO
LONGITUD
rectángulo C

C
B
C
ANCHO 4.9 cm
A | B | A
LONGITUD 12.3 cm
ALTURA 3 cm

△ **Red de un cuboide**
La red de un cuboide está formada por tres diferentes pares de rectángulos.

Área de A = altura × ancho

$$3 \times 4.9 = \textbf{14.7 cm}^2$$

Área de B = longitud × ancho

$$12.3 \times 4.9 = \textbf{60.27 cm}^2$$

Área de C = altura × longitud

$$3 \times 12.3 = \textbf{36.9 cm}^2$$

usa paréntesis para separar operaciones

$$(2 \times A) + (2 \times B) + (2 \times C)$$

$$(2 \times 14.7) + (2 \times 60.27) + (2 \times 36.9)$$

$$= \textbf{223.74 cm}^2$$

Hallar el área de superficie de un cono

Un cono tiene dos partes –una base circular y una figura cónica–. Para encontrar las áreas de las dos partes se usan fórmulas, que luego sumas para obtener la superficie.

altura inclinada
área de la superficie del cono sin base

Área = π × r × h

$$3.14 \times 3.9 \times 9 = \textbf{110.21 cm}^2$$

fórmula área de un círculo

π × r²

superficie total de la base

$$3.14 \times 3.9 \times 3.9 = \textbf{47.76 cm}^2$$

superficie total del cono

$$110.21 + 47.76 = \textbf{157.97 cm}^2$$

▷ **Cono**
Encuentra la superficie de un cono utilizando las fórmulas para el área de una figura cónica y el área de la base y suma las dos.

Para encontrar el área del cono, multiplica π por el radio y la longitud inclinada.

Para hallar el área de la base, usa la fórmula para el área de un círculo, π × r².

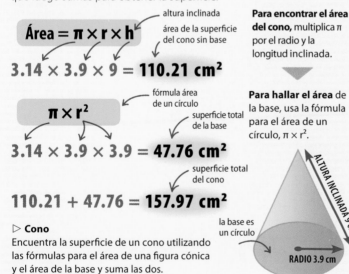

ALTURA INCLINADA 9 cm
la base es un círculo
RADIO 3.9 cm

Hallar el área de superficie de una esfera

A diferencia de muchas otras formas sólidas, no puedes desenrollar ni desplegar una esfera. Para hallar su superficie, puedes usar una fórmula.

fórmula para la superficie de la esfera

Área = 4 × π × r²

$$4 \times 3.14 \times 17 \times 17$$

$$= \textbf{3,629.84 cm}^2$$

▷ **Esfera**
La fórmula para el área de superficie de una esfera es igual a 4 veces la fórmula para el área de un círculo (πr²). Esto significa que la superficie de una esfera es igual a la superficie de 4 círculos con el mismo radio.

RADIO 17 cm

Trigonometría

¿Qué es trigonometría?

LA TRIGONOMETRÍA SE OCUPA DE LAS RELACIONES ENTRE LAS
MEDIDAS DE LOS ÁNGULOS Y LOS LADOS EN LOS TRIÁNGULOS.

VER TAMBIÉN

❮ **48–51** Razón y proporción

❮ **117–119** Triángulos similares

Triángulos correspondientes

La trigonometría utiliza comparaciones de las longitudes de los
lados de triángulos rectángulos similares (misma forma pero
diferente tamaño) para saber los tamaños de ángulos y lados
desconocidos. El diagrama muestra el Sol creando sombras de
una persona y un edificio, que forman dos triángulos semejantes.
Al medir las sombras, la altura de la persona, que se conoce, se
puede usar para encontrar la altura del edificio, que se desconoce.

▽ **Triángulos semejantes**
Las sombras de la persona
y del edificio generadas por
el Sol, crean dos triángulos
correspondientes.

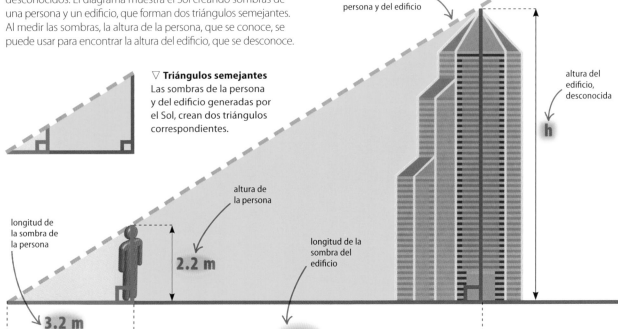

el Sol

los rayos del sol crean
sombras de la
persona y del edificio

altura del
edificio,
desconocida

h

altura de
la persona

longitud de
la sombra de
la persona

longitud de la
sombra del
edificio

2.2 m

3.2 m

58 m

▷ **La relación entre** los lados correspondientes de triángulos
semejantes es igual, por lo que la altura del edificio dividida
por la altura de la persona es igual a la longitud de la sombra
del edificio dividida por la de la sombra de la persona.

▷ **Sustituye en esta ecuación** los valores del diagrama.
Esto deja sólo un valor desconocido –la altura del edificio
(h)–, que se encuentra reordenando la ecuación.

▷ **Reordena la ecuación** para deducir h (la altura del
edificio). Esto se hace multiplicando ambos lados de la
ecuación por 2.2 y anulando luego los dos 2.2 en el lado
izquierdo, dejando sólo h.

▷ **Resuelve el lado derecho** de la ecuación para
encontrar el valor de h, que es la altura del edificio.

$$\frac{\text{altura del edificio}}{\text{altura de la persona}} = \frac{\text{longitud de la sombra del edificio}}{\text{longitud de la sombra de la persona}}$$

se desconoce
el valor de h

$$\frac{h}{2.2} = \frac{58}{3.2}$$

lo que se haga a un lado
de la ecuación debe
hacerse al otro, de modo
que este lado también se
debe multiplicar por 2.2

este lado se multiplicó
por 2.2 para eliminar
el ÷ 2.2 y deducir h

$$h = \frac{58}{3.2} \times 2.2$$

el resultado se
redondea a 2
cifras decimales

$$h = 39.88 \text{ m}$$

 # Las fórmulas en trigonometría

LAS FÓRMULAS TRIGONOMÉTRICAS PERMITEN HALLAR LAS MEDIDAS DE LADOS Y ÁNGULOS EN LOS TRIÁNGULOS.

Triángulos rectángulos

Los lados de estos triángulos se llaman hipotenusa, opuesto y adyacente. La hipotenusa siempre es el lado opuesto al ángulo recto. Los nombres de los otros dos lados dependen de dónde están con respecto a un ángulo específico.

▽ **Opuesto**
El opuesto es el lado que está frente al ángulo especificado.

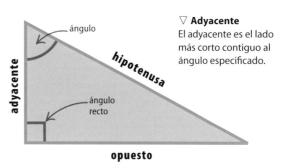

▽ **Adyacente**
El adyacente es el lado más corto contiguo al ángulo especificado.

Fórmulas trigonométricas

En trigonometría se usan tres fórmulas básicas. "A" representa el ángulo que se está buscando (algunas veces también se escribe θ). La fórmula a usar depende de cuáles lados del triángulo se conocen.

$$\operatorname{sen} A = \frac{\text{opuesto}}{\text{hipotenusa}}$$

△ **Fórmula del seno**
La fórmula del seno se usa cuando se conocen las longitudes del opuesto y la hipotenusa.

$$\cos A = \frac{\text{adyacente}}{\text{hipotenusa}}$$

△ **Fórmula del coseno**
La fórmula del coseno se usa cuando se conocen las longitudes del adyacente y la hipotenusa.

$$\tan A = \frac{\text{opuesto}}{\text{adyacente}}$$

△ **Fórmula de la tangente**
La fórmula de la tangente se usa cuando se conocen las longitudes del opuesto y el adyacente.

Uso de calculadora

Establece los valores de seno, coseno y tangente para cada ángulo. Las calculadoras tienen teclas para obtener estos valores. Úsalas para hallar el seno, coseno o tangente de un ángulo en particular.

△ **Seno, coseno y tangente**
Pulsa las teclas sen, cos o tan e ingresa el ángulo para saber su seno, coseno o tangente.

 luego

△ **Invierte seno, coseno y tangente**
Pulsa la tecla shift y luego las de seno, coseno o tangente para hallar el inverso (ángulo en grados).

Hallar lados faltantes

DADOS UN ÁNGULO Y LA LONGITUD DE UN LADO DE UN TRIÁNGULO
RECTÁNGULO, SE PUEDEN ENCONTRAR LOS OTROS LADOS.

Las fórmulas de trigonometría se usan para hallar una longitud en un
triángulo rectángulo si conoces un ángulo (distinto del ángulo recto) y otro
de sus lados. Para encontrar el seno, coseno o tangente, usa calculadora.

VER TAMBIÉN

❮ **152–153** ¿Qué es
trigonometría?

Hallar ángulos
faltantes   **156–157** ❯

Fórmulas   **169–171** ❯

¿Cuál fórmula usar?

La fórmula a utilizar depende de qué información conoces. Elige la
fórmula que contenga el lado conocido, así como el lado que debes
encontrar. Por ejemplo, usa la fórmula seno si sabes la longitud de la
hipotenusa y conoces un ángulo que no sea el ángulo recto y la
longitud del lado opuesto al ángulo dado que necesitas encontrar.

▽ **Teclas de la calculadora**
Las teclas muestran los
valores de seno, coseno
y tangente para cualquier
valor que se digite.

esta es la tecla del seno   esta es la tecla del coseno   esta es la tecla de la tangente

$$\text{sen } A = \frac{\text{opuesto}}{\text{hipotenusa}}$$

$$\cos A = \frac{\text{adyacente}}{\text{hipotenusa}}$$

$$\tan A = \frac{\text{opuesto}}{\text{adyacente}}$$

△ **Fórmula del seno**
Usa esta fórmula si tienes un ángulo
y el lado opuesto a él o la hipotenusa.

△ **Fórmula del coseno**
Usa esta fórmula si conoces un ángulo
y el lado adyacente a él o la hipotenusa.

△ **Fórmula de la tangente**
Usa esta fórmula si conoces un ángulo
y un lado opuesto o adyacente a este.

Usar la fórmula del seno

En este triángulo rectángulo, se conoce
un ángulo que no es el ángulo recto,
así como la longitud de la hipotenusa.
Se debe hallar la longitud del lado
opuesto al ángulo.

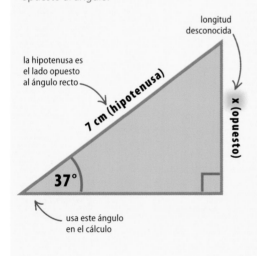

longitud
desconocida

la hipotenusa es
el lado opuesto
al ángulo recto

7 cm (hipotenusa)

x (opuesto)

37°

usa este ángulo
en el cálculo

Elige la fórmula correcta.
Como conoces la hipotenusa
y lo que debes hallar es
el valor para el lado opuesto,
usa la fórmula del seno.

▼

Sustituye los valores conocidos
en la fórmula del seno.

▼

Reordena la fórmula y multiplica
a ambos lados por 7 para que el
valor desconocido (x) sea el sujeto.

▼

Usa una calculadora para hallar el
valor del seno 37° –oprime la tecla
seno y digita 37–.

▼

Redondea el resultado
a un tamaño adecuado.

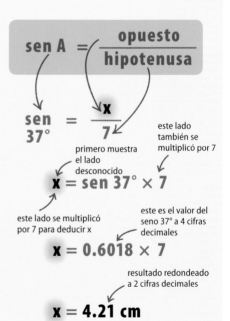

$$\text{sen } A = \frac{\text{opuesto}}{\text{hipotenusa}}$$

$$\text{sen } 37° = \frac{x}{7}$$

este lado
también se
multiplicó por 7

primero muestra
el lado
desconocido

$$x = \text{sen } 37° \times 7$$

este lado se multiplicó
por 7 para deducir x

este es el valor del
seno 37° a 4 cifras
decimales

$$x = 0.6018 \times 7$$

resultado redondeado
a 2 cifras decimales

$$x = 4.21 \text{ cm}$$

Usar la fórmula del coseno

En este triángulo rectángulo, se conoce un ángulo que no es el ángulo recto, así como la longitud del lado adyacente al mismo. La hipotenusa es el lado faltante que debes encontrar.

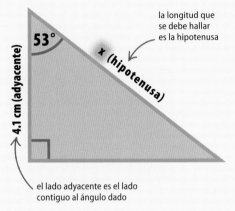

53°

4.1 cm (adyacente)

x (hipotenusa)

la longitud que se debe hallar es la hipotenusa

el lado adyacente es el lado contiguo al ángulo dado

Elige la fórmula correcta. Como conoces el lado adyacente al ángulo y falta el valor de la hipotenusa, usa la fórmula del coseno.

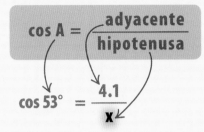

$$\cos A = \frac{\text{adyacente}}{\text{hipotenusa}}$$

Sustituye en la fórmula los valores conocidos.

$$\cos 53° = \frac{4.1}{x}$$

Reordena para que x sea el sujeto de la ecuación. Multiplica a ambos lados por x.

este lado también se multiplicó por x para deducir 4.1

$$\cos 53° \times x = 4.1$$

este lado se multiplicó por x

Divide ambos lados por cos 53° para que x sea el sujeto de la ecuación.

este lado se dividió por cos 53° para deducir x

$$x = \frac{4.1}{\cos 53°}$$

este lado también fue dividido por cos 53°

Usa una calculadora para hallar el valor de cos 53° –oprime la tecla coseno y digita 53–.

$$x = \frac{4.1}{0.6018}$$

el valor de cos 53° se redondea a 4 cifras decimales

Redondea el resultado a un tamaño adecuado.

$$x = 6.81 \text{ cm}$$

respuesta redondeada a 2 cifras decimales

Usar la fórmula de la tangente

En este triángulo se conoce el ángulo distinto al ángulo recto y la longitud del lado adyacente. Halla la longitud del lado opuesto al ángulo.

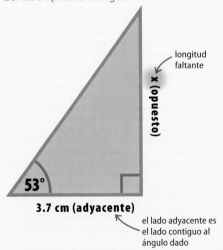

x (opuesto)

longitud faltante

53°

3.7 cm (adyacente)

el lado adyacente es el lado contiguo al ángulo dado

Elige la fórmula correcta. Como conoces el lado adyacente al ángulo y buscas el lado opuesto, usa la fórmula de la tangente.

$$\tan A = \frac{\text{opuesto}}{\text{adyacente}}$$

Sustituye en la fórmula de la tangente los valores conocidos.

$$\tan 53° = \frac{x}{3.7}$$

este lado también se multiplicó por 3.7

Reordena multiplicando ambos a lados por 3.7 para convertir a x en el sujeto.

primero muestra el lado desconocido

$$x = \tan 53° \times 3.7$$

este lado se multiplicó por 3.7 para deducir x

redondea el valor de tan 53° a 4 cifras decimales

Usa una calculadora para hallar el valor de tangente 53° –oprime la tecla tangente y digita 53–.

$$x = 1.3270 \times 3.7$$

Redondea el resultado a un tamaño adecuado.

redondea a dos cifras decimales

$$x = 4.91 \text{ cm}$$

Hallar ángulos faltantes

SI SE CONOCEN LAS LONGITUDES DE DOS LADOS DE UN TRIÁNGULO
RECTÁNGULO, SE PUEDEN ENCONTRAR SUS ÁNGULOS DESCONOCIDOS.

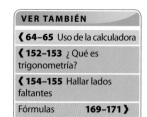

VER TAMBIÉN

❰ **64–65** Uso de la calculadora
❰ **152–153** ¿ Qué es trigonometría?
❰ **154–155** Hallar lados faltantes
Fórmulas **169–171** ❱

Para encontrar los ángulos faltantes en un triángulo rectángulo, usa el seno,
coseno y tangente inversos. Para hallar estos valores usa una calculadora.

¿Cuál fórmula usar?

Elige la fórmula que contenga el par de lados dados en un
ejemplo. Utiliza, por ejemplo, la fórmula del seno si conoces
las longitudes de la hipotenusa y el lado opuesto al ángulo
desconocido, y la fórmula del coseno si conoces las
longitudes de la hipotenusa y el lado contiguo al ángulo.

▽ **Funciones de la calculadora**
Para hallar los valores inversos del seno,
coseno y tangente, oprime shift antes
de seno, coseno o tangente.

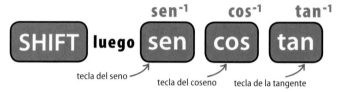

sen^{-1} cos^{-1} tan^{-1}

SHIFT luego **sen** **cos** **tan**

tecla del seno   tecla del coseno   tecla de la tangente

$$sen\ A = \frac{opuesto}{hipotenusa}$$

△ **Fórmula del seno**
Usa la fórmula del seno si conoces las
longitudes de la hipotenusa y el lado
opuesto al ángulo faltante.

$$cos\ A = \frac{adyacente}{hipotenusa}$$

△ **Fórmula del coseno**
Usa la fórmula del coseno si conoces las
longitudes de la hipotenusa y del lado
adyacente al ángulo faltante.

$$tan\ A = \frac{opuesto}{adyacente}$$

△ **Fórmula de la tangente**
Usa la fórmula de la tangente si conoces
las longitudes de los lados opuesto
y adyacente al ángulo faltante.

Usar la fórmula del seno

En este triángulo rectángulo se conocen la hipotenusa y el lado opuesto
a un ángulo. Para encontrar el valor del ángulo A, usa la fórmula del seno.

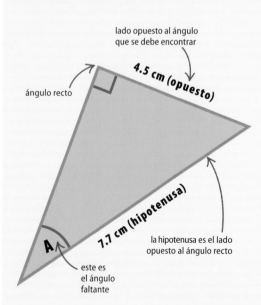

lado opuesto al ángulo
que se debe encontrar

4.5 cm (opuesto)

ángulo recto

7.7 cm (hipotenusa)

la hipotenusa es el lado
opuesto al ángulo recto

A

este es
el ángulo
faltante

Elige la fórmula adecuada.
Como en este ejemplo se
conocen la hipotenusa y el lado
opuesto al ángulo que falta,
A, usa la fórmula del seno.

▽

Sustituye en la fórmula del
seno los valores conocidos.

▽

Calcula el valor del seno A
dividiendo el lado opuesto
por la hipotenusa.

▽

Halla el valor del ángulo
usando la función arcoseno
en la calculadora.

▽

Redondea el resultado
a un valor adecuado.

$$sen\ A = \frac{opuesto}{hipotenusa}$$

$$sen\ A = \frac{4.5}{7.7}$$

redondea el resultado
a 4 cifras decimales

$$sen\ A = 0.5844$$

para el arcoseno,
oprime shift y luego la
tecla seno

$$A = sen^{-1}\ (0.5844)$$

redondea a 2
cifras decimales

$$A = 35.76°$$

Usar la fórmula del coseno

En este triángulo rectángulo se conocen la hipotenusa y el lado adyacente al ángulo A.
Usa la fórmula del coseno para encontrar el valor del ángulo A.

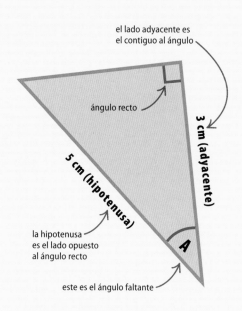

el lado adyacente es
el contiguo al ángulo

ángulo recto

3 cm (adyacente)

5 cm (hipotenusa)

la hipotenusa
es el lado opuesto
al ángulo recto

A

este es el ángulo faltante

Elige la fórmula adecuada.
Como en este ejemplo se
conocen la hipotenusa y el lado
adyacente al ángulo faltante, A,
utiliza la fórmula del coseno.

Sustituye en la fórmula del
coseno los valores conocidos.

Calcula el valor del coseno A
dividiendo el lado adyacente por
la longitud de la hipotenusa.

Encuentra el valor del ángulo
mediante la función coseno inverso
de la calculadora.

Redondea el resultado
a un valor adecuado.

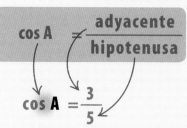

$$\cos A = \frac{\text{adyacente}}{\text{hipotenusa}}$$

$$\cos A = \frac{3}{5}$$

$$\cos A = 0.6$$

para el coseno inverso,
oprime shift y luego la
tecla coseno

$$A = \cos^{-1}(0.6)$$

redondea el
resultado a 2
cifras decimales

$$A = 53.13°$$

Usar la fórmula de la tangente

En este triángulo rectángulo conoces los lados opuestos y adyacentes al ángulo A.
Utiliza la fórmula de la tangente para encontrar el valor del ángulo A.

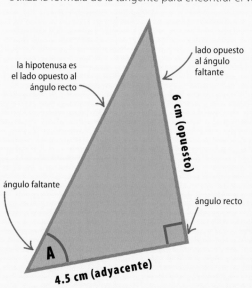

la hipotenusa es
el lado opuesto al
ángulo recto

lado opuesto
al ángulo
faltante

6 cm (opuesto)

ángulo faltante

ángulo recto

A

4.5 cm (adyacente)

Elige la fórmula adecuada.
Como conoces los lados opuesto
y adyacente al ángulo faltante, A,
debes usar la fórmula tangente.

Sustituye en la fórmula de la
tangente los valores conocidos.

Calcula el valor de la tangente
A dividiendo el opuesto
por el adyacente.

Encuentra el valor del ángulo
utilizando la función arcotangente
en una calculadora.

Redondea el resultado
a un valor adecuado.

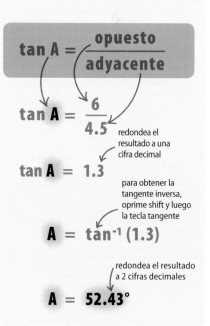

$$\tan A = \frac{\text{opuesto}}{\text{adyacente}}$$

$$\tan A = \frac{6}{4.5}$$

redondea el
resultado a una
cifra decimal

$$\tan A = 1.3$$

para obtener la
tangente inversa,
oprime shift y luego
la tecla tangente

$$A = \tan^{-1}(1.3)$$

redondea el resultado
a 2 cifras decimales

$$A = 52.43°$$

Álgebra

¿Qué es álgebra?

EL ÁLGEBRA ES UNA RAMA DE LAS MATEMÁTICAS EN LA QUE SE USAN LETRAS Y SÍMBOLOS PARA REPRESENTAR NÚMEROS Y RELACIONES ENTRE NÚMEROS.

El álgebra se usa ampliamente en matemáticas y en ciencias como la física, lo mismo que en otras áreas, como la economía. Las fórmulas para resolver una extensa gama de problemas suelen darse en forma algebraica.

Uso de letras y símbolos

El álgebra utiliza letras y símbolos. Las letras suelen representar números y los símbolos representan operaciones, como suma y resta. Esto permite que las relaciones entre las cantidades sean escritas en forma corta y generalizada y evita tener que dar ejemplos concretos individuales con valores reales. Por ejemplo, el volumen de un cuboide se puede escribir como hla (altura × longitud × anchura), permitiendo encontrar el volumen de cualquier cuboide cuando se conozcan sus dimensiones.

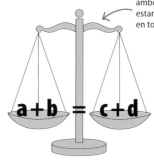

ambos lados deben estar en equilibrio (iguales) en todo momento

◁ **Equilibrio**
Los dos lados de una ecuación deben estar siempre en equilibrio. Por ejemplo, si en la ecuación $a + b = c + d$, se suma un número a un lado, hay que sumarlo al otro lado para mantener la ecuación equilibrada.

TÉRMINOS

Partes de una expresión algebraica que se separan por medio de símbolos para hacer operaciones, como + y -. Un término puede ser un número, una letra o una combinación de ambos.

OPERACIÓN

Procedimiento llevado a cabo con los términos de una expresión algebraica, como suma, resta, multiplicación y división.

VARIABLE

Número o cantidad desconocidos representados por una letra.

EXPRESIÓN
Enunciado escrito en forma algebraica, 2 + b, en el ejemplo anterior. Una expresión puede contener cualquier combinación de números, letras y símbolos (como el signo + para la suma).

△ **Ecuación algebraica**
Una ecuación es una afirmación matemática de que dos cosas son iguales. En este ejemplo, el lado izquierdo (2 + b) es igual al derecho (8).

Álgebra en la vida diaria

Aunque el álgebra, con sus ecuaciones formadas por cadenas de símbolos y letras, puede parecer abstracta, tiene muchas aplicaciones en la vida cotidiana. Por ejemplo, para hallar el área de algo, como una cancha de tenis, se puede usar una ecuación.

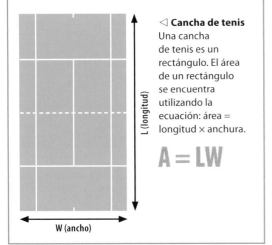

◁ **Cancha de tenis**
Una cancha de tenis es un rectángulo. El área de un rectángulo se encuentra utilizando la ecuación: área = longitud × anchura.

$$A = LW$$

IGUAL
El signo igual significa que los dos lados de la ecuación están en equilibrio entre sí

CONSTANTE
Número cuyo valor siempre es el mismo

EL RESULTADO ES:
b = 6

REGLAS BÁSICAS DEL ÁLGEBRA

Como otras áreas de las matemáticas, el álgebra tiene reglas que hay que seguir para obtener la respuesta correcta. Por ejemplo, una de estas reglas se refiere al orden en el que se deben hacer las operaciones.

Suma y resta

En álgebra los términos se pueden sumar en cualquier orden. Pero, para restarlos, se debe mantener el orden en que fueron dados.

$$a + b = b + a$$

△ **Dos términos**
Para sumar dos términos, se puede empezar con cualquiera de ellos.

$$(a + b) + c = a + (b + c)$$

△ **Tres términos**
Lo mismo que para sumar dos términos, tres términos se pueden sumar en cualquier orden.

Multiplicación y división

En álgebra los términos se pueden multiplicar en cualquier orden, pero al dividir se deben mantener en el orden en que fueron dados.

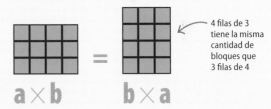

4 filas de 3 tiene la misma cantidad de bloques que 3 filas de 4

$$a \times b = b \times a$$

△ **Dos términos**
Cuando se multiplican dos términos, estos pueden ir en cualquier orden.

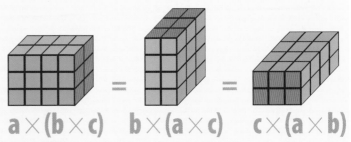

$$a \times (b \times c) = b \times (a \times c) = c \times (a \times b)$$

△ **Tres términos**
La multiplicación de tres términos se puede hacer en cualquier orden.

Secuencias

UNA SECUENCIA ES UNA SERIE DE NÚMEROS ESCRITOS EN FORMA DE LISTA, QUE SIGUEN UN PATRÓN DETERMINADO O "REGLA".

VER TAMBIÉN

❮ **32–35** Potencias y raíces

❮ **160–161** ¿Qué es álgebra?

Trabajo con expresiones **164–165**

Fórmulas **169–171**❯

Cada número en una secuencia se llama "término". El valor de cualquier término se puede resolver mediante la regla que rige la secuencia.

Términos de una secuencia

En una secuencia, el primer número es el primer término, el segundo número es el segundo término y así sucesivamente.

la regla para esta secuencia es que cada término es igual al término anterior más 2

el quinto término es 10

▷ **Secuencia básica**
Para esta secuencia, la regla es que cada término es el término anterior más 2.

el primer término es 2

los puntos indican que la secuencia continúa

$$+2 \quad +2 \quad +2 \quad +2$$

$$2, \quad 4, \quad 6, \quad 8, \quad 10, \ldots$$

1er término 2o término 3er término 4o término 5o término

Encontrar el "enésimo" valor

Se puede encontrar el valor de un término en particular sin tener que escribir la secuencia completa hasta ese punto. Se escribe la regla como expresión y luego se utiliza esta expresión para calcular el término.

▷ **La regla como expresión**
Conocer la expresión, segunda en este ejemplo, ayuda a hallar el valor de cualquier término.

$$2n$$

expresión utilizada para encontrar el valor de un término –n se sustituye por 1 en el primer término, por 2 en el segundo término, y así sucesivamente–

significa $2 \times n$

sustituye 1 por n

$$2n = 2 \times 1 = 2$$

1er término

Para hallar el primer término, sustituye n por 1.

$$2n = 2 \times 2 = 4$$

2o término

Para hallar el segundo término, sustituye n por 2.

$$2n = 2 \times 41 = 82$$

41o término

Para hallar el 41o término, sustituye n por 41.

$$2n = 2 \times 1{,}000 = 2{,}000$$

1,000o término

Para el 1,000o término, sustituye n por 1,000. Aquí el término es 2,000.

En el ejemplo siguiente, la expresión es 4n – 2. Sabiendo esto, se puede mostrar la regla como: cada término es igual al término anterior más 4.

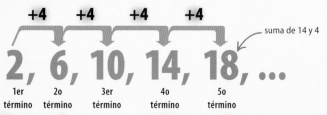

$$+4 \quad +4 \quad +4 \quad +4$$

la expresión aquí es 4 multiplicado por n, menos 2

$$2, \quad 6, \quad 10, \quad 14, \quad 18, \ldots$$

suma de 14 y 4

1er término 2o término 3er término 4o término 5o término

$$4n - 2$$

valor del término

$$4n - 2 = 4 \times 1 - 2 = 2$$

1er término

Para hallar el primer término, sustituye n por 1.

$$4n - 2 = 4 \times 2 - 2 = 6$$

2o término

Para hallar el segundo término, sustituye n por 2.

$$4n - 2 = (4 \times 1{,}000{,}000) - 2 = 3{,}999{,}998$$

1,000,000o término

Para hallar el 1,000,000o término, sustituye n por 1,000,000. Aquí el término es 3,999,998.

SECUENCIAS IMPORTANTES

Algunas secuencias tienen reglas que son un poco más complicadas; sin embargo, pueden ser muy significativas. Dos ejemplos de estas son los números cuadrados y la secuencia de Fibonacci.

Números cuadrados

Para hallar un número cuadrado se multiplica un número entero por sí mismo. Estos números se dibujan como cuadrados con un número entero como longitud de cada lado, que se multiplica por sí mismo para dar el número cuadrado.

el cuadrado tiene lados de 1 unidad de largo

el cuadrado tiene lados de 2 unidades de largo

los lados del cuadrado tienen 3 unidades de largo

los lados del cuadrado tienen 4 unidades de largo

los lados del cuadrado tienen 5 unidades de largo

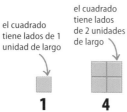

1   **4**   **9**   **16**   **25**

Secuencia de Fibonacci

La secuencia de Fibonacci es ampliamente reconocida y aparece con frecuencia en la naturaleza y en arquitectura. Los dos primeros términos de la secuencia son ambos 1 y después de estos, cada término es la suma de los dos términos que estaban antes de él.

cada número en la secuencia es la suma de dos números anteriores a él

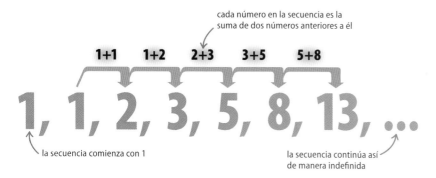

1+1   1+2   2+3   3+5   5+8

1, 1, 2, 3, 5, 8, 13, ...

la secuencia comienza con 1

la secuencia continúa así de manera indefinida

Fibonacci y la naturaleza

En todas partes, incluso en la naturaleza, se encuentra evidencia de la secuencia de Fibonacci. La secuencia forma una espiral (ver abajo): se puede ver en la espiral de una concha (como aquí) o en la disposición de las semillas de un girasol. Lleva el nombre del matemático italiano Leonardo Fibonacci.

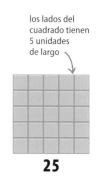

Cómo dibujar una espiral de Fibonacci

Una espiral se puede dibujar usando los números de la secuencia de Fibonacci. Se dibujan cuadrados con lados del largo de cada término de la secuencia, luego, se dibujan curvas que toquen las esquinas opuestas de estos cuadrados.

dibuja un segundo cuadrado por encima del primer cuadrado

el tercer cuadrado tiene lados de 2 unidades de largo y viene a la izquierda de los dos primeros cuadrados

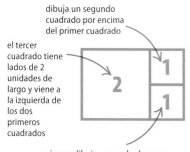

primero dibuja un cuadrado cuyos lados tengan 1 unidad de largo

cada cuadrado nuevo tiene lados que son la longitud total de todos los que vinieron antes

sigue agregando cuadrados en sentido antihorario, de modo que todos encajen entre sí

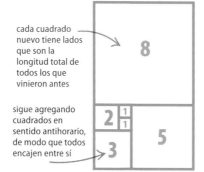

la tendencia mostrada por la línea continúa indefinidamente

para comenzar la secuencia, dibuja curvas que pasen por las esquinas opuestas de los cuadrados

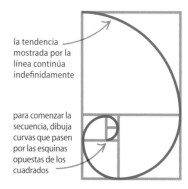

Dibuja un cuadrado con lados de 1 unidad de largo. Luego, haz otro igual encima de él. Al lado de estos, dibuja otro con lados de 2 unidades de largo. Cada cuadrado representa un término de la secuencia.

Sigue dibujando cuadrados que representen los términos de la sucesión de Fibonacci y agrégalos en sentido antihorario. Este diagrama muestra los seis primeros términos de la secuencia.

Por último, traza curvas que toquen las esquinas opuestas de cada cuadrado, comenzando por el centro y trabajando hacia afuera en sentido antihorario. Esta curva es una espiral de Fibonacci.

Trabajo con expresiones

UNA EXPRESIÓN ES UN CONJUNTO DE SÍMBOLOS, COMO "X" Ó "Y", Y
OPERACIONES, COMO "+" Ó "-". TAMBIÉN PUEDE CONTENER NÚMEROS.

VER TAMBIÉN

❮ **160–161**
¿Qué es álgebra?

Fórmulas   **169–171** ❯

Las expresiones son importantes y se producen por doquier en las matemáticas.
Se pueden simplificar a su mínimo de partes para que sean más fáciles de entender.

Términos semejantes en una expresión

Cada parte de una expresión se llama "término" y puede ser un número, un símbolo o un número con
un símbolo. Los términos con los mismos símbolos son "términos semejantes" y se pueden combinar.

x es un símbolo   términos semejantes   + es una operación

$$2x + 2y - 4y + 3x$$

términos semejantes

◁ **Identificar términos semejantes**
Los términos 2x y 3x son semejantes
porque ambos contienen el símbolo x.
Los términos 2y y –4y también son
semejantes porque contienen el símbolo y.

Simplificación de expresiones con suma y resta

Cuando una expresión se compone de una serie de términos que se van a
sumar o a restar, se deben seguir varios pasos importantes para simplificarla.

▷ **Escribe la expresión**
Antes de simplificar la
expresión, escríbela en una
línea de izquierda a derecha.

$$3a - 5b + 6b - 2a + 3b - 7b$$

▷ **Agrupa los términos
semejantes**
Luego, agrupa los términos
semejantes, pero deja las
operaciones como estaban.

$$3a - 2a - 5b + 6b + 3b - 7b$$

términos semejantes   términos semejantes

▷ **Calcula el resultado**
El siguiente paso es calcular
el valor de cada
término semejante.

$3a - 2a = 1a$ → $1a - 3b$ ← $-5b + 6b + 3b - 7b = -3b$

▷ **Simplifica aún más el resultado**
Elimina todos los 1 delante
de los símbolos.

el término 1a siempre
se escribe como a → $a - 3b$

Simplificación de expresiones con multiplicación

Para simplificar una expresión que involucra términos vinculados por signos de multiplicación, primero se deben separar números y símbolos individuales.

las expresiones simplificadas se escriben sin signos de multiplicación

$$6a \times 2b$$

El término 6a significa $6 \times a$, y el término 2b significa $2 \times b$.

$$6 \times a \times 2 \times b$$

Separa la expresión en los números y símbolos individuales involucrados.

$$12 \times ab = \mathbf{12ab}$$

El producto de multiplicar 6 por 2 es 12, y el de multiplicar a y b es ab. La expresión simplificada es 12ab.

Simplificación de expresiones con división

Para simplificar una expresión que implique división, busca cualquier posible cancelación. Esto es, buscar un número o letra por el que se pueda dividir los términos de la expresión.

q^2 significa $q \times q$

esto significa $2 \times q$

$$6pq^2 \div 2q$$

lo mismo que ÷

$$\frac{6 \times p \times q \times q}{2 \times q}$$

divide 6 por 2, dejando 3

divide q por q, dejando 1

$$\frac{3\ \cancel{6} \times p \times q \times \cancel{q}}{\cancel{2} \times \cancel{q}\ 1}$$

divide 2 por 2, dejando 1

divide q por q, dejando 1

3pq dividido por 1 sencillamente es 3pq

$$\frac{3pq}{1} = \mathbf{3pq}$$

Busca cualquier posibilidad de reducir la expresión y hacerla más pequeña y más fácil de entender. Comienza por escribir la división como una fracción.

En este ejemplo, ambos términos se reducen dividiéndolos por 2 y q.

La cancelación, dividiendo cada término, hace la expresión más pequeña.

Sustitución

Si se conoce el valor de cada símbolo en una expresión, por ejemplo, que y = 2, se puede encontrar el valor global de la expresión. Esto se denomina "sustituir" los valores en la expresión o "evaluar" la expresión.

Sustituye los valores en la expresión $\mathbf{2x + 2y - 4y + 3x}$ si

$$x = 1 \quad y \quad y = 2$$

◁ **Sustitución de valores**
La fórmula para el área de un rectángulo es largo × ancho. Al sustituir 5 cm para la longitud y 8 cm para la anchura, se obtiene un área de 5 cm × 8 cm = 40 cm².

L = LARGO

W = ANCHO

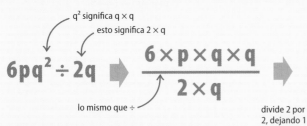

los términos agrupados son más fáciles de sustituir

sustituye 1 por x

el resultado es −7

términos semejantes

$$2x - 2y - 4y + 3x$$

términos semejantes

$$5x - 6y$$

$$5x = 5 \times 1 = 5$$
$$-6y = -6 \times 2 = -12$$

sustituye 2 por y

$$5 - 12 = \mathbf{-7}$$

Agrupa los términos semejantes para simplificar la expresión.

Ahora, simplifica la expresión.

Luego, sustituye los valores dados para x e y.

El resultado final que obtienes es −7.

2(a + 2) Expansión y factorización de expresiones

VER TAMBIÉN

❮ **164–165** Trabajo con expresiones

Expresiones cuadráticas **168** ❯

UNA MISMA EXPRESIÓN SE PUEDE ESCRIBIR DE VARIAS FORMAS: MULTIPLICADA (AMPLIADA) O AGRUPADA EN SUS FACTORES COMUNES (FACTORIZADA).

Cómo ampliar una expresión

La misma expresión se puede escribir en una variedad de formas, dependiendo de cómo se utilizará. Ampliar una expresión supone multiplicar todas sus partes (términos) y escribirla en su totalidad.

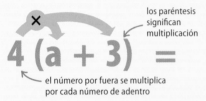

los paréntesis significan multiplicación

el primer término se multiplica por el número

el segundo término se multiplica por el número

$4 \times a = 4a$ $4 \times 3 = 12$

$$4 \ (a + 3) = 4 \times a + 4 \times 3 = 4a + 12$$

el número por fuera se multiplica por cada número de adentro

el signo entre los términos sigue siendo el mismo

Para ampliar una expresión con un número fuera de un paréntesis, multiplícalo por los términos de adentro. El paréntesis indica multiplicación.

Multiplica cada término dentro del paréntesis por el número de afuera. El signo entre los dos términos sigue siendo el mismo.

Simplifica los términos de la expresión en su forma final. Aquí, 4 x a se simplifica a 4a, y 4 x 3 se simplifica a 12.

Ampliación de paréntesis múltiples

Para ampliar una expresión con dos paréntesis, cada parte del primer paréntesis se multiplica por cada parte del segundo. Separa en sus partes el primer paréntesis (azul). Multiplica el segundo paréntesis (amarillo) por la primera parte y luego por la segunda parte del primer paréntesis.

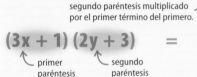

segundo paréntesis multiplicado por el primer término del primero.

$3x \times 2y = 6xy$ $3x \times 3 = 9x$ $1 \times 2y = 2y$ $1 \times 3 = 3$

$$(3x + 1)\ (2y + 3) = 3x(2y + 3) + 1(2y + 3) = 6xy + 9x + 2y + 3$$

primer paréntesis   segundo paréntesis

segundo paréntesis multiplicado por el segundo término del primero

estos signos permanecen

Para ampliar una expresión de dos paréntesis, multiplica todos los términos del segundo por todos los del primero.

Descompón en sus términos el primer paréntesis. Multiplica el segundo paréntesis por cada término.

Simplifica los términos resultantes haciendo cada multiplicación. Los signos siguen siendo los mismos.

Elevar un paréntesis al cuadrado

Elevar un paréntesis al cuadrado sencillamente significa multiplicarlo por sí mismo. Escríbelo como dos paréntesis contiguos y luego multiplícalos para ampliarlos como se hizo arriba.

la multiplicación de un negativo por un positivo da negativo, luego $-3 \times x = -3x$

la multiplicación de dos negativos da positivo, luego $-3x - 3x = 9$

$x \times -3 = -3x$

$x \times x = x^2$

$$(x - 3)^2 = (x - 3)\ (x - 3) = x(x - 3) - 3(x - 3) = x^2 - 3x - 3x + 9 = x^2 - 6x + 9$$

multiplica el segundo paréntesis por la primera parte del primero

el signo sigue siendo el mismo

multiplica el segundo paréntesis por la segunda parte del primero

Para ampliar un paréntesis al cuadrado, primero escribe la expresión como dos paréntesis, uno al lado del otro.

Divide el primer paréntesis en sus términos y multiplica el segundo paréntesis por cada término, uno a la vez.

Simplifica los términos resultantes, multiplicando sus signos correctamente. Suma o resta los términos semejantes (ver págs.164-165).

Cómo factorizar una expresión

Factorizar una expresión es lo contrario de ampliar una expresión. Para hacerlo, busca un factor (número o letra) que todos los términos (partes) de la expresión tengan en común. El factor común se puede poner por fuera del paréntesis que encierra lo que queda de los términos de la expresión.

4 es común tanto a 4b como a 12 (porque ambos son divisibles por 4)

esto es lo mismo que 12

coloca 4 por fuera del paréntesis

los factores restantes van dentro del paréntesis

$4b + 12$

esto significa $4 \times b$

$4 \times b + 4 \times 3$

ni b ni + 3 son comunes a ambas partes; por tanto, van dentro del paréntesis

$4(b + 3)$

el paréntesis indica multiplicación

Para factorizar una expresión, busca cualquier letra o número (factor) que sea común a todas sus partes.

En este caso, 4 es un factor común tanto de 4b como de 12, ya que ambos se pueden dividir por 4. Divide cada parte por 4 para determinar los factores restantes de cada una, que van dentro del paréntesis.

Simplifica la expresión colocando el factor común (4) fuera de un paréntesis. Coloca los otros dos factores dentro del paréntesis.

Factorizar expresiones más complejas

La factorización hace que expresiones complejas, con muchos términos, sean más fáciles de escribir y comprender. Encuentra los factores comunes a todas las partes.

3×3

$3 \times 3 \times x \times x \times y = 9x^2y$

$x \times x$

3×5

$3 \times 5 \times x \times x \times y \times y = 15xy^2$

$x \times y^2$

$y \times y$

$2 \times 3 \times 3 \times x \times y \times y \times y = 18xy^3$

$9x^2y + 15xy^2 + 18xy^3$

todos los 3 términos multiplicados

Para factorizar una expresión, escribe los factores de cada parte, por ejemplo, y^2 es $y \times y$. Luego, busca los números y letras comunes a todos los factores.

factor común de x y x²

factor común de números

$3xy$

factor común de y, y², y y³

Todas las partes de las expresiones contienen las letras x y y, además se pueden factorizar por el número 3. Estos factores se combinan para producir un factor común.

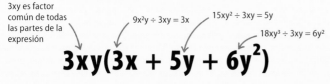

3xy es factor común de todas las partes de la expresión

$9x^2y \div 3xy = 3x$

$15xy^2 \div 3xy = 5y$

$18xy^3 \div 3xy = 6y^2$

$3xy(3x + 5y + 6y^2)$

Coloca el factor común (3xy) fuera de un paréntesis. Dentro de los paréntesis, escribe lo que queda de cada parte al dividirla por él.

MÁS DE CERCA

Factorizar una fórmula

La fórmula para hallar el área de superficie (ver págs.148-149) de una figura se puede resolver a partir de las fórmulas conocidas para las áreas de sus partes. Esta fórmula puede asustar, pero es mucho más fácil de usar si se factoriza.

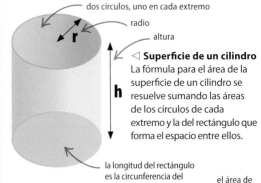

dos círculos, uno en cada extremo

radio

altura

◁ **Superficie de un cilindro**
La fórmula para el área de la superficie de un cilindro se resuelve sumando las áreas de los círculos de cada extremo y la del rectángulo que forma el espacio entre ellos.

la longitud del rectángulo es la circunferencia del círculo (2πr)

el área del rectángulo es longitud (2πr) × altura (h)

$2\pi rh + 2\pi r^2$

el área de un círculo es πr², para 2 círculos es 2πr²

Para encontrar la fórmula para el área de la superficie de un cilindro, suma las fórmulas para las áreas de sus partes.

2πr es común a ambas expresiones

significa multiplicar por

h y r no son comunes a ambos términos, por lo que quedan dentro del paréntesis

$2\pi r (h + r)$

Para que la fórmula sea más fácil de usar, simplifícala identificando un factor común, en este caso 2πr, el cual debes dejar fuera del paréntesis.

Expresiones cuadráticas

UNA EXPRESIÓN CUADRÁTICA CONTIENE UN TÉRMINO DESCONOCIDO (VARIABLE) AL CUADRADO, COMO X^2.

VER TAMBIÉN

❮ **166–167** Expansión y factorización de expresiones

Factorizar expresiones cuadráticas **182–183** ❯

Una expresión es una colección de símbolos, como x y y, y operaciones, como + y−. Una expresión cuadrática normalmente contiene una variable al cuadrado (x^2), un número multiplicado por la misma variable (x) y un número.

¿Qué es una expresión cuadrática?

Una expresión cuadrática se indica generalmente en la forma $ax^2 + bx + c$, donde a es el múltiplo de x^2, b es el múltiplo de x, y c es el número: a, b, y c pueden representar cualquier número positivo o negativo.

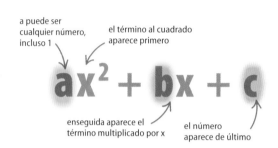

a puede ser cualquier número, incluso 1

el término al cuadrado aparece primero

enseguida aparece el término multiplicado por x

el número aparece de último

◁ **Expresión cuadrática**
La forma estándar de una expresión cuadrática lleva primero un término al cuadrado (x^2), en segundo lugar los términos multiplicados por x, y al final el número.

De paréntesis a expresión cuadrática

Algunas expresiones cuadráticas se pueden factorizar para formar dos expresiones entre paréntesis, cada una con una variable (x) y un número desconocido. A la inversa, la multiplicación de estas expresiones da una expresión cuadrática.

Multiplicar dos expresiones entre paréntesis significa multiplicar cada término de un paréntesis por todos los términos del otro. El resultado final será una expresión cuadrática.

Para multiplicar los grupos, divide uno de los paréntesis en sus términos. Multiplica todos los términos del segundo paréntesis por x y después por el término numérico del primer paréntesis.

La multiplicación de los términos del segundo paréntesis por cada término del primero, da un al cuadrado, dos multiplicados por x, y dos términos numéricos multiplicados entre sí.

Simplifica la expresión mediante la adición de los términos x. Esto significa sumar los números entre paréntesis y multiplicar el resultado por una x por fuera.

Volviendo a la expresión cuadrática original, es posible ver que los términos numéricos se suman para dar b, y se multiplican para dar c.

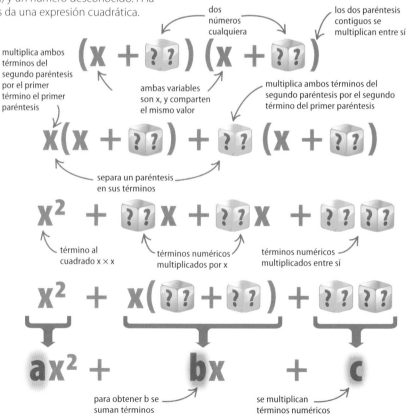

dos números cualquiera

los dos paréntesis contiguos se multiplican entre sí

multiplica ambos términos del segundo paréntesis por el primer término el primer paréntesis

ambas variables son x, y comparten el mismo valor

multiplica ambos términos del segundo paréntesis por el segundo término del primer paréntesis

separa un paréntesis en sus términos

término al cuadrado x × x

términos numéricos multiplicados por x

términos numéricos multiplicados entre sí

para obtener b se suman términos numéricos

se multiplican términos numéricos para obtener c

 # Fórmulas

EN MATEMÁTICAS, UNA FÓRMULA ES UNA "RECETA" PARA ENCONTRAR EL VALOR DE ALGO (EL SUJETO) CUANDO SE CONOCEN OTROS VALORES.

VER TAMBIÉN

❮ **66–67** Finanzas personales

❮ **164–165** Trabajo con expresiones

Solución de ecuaciones **172–173** ❯

Una fórmula suele tener un solo sujeto y un signo igual, junto con una expresión escrita en símbolos, que indica cómo encontrar el sujeto.

Presentación de las fórmulas

La receta que hace una fórmula puede ser sencilla o difícil. Sin embargo, por lo general las fórmulas tienen tres partes básicas: una sola letra al comienzo (sujeto), un signo igual que vincula el sujeto a la receta; y la propia receta, que cuando se utiliza, resuelve el valor del sujeto.

◁ **Área de una cancha de tenis**
Una cancha de tenis es un rectángulo. Su área depende de su longitud (L) y ancho (W).

la receta: para hallar A debes multiplicar la longitud (L) y el ancho (W). LW es lo mismo que L × W.

Esta es la fórmula para hallar el área de un rectángulo cuando se conocen su longitud (L) y ancho (W):

$$A = LW$$

sujeto de la fórmula

signo igual

la receta: para hallar A, debemos multiplicar la longitud (L) y el ancho (W). LW significa lo mismo que L x W.

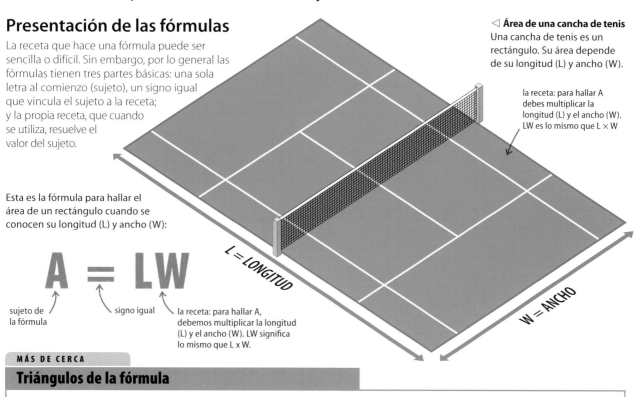

L = LONGITUD

W = ANCHO

MÁS DE CERCA

Triángulos de la fórmula

Las fórmulas se pueden reordenar para que diferentes partes sean el sujeto de la fórmula. Esto es útil si el valor desconocido que se va a encontrar no es el sujeto de la fórmula original; la fórmula se puede reorganizar de manera que lo desconocido se convierta en el sujeto, haciendo más fácil su solución.

área (A) es el sujeto de la fórmula

$$A = L \times W$$

área (A) = longitud (L) multiplicada por ancho (W)

◁ **Reordenamiento sencillo**
Este triángulo muestra las diferentes maneras en que se puede reordenar la fórmula para hallar un rectángulo.

A representa área

L representa longitud

W representa ancho

longitud (L) = área (A) divida por ancho (W)

$$L = \frac{A}{W}$$

longitud (L) es el sujeto de la fórmula

ancho (W) = área (A) dividido por longitud (L)

$$W = \frac{A}{L}$$

ancho (W) es el sujeto de la fórmula

CAMBIO DEL SUJETO DE UNA FÓRMULA

Cambiar el sujeto de una fórmula consiste en mover letras o números (términos) de un lado a otro de la fórmula, aislando un nuevo término. La forma de hacerlo depende de si el término que se mueve es positivo (+c), negativo (-c), o si forma parte de una multiplicación (bc) o división (b/c). Al mover términos, lo que se haga a un lado de la fórmula hay que hacerlo al otro.

Mover un término positivo

coloca −c a la izquierda del signo igual

coloca −c a la derecha del signo igual

anula +c−c porque c − c = 0

una fórmula debe tener un solo símbolo a un lado del signo igual

$$A = b + c$$

$$A - c = b + c - c$$

$$A - c = b + \cancel{c} - \cancel{c}$$

$$A - c = b$$

Para que b sea el sujeto, debes mover +c al otro lado del signo igual.

Agrega −c a ambos lados. Para mover +c, primero se debe agregar su opuesto (−c) a ambos lados de la fórmula para mantenerla equilibrada.

Simplifica la fórmula anulando -c y +c a la derecha, dejando b como sujeto de la fórmula.

Ahora puedes reordenar la fórmula para que quede b = A − c.

Mover un término negativo

coloca +c a la izquierda del signo igual

coloca +c a la derecha del signo igual

anula −c+c porque c − c = 0

una fórmula debe tener un símbolo solo a un lado del signo igual

$$A = b - c$$

$$A + c = b - c + c$$

$$A + c = b - \cancel{c} + \cancel{c}$$

$$A + c = b$$

Para que b sea el sujeto, debes mover −c al otro lado del signo igual.

Agrega +c a ambos lados. Para mover −c, primero debes agregar su opuesto (+c) a ambos lados de la fórmula para mantenerla equilibrada.

Simplifica la fórmula anulando −c y +c a la derecha, dejando b como sujeto de la fórmula.

Ahora puedes reordenar la fórmula para que quede b = A + c.

Mover un término en una multiplicación

bc significa b × c

lleva ÷c (o /c) a la izquierda del signo igual

coloca ÷c (o /c) a la derecha del signo igual

cancela c/c porque c/c es igual a 1

una fórmula debe tener un símbolo solo a un lado del signo igual

$$A = bc$$

$$\frac{A}{c} = \frac{bc}{c}$$

$$\frac{A}{c} = \frac{b\cancel{c}}{\cancel{c}}$$

$$\frac{A}{c} = b$$

En este ejemplo, b se multiplica por c. Para que b sea el sujeto, debes mover ×c al otro lado.

Divide ambos lados por c. Para mover ×c, primero debes poner su opuesto (÷c) en ambos lados de la fórmula.

Simplifica la fórmula cancelando c/c en la derecha, dejando b como sujeto de la fórmula.

Ahora puedes reordenar la fórmula para que quede b = A/c.

Mover un término en una división

b/c significa b ÷ c

coloca ×c a la izquierda del signo igual

coloca ×c a la derecha del signo igual

cancela c/c porque c/c es igual a 1

recuerda que A × c se escribe Ac

una fórmula debe tener un solo símbolo a un lado del signo igual

$$A = \frac{b}{c}$$

$$A \times c = \frac{b \times c}{c}$$

$$A \times c = \frac{b\cancel{c}}{\cancel{c}}$$

$$Ac = b$$

En este ejemplo, b se divide por c. Para que b sea el sujeto, debes mover ÷c al otro lado.

Multiplica ambos lados por c. Para mover ÷c, primero debes poner su opuesto (×c) en ambos lados de la fórmula.

Simplifica la fórmula cancelando c/c en la derecha, dejando b como sujeto de la fórmula.

Ahora puedes reordenar la fórmula para que quede b = Ac.

FÓRMULAS EN ACCIÓN

Para calcular los intereses (cantidad que un banco paga a alguien por el dinero que le haya prestado) que se abonarán en una cuenta bancaria en un determinado período de tiempo, se puede usar una fórmula. La fórmula para esto es: capital (o cantidad de dinero) × tasa de interés × tiempo ÷ 100. Aquí mostramos esta fórmula.

este representa el capital, es decir, el monto de dinero

este representa la tasa de interés

$$I = \dfrac{PRT}{100}$$

este representa el tiempo que se necesita para ganar el interés

este representa el interés

Una cuenta bancaria tiene $500, ganando un interés simple (ver págs. 66-67) del 2% al año. Para saber cuánto tiempo (T) se necesita para ganar intereses de $50, se usa la fórmula anterior. Primero hay que reordenar la fórmula para que T sea el sujeto. Luego se introduce el valor real para calcular T.

▷ **Mueve P**
El primer paso es dividir cada lado de la fórmula por P para moverlo a la izquierda del signo igual.

$$I = \dfrac{PRT}{100} \Rightarrow \dfrac{I}{P} = \dfrac{RT}{100}$$

para mover ×P del lado derecho, divide cada lado de la fórmula por P

recuerda que la división del lado derecho por P da **P**RT/**P**100, pero cancelas las P, dejando **RT/100**

para mover ×R del lado derecho, divide cada lado de la fórmula por R

▷ **Mueve R**
El siguiente paso es dividir cada lado de la fórmula por R para moverlo a la izquierda del signo igual.

$$\dfrac{I}{P} = \dfrac{RT}{100} \Rightarrow \dfrac{I}{PR} = \dfrac{T}{100}$$

recuerda que la división del lado derecho por R da **R**T/**R**100, pero cancelas las R, dejando **T/100**

recuerda que al multiplicar el lado derecho por 100 da 100T/100, pero cancelas los 100, dejando sólo T

para mover 100 del lado derecho, multiplica cada lado de la fórmula por 100

▷ **Mueve 100**
Luego multiplica cada lado de la fórmula por 100 para moverlo a la izquierda del signo igual.

$$\dfrac{I}{PR} = \dfrac{T}{100} \Rightarrow \dfrac{I\,100}{PR} = T \Rightarrow T = \dfrac{I\,100}{PR}$$

▷ **Pon en valores reales**
Pon los valores reales de I ($50), P ($500), y R (2%), para hallar el valor de T (el tiempo que se necesitará para ganar intereses de $50).

el interés (I) es $50

el tiempo (T) para ganar un interés de $50 es 5 años

$$T = \dfrac{I\,100}{PR} \Rightarrow \dfrac{50 \times 100}{500 \times 0.02} = 5\ \text{años}$$

el capital (P) es $500

la tasa de interés (R) es 2%, escrita en decimales como 0.02

Solución de ecuaciones

UNA ECUACIÓN ES UN ENUNCIADO MATEMÁTICO
QUE CONTIENE UN SIGNO IGUAL.

Para obtener el valor de una variable desconocida,
como x ó y, debes reordenar las ecuaciones.

Ecuaciones simples

Las ecuaciones se pueden reordenar para encontrar el valor
de un número desconocido, o variable. Una variable es
representada por una letra, como x ó y. Cualquier acción que
se haga en un lado de una ecuación, también debe hacerse
en el otro lado, para que ambas partes sigan siendo iguales.

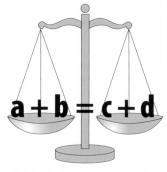

$$a + b = c + d$$

◁ **Equilibrio**
En una ecuación, las expresiones a ambos lados del signo igual siempre son iguales.

Lado izquierdo   Lado derecho

Para encontrar el valor de x, debes
reordenar la ecuación para que x quede
solo en un lado de la ecuación.

para deshacerte de este 2, también debes quitar 2 en el otro lado

variable

esta expresión tiene el mismo valor que la expresión al otro lado del signo igual

$$2 + x = 8$$

Los cambios que haces a un lado de la
ecuación también los debes hacer en el
otro. Para aislar x, resta 2 a ambos lados.

resta 2 en este lado

como 2 se restó del otro lado, también debes restar 2 de este lado

$$2 + x - 2 = 8 - 2$$

Simplifica la ecuación anulando el +2
y −2 en el lado izquierdo. Esto deja x solo
a la izquierda.

anula +2 y −2, lo cual da 0

$$\cancel{2} + x \cancel{- 2} = 8 - 2$$

Una vez que x es el sujeto de la
ecuación, resuelves la parte derecha de
la ecuación para obtener el valor de x.

x es ahora el sujeto de la ecuación

$$x = 6$$

al resolver la parte derecha de la ecuación (8 − 2) obtienes el valor de x (6)

MÁS DE CERCA

Creación de una ecuación

Para explicar situaciones rutinarias, se pueden crear
ecuaciones. Por ejemplo, una empresa de taxis cobra $30
para recoger a un cliente, y $10 por kilómetro recorrido.
Esto se puede escribir como una ecuación.

costo de recogerlo

costo por kilómetro multiplicado por distancia

$$c = 3 + 10d$$

costo total del viaje

Si un cliente paga $105 por un viaje, puedes usar la ecuación
para calcular qué distancia recorrió el cliente.

costo total del viaje   costo por kilómetro multiplicado por distancia

$$105 = 30 + 10d$$

costo de recogerlo

Sustituye en la ecuación
el costo del viaje.

se quitó 30 de este lado

$$75 = 10d$$

se quitó 30 de este lado

Reordena la ecuación
−resta 3 de ambos lados−.

divide este lado por 10

$$7\frac{1}{2}\,km = d$$

para deshacerte de 10 en 10d, divide ambos lados por 10

Para hallar la distancia
recorrida, divide ambos
lados por 10.

ECUACIONES MÁS COMPLICADAS

Las ecuaciones más complejas se reordenan en la misma forma que las ecuaciones simples
–cualquier cosa hecha para simplificar un lado de la ecuación, también se debe hacer
en el otro lado, de modo que ambos lados de la ecuación se mantengan iguales–.
El resultado de la ecuación será el mismo, no importa dónde se haya iniciado su reorganización.

Ejemplo 1

Como esta ecuación tiene términos numéricos
y desconocidos (incógnitas) en ambos lados,
debes reordenarla varias veces para resolverla.

Primero, reordena los términos numéricos.
Para quitar el –9 del lado derecho, agrega
9 a ambos lados de la ecuación.

Luego, reordena de manera que las a queden
en el lado opuesto al número. Esto se hace
restando 2a de ambos lados.

Reordena de nuevo para que a sea el único
sujeto de la ecuación. Como la ecuación
contiene 3a, divide toda la ecuación por 3.

El sujeto de la ecuación, a, ahora está solo en
el lado derecho de la ecuación y sólo hay un
número en el otro lado.

Invierte la ecuación para que muestre
primero la variable desconocida (a). Esto no
afecta el significado de la ecuación, ya que
ambos lados son iguales.

Ejemplo 2

Como esta ecuación tiene términos numéricos
e incógnitas en ambos lados, debes reordenarla
varias veces para resolverla.

Primero, reordena los términos numéricos.
Resta 4 a ambos lados de la ecuación, de
modo que sólo queden números en un lado.

Luego, reordena la ecuación para que la variable
desconocida (incógnita) quede en el lado opuesto
al número; para ello agrega 2a a ambos lados.

Por último, divide cada lado por 8 para que
a sea el sujeto de la ecuación y encontrar la
solución de la ecuación.

término numérico — a aparece en ambos lados de la ecuación — en ambos lados hay términos numéricos

$$3 + 2a = 5a - 9$$

suma 9 a 3 — suma 9 a –9, lo que da 0 y se aísla 5a

$$12 + 2a = 5a$$

2a – 2a = 0, dejando 12 solo — 5a –2a = 3a

$$12 = 3a$$

para aislar a debes dividir el lado derecho por 3, pero también debes dividir el lado izquierdo por 3 para mantener la igualdad de ambos lados — divide 3a por 3 para que a quede solo

$$\frac{12}{3} = \frac{3a}{3}$$

12 ÷ 3 = 4, que es el valor de a — ahora a es el sujeto, aislado solo a un lado de la ecuación

$$4 = a$$

coloca primero la variable — esta es la solución de la ecuación: da el valor de la variable (a)

$$a = 4$$

en ambos lados hay términos numéricos — en ambos lados hay términos que incluyen la incógnita a

$$6a + 4 = 5 - 2a$$

4 – 4 = 0, luego 6a queda solo — a 5 quítales 4, dejando 1

$$6a = 1 - 2a$$

6a + 2a = 8a — –2a + 2a = 0, por lo que 1 queda solo

$$8a = 1$$

divide 8a por 8 para que a quede solo en el lado izquierdo de la ecuación — como dividiste el lado izquierdo por 8 para aislar a, debes dividir también el lado derecho por 8 para que ambos lados queden iguales

$$a = \frac{1}{8}$$

Gráficas lineales

LAS GRÁFICAS SON UNA FORMA DE REPRESENTAR UNA ECUACIÓN.
UNA ECUACIÓN LINEAL SIEMPRE TIENE UNA LÍNEA RECTA.

VER TAMBIÉN

❮ **82–85** Coordenadas
❮ **172–173** Solución
de ecuaciones
Gráficas
cuadráticas   **186–189** ❯

Gráficas de ecuaciones lineales

Una ecuación lineal es aquella que no contiene una variable al cuadrado como x^2, ni una variable de mayor potencia, como x^3. Las ecuaciones lineales se pueden representar mediante gráficas de líneas rectas, donde la línea pasa a través de coordenadas que satisfacen la ecuación. Por ejemplo, uno de los conjuntos de coordenadas de $y = x + 5$ es $(1, 6)$, ya que $6 = 1 + 5$.

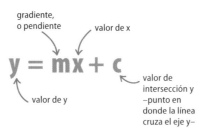

$$y = mx + c$$

gradiente, o pendiente · valor de x · valor de intersección y –punto en donde la línea cruza el eje y– · valor de y

△ **Ecuación de una línea recta**
Todas las líneas rectas tienen una ecuación. El valor de m es el gradiente (o pendiente) de la línea, y c es donde corta el eje y.

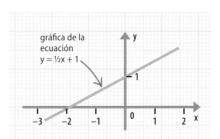

gráfica de la ecuación $y = \frac{1}{2}x + 1$

△ **Una gráfica lineal**
La gráfica de una ecuación es un conjunto de puntos con coordenadas que satisfacen la ecuación.

Hallar la ecuación de una línea

Para encontrar la ecuación de una línea, usa la gráfica para hallar su gradiente e intersección y. Luego, sustitúyelos en la ecuación de una línea recta, $y = mx + c$.

Para hallar el gradiente de la línea (m), dibuja líneas a partir de una sección de ella, como se muestra abajo. Divide la distancia vertical por la horizontal –el resultado es el gradiente–.

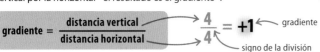

$$\text{gradiente} = \frac{\text{distancia vertical}}{\text{distancia horizontal}}$$

$$\frac{4}{4} = +1$$

gradiente · signo de la división

Para hallar la intersección y, mira la gráfica y encuentra del punto donde la línea cruza el eje y. Esta es la intersección y, y es c en la ecuación.

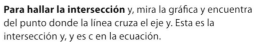

intersección y = **+4**

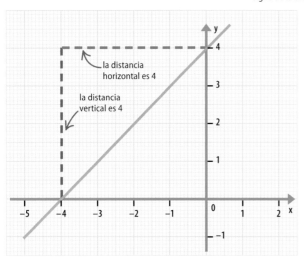

la distancia horizontal es 4

la distancia vertical es 4

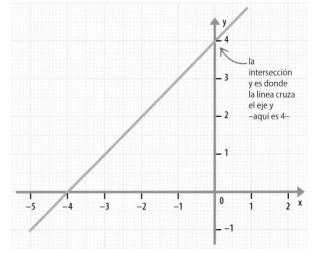

la intersección y es donde la línea cruza el eje y –aquí es 4–

Por último, sustituye en la ecuación de la línea los valores que se han encontrado en la gráfica. Esto da la ecuación para la línea que se muestra arriba.

el gradiente es +1 · la intersección y es 4 · 1x se simplifica a x

$$y = mx + c \quad \Rightarrow \quad y = x + 4$$

Gradientes (pendientes) positivos

Las líneas que se inclinan en forma ascendente, de izquierda a derecha, tienen gradientes positivos. La ecuación de una recta con gradiente positivo se puede resolver a partir de su gráfica.

Halla el gradiente de la línea. Selecciona una sección de ella y traza a partir de ella líneas horizontales (verdes) y verticales (rojas) que se crucen. Cuenta las unidades que cubre cada nueva línea. Divide la distancia vertical por la horizontal.

$$\text{gradiente} = \frac{\text{distancia vertical}}{\text{distancia horizontal}} = \frac{6}{3} = +2$$

el + indica que la línea se inclina hacia arriba, de izquierda a derecha

En la gráfica puedes leer fácilmente la intersección y: es el punto donde la línea cruza el eje y.

$$\text{intersección } y = +1$$

Para hallar la ecuación de la línea dada, sustituye los valores del gradiente y la intersección y en la ecuación de una línea.

el gradiente es +2

la intersección y es 1

intersección y

gradiente

$$y = mx + c \implies y = 2x + 1$$

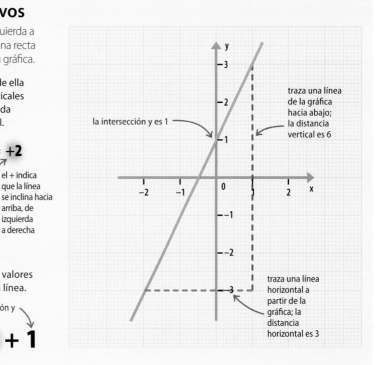

la intersección y es 1

traza una línea de la gráfica hacia abajo; la distancia vertical es 6

traza una línea horizontal a partir de la gráfica; la distancia horizontal es 3

Gradientes negativos

Las líneas que se inclinan hacia abajo, de izquierda a derecha, tienen gradientes negativos. La ecuación de estas líneas se puede resolver de la misma forma que para una línea con gradiente positivo.

Halla el gradiente de la línea. Selecciona una sección de ella y traza a partir de ella líneas horizontales (verdes) y verticales (rojas) que se crucen. Cuenta las unidades que cubre cada nueva línea, luego, divide la distancia vertical por la horizontal.

$$\text{gradiente} = \frac{\text{distancia vertical}}{\text{distancia horizontal}} = \frac{4}{1} = 4 \implies -4$$

el – indica que la línea desciende de izquierda a derecha

En la gráfica puedes leer fácilmente la intersección y: es el punto donde la línea cruza el eje y.

$$\text{intersección } y = -4$$

Para hallar la ecuación de la línea dada, sustituye los valores del gradiente y la intersección y en la ecuación de una línea.

el gradiente es –4

la intersección y es –4

intersección y

gradiente

$$y = mx + c \implies y = -4x - 4$$

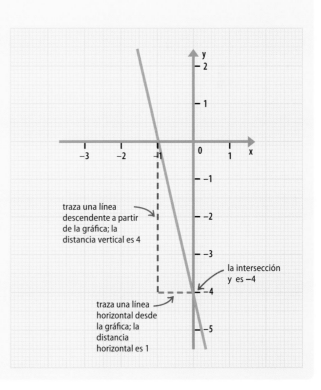

traza una línea descendente a partir de la gráfica; la distancia vertical es 4

la intersección y es –4

traza una línea horizontal desde la gráfica; la distancia horizontal es 1

Cómo dibujar una gráfica lineal

La gráfica de una ecuación lineal se puede dibujar tomando diferentes grupos de valores para x y y, que luego se ubican en un par de ejes. Los valores de x se miden a lo largo del eje x; los valores de y a lo largo del eje y.

▷ **La ecuación**

Esto muestra que cada uno de los valores de y para esta ecuación doblará en tamaño a cada uno de los valores de x.

esto significa 2 multiplicado por x

$$y = 2x$$

primero, elige algunos valores posibles de x

x	y =2x
1	2
2	4
3	6
4	8

luego dobla cada valor de x para hallar los valores correspondientes de y

Primero, escoge algunos posibles valores de x; los números menores de 10 son más fáciles de trabajar. Usa una tabla para hallar los valores correspondientes de y. Coloca los valores x en la primera columna; luego, multiplica cada número por 2 para encontrar los valores correspondientes para y.

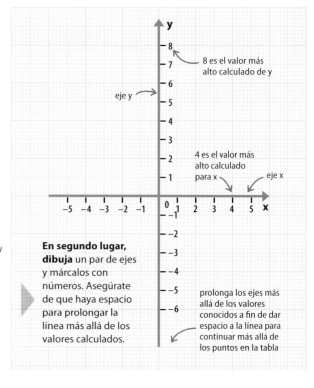

8 es el valor más alto calculado de y

eje y

4 es el valor más alto calculado para x

eje x

En segundo lugar, dibuja un par de ejes y márcalos con números. Asegúrate de que haya espacio para prolongar la línea más allá de los valores calculados.

prolonga los ejes más allá de los valores conocidos a fin de dar espacio a la línea para continuar más allá de los puntos en la tabla

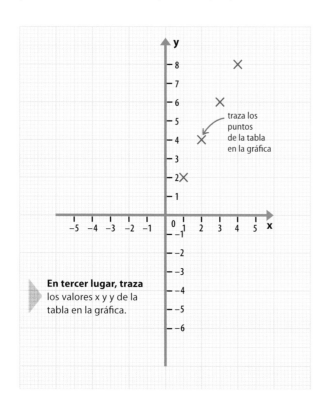

traza los puntos de la tabla en la gráfica

En tercer lugar, traza los valores x y y de la tabla en la gráfica.

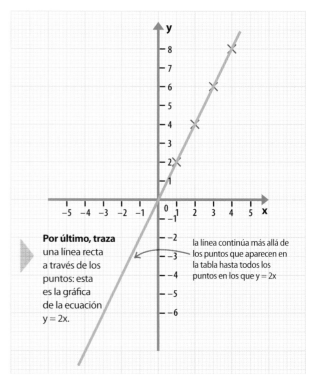

Por último, traza una línea recta a través de los puntos: esta es la gráfica de la ecuación y = 2x.

la línea continúa más allá de los puntos que aparecen en la tabla hasta todos los puntos en los que y = 2x

Gráfica con pendiente descendente

Las gráficas de ecuaciones lineales se pueden inclinar hacia abajo o hacia arriba, de izquierda a derecha. Las gráficas con pendiente descendente tienen un gradiente negativo; aquellas con pendiente ascendente tienen un gradiente positivo.

Esta ecuación contiene el término –2x. La gráfica se inclinará hacia abajo pues x se multiplica por un número negativo (–2).

esto significa x multiplicado por –2

$$y = -2x + 1$$

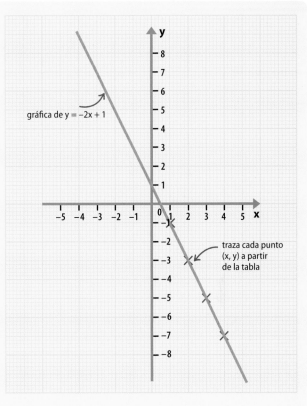

gráfica de y = –2x + 1

traza cada punto (x, y) a partir de la tabla

Usa una tabla para hallar algunos valores de x y y. Esta ecuación es más compleja que la anterior, así que agrega más columnas a la tabla: -2x ,1. Calcula cada uno de estos valores y súmalos para encontrar y. Ten en cuenta los signos negativos delante de los números.

escribe algunos valores posibles de x

x	–2x	+1	y=−2x+1
1	–2	+1	–1
2	–4	+1	–3
3	–6	+1	–5
4	–8	+1	–7

encuentra los valores correspondientes para y sumando las partes de la ecuación

valores de x multiplicados por –2

+1 es constante

Gráfica de conversión de temperatura

Una gráfica lineal se puede usar para ilustrar la conversión entre los dos principales métodos de medición de temperatura -Fahrenheit y Celsius-. Para convertir cualquier temperatura de Fahrenheit a Celsius, comienza desde la posición de la temperatura Fahrenheit en el eje y, lee horizontalmente a lo largo de la línea, y luego verticalmente hacia abajo en el eje x para hallar el valor en grados Celsius.

°F	°C
32.0	0
50.0	10

△ **Conversión de temperatura**
Dos conjuntos de valores de Fahrenheit (F) y Celsius (C) darán toda la información necesaria para dibujar la gráfica de conversión.

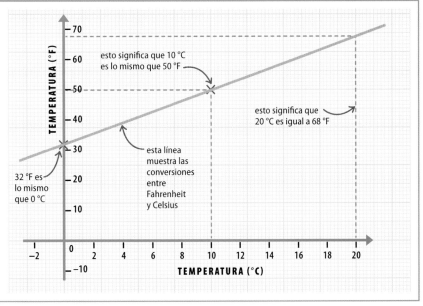

esto significa que 10 °C es lo mismo que 50 °F

esto significa que 20 °C es igual a 68 °F

esta línea muestra las conversiones entre Fahrenheit y Celsius

32 °F es lo mismo que 0 °C

Ecuaciones simultáneas

LAS ECUACIONES SIMULTÁNEAS SON PARES DE ECUACIONES CON LAS
MISMAS VARIABLES DESCONOCIDAS, QUE SE RESUELVEN EN CONJUNTO.

VER TAMBIÉN

❮ **164–165** Trabajo con expresiones

❮ **169–171** Fórmulas

Resolver ecuaciones simultáneas

Las ecuaciones simultáneas son pares de ecuaciones que
contienen las mismas variables y se resuelven en conjunto. Hay
tres maneras de resolver ecuaciones simultáneas: eliminación,
sustitución y método gráfico; todas dan el mismo resultado.

ambas ecuaciones
contienen la variable x

ambas ecuaciones contienen la variable y

$$3x - 5y = 4$$
$$4x + 5y = 17$$

◁ **Un par de ecuaciones**
Ambas ecuaciones
simultáneas contienen
las variables x y y.

Solución por eliminación

Haz que los términos x ó y queden iguales en ambas ecuaciones, luego
súmalos o réstalos para eliminar esa variable. La ecuación resultante
encuentra el valor de una variable, que luego utilizas para hallar la otra.

▷ **Par de ecuaciones**
Resuelve estas
ecuaciones
simultáneas con el
método de eliminación.

$$10x + 3y = 2$$
$$2x + 2y = 6$$

Multiplica o divide una de las
ecuaciones para hacer que una
variable sea igual a la de la otra
ecuación. Aquí, la segunda ecuación
se multiplica por 5 para que los
términos x sean iguales.

la segunda ecuación
se multiplica por 5

la primera ecuación
queda como es

$$10x + 3y = 2$$

×5

$$2x + 2y = 6 \qquad 10x + 10y = 30$$

esta es la segunda ecuación

ahora el término x es el mismo
que en la primera ecuación

multiplica la segunda
ecuación por 5, por
lo que ahora ambas
ecuaciones tienen el
mismo valor de x (10x)

Luego, suma o resta cada conjunto
de términos de la segunda ecuación
o de cada conjunto de la primera para
eliminar los términos que coinciden.
Puedes resolver la nueva ecuación.
Aquí, restas la segunda ecuación
de la primera, y reordenas las variables
restantes para aislar y.

esto eliminará los términos x

$$10x - 10x + 3y - 10y = 2 - 30$$

resta los términos
numéricos el
uno del otro, así
como los términos
desconocidos

como 10x − 10x = 0,
eliminas los términos x

$$-7y = -28$$

divides este lado
por −7 para aislar y

$$y = \frac{-28}{-7}$$

también debes dividir
este lado por −7

$$y = 4$$

esto da el valor de y

Elige una de las dos ecuaciones
originales –no importa cuál– y ponle el
valor de y que acabas de encontrar. Esto
elimina la variable y de la ecuación,
dejando sólo la variable x. Reordenar la
ecuación significa que puedes resolverla
y que puedes hallar el valor de x.

$$2x + 2y = 6$$

has elegido la
segunda ecuación

$$2x + (2 \times 4) = 6$$

ya sabes que y =
4 luego 2y = 8

$$2x + 8 = 6$$

$2 \times 4 = 8$

resta 8 de este
lado para aislar 2x

$$2x = -2$$

resta 8 de este
lado: 6 − 8 = −2

divide este lado
por 2 para aislar x

$$\frac{2x}{2} = \frac{-2}{2}$$

también debes dividir
por 2 este lado

$$x = -1$$

este es el valor de x

Has encontrado las dos variables
desconocidas, que son las soluciones
al par de ecuaciones originales.

$$x = -1 \qquad y = 4$$

Solución por sustitución

Para usar este método, reordena una de las dos ecuaciones para que los valores desconocidos (variables incógnitas), queden en distintos lados de la ecuación; luego sustituye esta ecuación reordenada en otra ecuación. Como la nueva ecuación combinada contiene sólo una incógnita, la puedes resolver. Al sustituir el nuevo valor en una de las ecuaciones, también puedes hallar la ótra variable. Las ecuaciones que no se pueden resolver por eliminación, generalmente se resuelven por sustitución.

▷ **Par de ecuaciones**
Resuelve este par de ecuaciones simultáneas usando el método de sustitución.

$$x + 2y = 7$$
$$4x - 3y = 6$$

Elige una de las ecuaciones y reordénala de manera que una de las dos incógnitas sea el sujeto. Aquí, x se convierte en el sujeto al restar 2y de ambos lados de la ecuación.

elige una de las ecuaciones; esta es la primera ecuación

$$x + 2y = 7$$

convierte a x en el sujeto, restando 2y a ambos lados de la ecuacion → $$x = 7 - 2y$$

debes restar 2y a ambos lados de la ecuación

Luego, sustituye en la otra ecuación la expresión que has encontrado para esa variable (x = 7-2y). Esto deja sólo una incógnita en la ecuación recién formada. Reordena esta nueva ecuación para aislar y encontrar el valor de y.

sustituye la expresión que hallaste para x en el paso anterior

$$4x - 3y = 6$$ ← toma la otra ecuación

$$4 (7 - 2y) - 3y = 6$$ ← puedes resolver esta ecuación, ya que ahora sólo tiene una incógnita

$$28 - 8y - 3y = 6$$

multiplica los paréntesis de arriba: 4 × 7 = 28, 4 × -2y = -8y

$$28 - 11y = 6$$ ← simplifica los dos términos y: -8y -3y = -11y

resta 28 de este lado para aislar el término y

$$-11y = -22$$ ← también debes restar 28 de este lado: 6 -28 = -22

$$\frac{-11y}{-11} = \frac{-22}{-11}$$ ← también debes dividir este lado por -11

divide este lado por -11 para aislar y (-11y ÷ -11 = y)

$$y = 2$$ ← este es el valor de y

Sustituye en cualquiera de las ecuaciones originales el valor de y que acabas de encontrar. Reorganiza esta ecuación para aislar x y encontrar su valor.

elige una de las ecuaciones; esta es la primera

$$x + 2y = 7$$

$$x + (2 \times 2) = 7$$ ← tomando y = 2, 2y es 2 × 2 = 4

$$x + 4 = 7$$

resuelve los términos entre paréntesis: 2 × 2 = 4

$$x = 3$$ ← como restaste 4 al otro lado de la ecuación, también lo debes restar a este lado: 7 - 4 = 3

resta 4 de este lado para aislar x

Has encontrado las dos incógnitas, que son las soluciones al par de ecuaciones originales.

$$x = 3 \qquad y = 2$$

Resolver ecuaciones simultáneas con gráficos

Las ecuaciones simultáneas se pueden resolver reordenando cada ecuación de forma que se exprese en términos de y. Se usa una tabla para encontrar series de coordenadas x y y para cada ecuación y se trazan las gráficas. La solución está en las coordenadas del punto donde se intersecan las gráficas.

▷ **Un par de ecuaciones**
Este par de ecuaciones simultáneas se puede resolver mediante una gráfica. Cada ecuación está representada por una línea en la gráfica.

en ambas ecuaciones hay términos y

$$2x + y = 7$$
$$-3x + 3y = 9$$

en ambas ecuaciones hay términos x

Para aislar y en la primera ecuación, reordena la ecuación de modo que y quede solo a un lado del signo igual. Aquí, haces esto restando 2x a ambos lados de la ecuación.

2x + y = 7 es la primera ecuación

$$2x + y = 7$$

también debes sumar 2x a este lado de la ecuación

sumaste −2x a este lado para anular el 2x y aislar y

$$y = 7 - 2x$$

Para aislar y en la segunda ecuación, reordena la ecuación de modo que y quede solo a un lado del signo igual. Aquí, haces esto sumando primero 3x a ambos lados y dividiendo después ambos lados por 3.

−3x + 3y = 9 es la segunda ecuación

$$-3x + 3y = 9$$

también debes sumar 3x a este lado

sumaste 3x a este lado de la ecuación para anular −3x; esto aisla 3y

$$3y = 9 + 3x$$

divide toda la ecuación por 3 para aislar y

$$y = 3 + x$$

3y ÷ 3 = 3   9 ÷ 3 = 3   3x ÷ 3 = x

Halla los valores correspondientes a x y y para la primera ecuación reordenada, usando una tabla. Elige un conjunto de valores de x que sean cercanos a cero; luego, utiliza la tabla para calcular los valores de y.

el 7 no depende de x

elige un conjunto de valores para x que se aproximen a 0

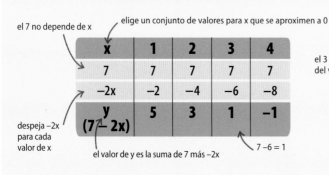

x	1	2	3	4
7	7	7	7	7
−2x	−2	−4	−6	−8
y (7 − 2x)	5	3	1	−1

despeja −2x para cada valor de x

el valor de y es la suma de 7 más −2x

7 −6 = 1

Halla los valores correspondientes a x y y para la segunda ecuación reordenada, usando una tabla. Elige el mismo conjunto de valores de x que usaste para la otra tabla; luego, usa la tabla para calcular los valores de y.

elige los mismos valores de x que hay en la otra tabla

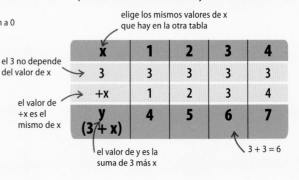

x	1	2	3	4
3	3	3	3	3
+x	1	2	3	4
y (3 + x)	4	5	6	7

el 3 no depende del valor de x

el valor de +x es el mismo de x

el valor de y es la suma de 3 más x

3 + 3 = 6

Dibuja un par de ejes y traza los dos conjuntos de valores de x y y. Une cada conjunto de puntos con una línea recta, prolongando la línea más allá de donde están los puntos. Si el par de ecuaciones simultáneas tiene solución, las dos líneas se cruzarán.

MÁS DE CERCA

Ecuaciones simultáneas insolubles

A veces un par de ecuaciones simultáneas no tiene una solución. Por ejemplo, las gráficas de las dos ecuaciones $x + y = 1$ y $x + y = 2$ siempre son equidistantes entre sí (paralelas) y, como no se cruzan, no hay solución para este par de ecuaciones.

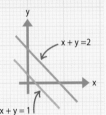

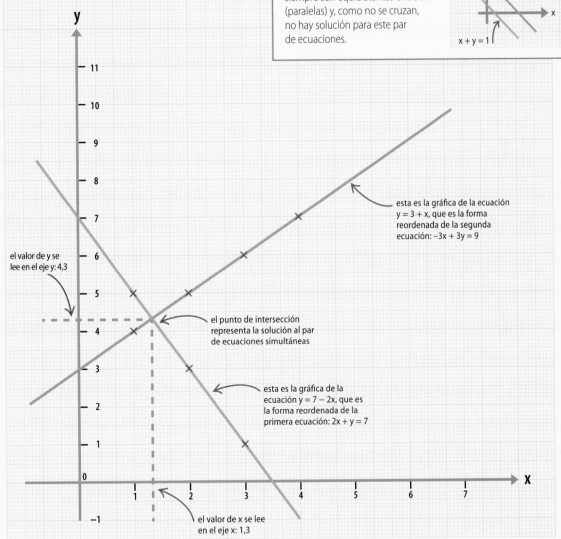

el valor de y se lee en el eje y: 4,3

esta es la gráfica de la ecuación $y = 3 + x$, que es la forma reordenada de la segunda ecuación: $-3x + 3y = 9$

el punto de intersección representa la solución al par de ecuaciones simultáneas

esta es la gráfica de la ecuación $y = 7 - 2x$, que es la forma reordenada de la primera ecuación: $2x + y = 7$

el valor de x se lee en el eje x: 1,3

La solución al par de ecuaciones simultáneas está en las coordenadas del punto donde las dos líneas se cruzan. Lee a partir de este punto hacia abajo hasta el eje x, y horizontalmente hasta el eje y, para hallar los valores de la solución.

$$x = 1.3 \qquad y = 4.3$$

Factorizar ecuaciones cuadráticas

ALGUNAS ECUACIONES CUADRÁTICAS (ECUACIONES DE LA FORMA
$AX^2 + BX + C = 0$) SE PUEDEN RESOLVER MEDIANTE FACTORIZACIÓN.

Factorización cuadrática

Es el proceso de encontrar términos que, multiplicados entre sí, formen uno nuevo. Una ecuación cuadrática (de segundo grado) se factoriza reordenándola en dos partes entre paréntesis, cada una con una variable y un número. Para hallar los valores que se encuentran dentro de los paréntesis, utiliza las reglas de multiplicación de paréntesis (ver pág. 168). Estas dicen que los números se suman entre sí para obtener b y se multiplican entre sí para obtener c de la ecuación cuadrática original.

VER TAMBIÉN

❮ **168** Expresiones cuadráticas

La fórmula cuadrática **184–185** ❯

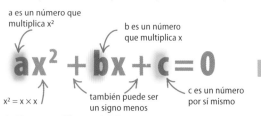

los paréntesis contiguos se multiplican entre sí

estos dos números desconocidos suman para dar b y se multiplican para dar c de la ecuación original

a es un número que multiplica x^2

b es un número que multiplica x

$x^2 = x \times x$

también puede ser un signo menos

c es un número por sí mismo

△ **Una ecuación cuadrática**
Todas las ecuaciones cuadráticas tienen un término al cuadrado (x^2), un término que se multiplica por x y un término numérico. Las letras a, b, y c representan distintos números.

△ **Dos paréntesis**
Una ecuación cuadrática se puede factorizar como dos paréntesis, cada uno con una x y un número. Multiplicados, dan el resultado de la ecuación.

Solución de ecuaciones cuadráticas simples

Para factorizar ecuaciones cuadráticas, primero encuentra los términos numéricos que faltan en los paréntesis. Luego resuelve cada paréntesis por separado.

Para resolver una ecuación de segundo grado (cuadrática), primero observa sus términos b y c. Al sumar los términos en los dos paréntesis deberán dar b (6 en este caso) y al multiplicarlos darán c (8 en este caso).

Dibuja una tabla para encontrar los términos desconocidos. En la primera columna, relaciona las posibles combinaciones de números que multiplicados den el valor de c (8). En la segunda columna, suma estos términos para ver si dan b (6).

Introduce los factores en los paréntesis después de los términos x. Como los dos paréntesis multiplicados entre sí son iguales a la expresión original, se pueden ordenar para que sean iguales a 0.

Para que los grupos en paréntesis multiplicados den 0, su valor debe ser 0. Deja cada paréntesis igual a 0 y resuelve. Los valores resultantes son las soluciones de la ecuación original.

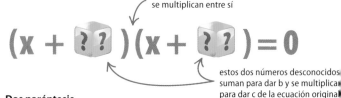

x^2 significa $1x^2$ el término c es 8

$$x^2 + 6x + 8 = 0$$

el resultado siempre es 0

el término b es 6

relaciona los posibles factores de c (8)

estos dos números sumados dan 6 y multiplicados entre ellos dan 8

suma los factores para hallar su resultado

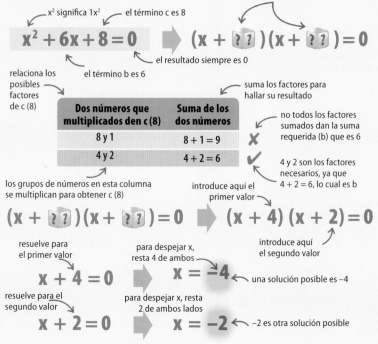

Dos números que multiplicados den c (8)	Suma de los dos números
8 y 1	$8 + 1 = 9$ ✗
4 y 2	$4 + 2 = 6$ ✔

los grupos de números en esta columna se multiplican para obtener c (8)

no todos los factores sumados dan la suma requerida (b) que es 6

4 y 2 son los factores necesarios, ya que $4 + 2 = 6$, lo cual es b

introduce aquí el primer valor

$$(x + ??)(x + ??) = 0 \Rightarrow (x + 4)(x + 2) = 0$$

introduce aquí el segundo valor

resuelve para el primer valor

para despejar x, resta 4 de ambos

$$x + 4 = 0 \Rightarrow x = -4$$

una solución posible es –4

resuelve para el segundo valor

para despejar x, resta 2 de ambos lados

$$x + 2 = 0 \Rightarrow x = -2$$

–2 es otra solución posible

Resolver ecuaciones cuadráticas más complejas

Las ecuaciones cuadráticas no siempre siguen la forma estándar de $ax^2 + bx + c = 0$. Al contrario, muchos términos x^2, términos x y números pueden aparecer a ambos lados del signo de igual. Sin embargo, si todos los términos aparecen siquiera una vez, puedes reorganizar la ecuación en la forma estándar y resolverla usando el mismo método.

Esta ecuación no está escrita en forma cuadrática estándar, sino que contiene un término x^2 y un término multiplicado por x, por lo que se sabe que es uno. Para resolverla, se debe reordenar para que dé 0.

Comienza por mover los términos numéricos del lado derecho del signo igual al lado izquierdo, sumando sus opuestos a los dos lados de la ecuación. En este caso, se mueve−7 al sumar 7 a los dos lados.

A continuación, mueve el término multiplicado por x a la izquierda del signo igual; para ello, suma su opuesto a ambos lados de la ecuación. En este caso, mueves 2x restando 2x de ambos lados.

Ahora es posible resolver la ecuación mediante factorización. Dibuja una tabla para los posibles valores numéricos de x. En una columna, relaciona todos los valores que multiplicados den el término c (20); en la otra, súmalos para ver si dan el término b (9).

Escribe entre paréntesis el par correcto de factores y hazlos iguales a 0. Los dos factores de la ecuación cuadrática (x + 5) y (x + 4) multiplicados dan 0; por lo tanto, uno de los factores debe ser igual a 0.

Resuelve la ecuación cuadrática, resolviendo por separado cada una de las expresiones entre paréntesis. Haz que cada expresión entre paréntesis sea igual a 0, y luego busca su solución. Los dos valores resultantes son las dos soluciones a la ecuación de segundo grado: −5 y −4.

$$x^2 + 11x + 13 = 2x - 7$$

para que la ecuación dé 0, debes mover estos términos para el otro lado

se ha sumado 7 a este lado (13 + 7 = 20)

se ha sumado 7 a este lado para cancelar −7, dejando a 2x solo

$$x^2 + 11x + 20 = 2x$$

al sumar −2x a 11x da 9x

al sumar −2x a este lado, se cancela 2x

$$x^2 + 9x + 20 = 0$$

relaciona todos los factores posibles de c (20)

suma los factores para saber su resultado

Factores de +20	Suma de factores	
20, 1	21	✗
2, 10	12	✗
5, 4	9	✓

detente cuando los factores sumados den el término b, 9

los conjuntos de números en esta columna se multiplican para dar 20

multiplica los paréntesis contiguos

la ecuación completa es igual a 0

$$(x + 5)(x + 4) = 0$$

resuelve para el primer valor

resta 5 de ambos lados para despejar x

$$x + 5 = 0 \implies x = -5$$

una solución posible es −5

resuelve para el segundo valor

resta 4 de ambos lados para despejar x

$$x + 4 = 0 \implies x = -4$$

otra posible solución es −4

No todas las ecuaciones cuadráticas se pueden factorizar

Ciertas ecuaciones cuadráticas no se pueden factorizar pues la suma de los factores de los componentes puramente numéricos (término c) no es igual al término multiplicado por x (término b). Estas ecuaciones se resuelven con una fórmula (ver págs.184–185).

término b (3)

término c (1)

$$x^2 + 3x + 1 = 0$$

La anterior es una típica ecuación cuadrática, pero no se puede resolver por factorización.

se multiplican ambos conjuntos de números para obtener c (1)

Factores de +1	Suma de factores	
1, 1	2	✗
−1, −1	−2	✗

como el término b es 3, se necesita una suma de +3

Al relacionar todos los factores posibles y sus sumas en una tabla, se ve que no existe un conjunto de factores que sumados den b (3), y multiplicados den c (1).

VER TAMBIÉN

‹ 169–171 Fórmulas

‹ 182–183 Factorizar
ecuaciones cuadráticas

Gráficas cuadráticas
186–189 ›

La fórmula cuadrática

LAS ECUACIONES CUADRÁTICAS SE PUEDEN RESOLVER MEDIANTE UNA FÓRMULA.

La fórmula cuadrática

La fórmula cuadrática se puede utilizar para resolver cualquier ecuación cuadrática. Las ecuaciones cuadráticas toman la forma $ax^2 + bx + c = 0$, donde a, b y c son números, y x es la incógnita.

▷ **Una ecuación cuadrática**
Las ecuaciones cuadráticas incluyen un número multiplicado por x^2, un número multiplicado por x, y un número solo.

número que multiplica x^2
número que multiplica x
número sin términos x

$$a x^2 + b x + c = 0$$

▷ **La fórmula cuadrática**
Mediante la fórmula cuadrática se puede resolver cualquier ecuación cuadrática.
Para resolverla, se sustituyen los diferentes valores de la ecuación en la fórmula cuadrática.

$$x = \frac{-b \pm \sqrt{b^2 - 4ac}}{2a}$$

esto significa suma o resta

MÁS DE CERCA

Variaciones cuadráticas

Las ecuaciones cuadráticas no son siempre las mismas. Pueden incluir términos negativos, o términos sin números delante de ellas ("x" es lo mismo que "1x") y no siempre son iguales a 0.

los valores en la ecuación pueden ser tanto positivos como negativos

las ecuaciones cuadráticas no siempre son iguales a 0

$$-4x^2 + x - 3 = 8$$

cuando aparezca una x sin un número delante de ella, x=1

Uso de la fórmula cuadrática

Para usar la fórmula cuadrática, sustituye en la fórmula los valores de a, b y c de una ecuación dada; luego, trabájalos en la fórmula para hallar los resultados.
Ten mucho cuidado con los signos (+, -) de a, b y c.

A partir de una ecuación cuadrática, desarrolla los valores de a, b y c.
Una vez conozcas estos valores, sustitúyelos en la fórmula cuadrática, asegurándote de que sus signos positivos y negativos no cambien.
En este ejemplo, a es 1, b es 3 y c es -2.

el valor de a es 1
el valor de b es 3
el valor de c es −2

$$x^2 + 3x - 2 = 0$$

$$x = \frac{-3 \pm \sqrt{3^2 - 4 \times 1 \times (-2)}}{2 \times 1}$$

sustituye valores de la ecuación en la fórmula, sin cambiar los signos

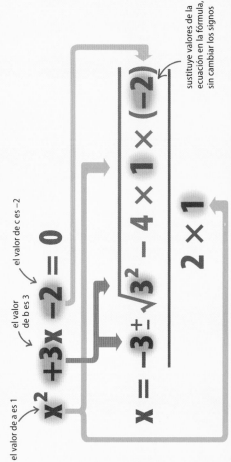
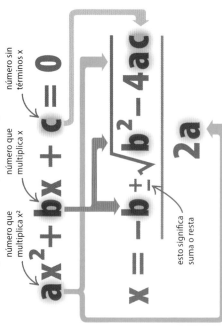

Despeja la fórmula, paso a paso, para hallar el resultado de la ecuación. Primero, simplifica los valores bajo el signo de raíz cuadrada. Calcula el cuadrado de 3 (que es igual a 9) y luego calcula el valor de 4 × 1 × -2 (que es igual a -8).

$3 \times 3 = 9$

$4 \times 1 \times (-2) = -8$

dos signos menos se anulan, por lo que 9-(-8) = 9 + 8

$$x = \frac{-3 \pm \sqrt{9-(-8)}}{2}$$

Trabaja los números bajo el signo de la raíz cuadrada: 9-(-8) es igual a 9 + 8, lo que equivale a 17. Usa luego una calculadora para hallar la raíz cuadrada de 17.

$9 + 8 = 17$

$$x = \frac{-3 \pm \sqrt{17}}{2}$$

Una vez hayas simplificado la operación, sepárala para encontrar las dos respuestas –una, cuando restes el segundo valor del primero, y la otra cuando lo sumes–.

4.12 es la raíz cuadrada de 17 redondeada a dos cifras decimales

$$x = \frac{-3 \pm 4.12}{2}$$

Resta el segundo valor del primer valor en la parte superior de la fracción; aquí los valores son -3 y -4.12.

$$x = \frac{-3 - 4.12}{2}$$

$-3 - 4.12 = -7.12$

Divide la parte superior de la fracción por la parte inferior, para encontrar un resultado.

$$x = \frac{-7.12}{2}$$

las ecuaciones cuadráticas siempre tienen dos soluciones

$$x = -3.56$$

Suma los dos valores en la parte superior de la fracción; aquí los valores son -3 y 4.12.

$$x = \frac{-3 + 4.12}{2}$$

$-3 + 4.12 = 1.12$

Divide la parte superior de la fracción por la parte inferior, para encontrar un resultado.

$$x = \frac{1.12}{2}$$

Da ambos resultados, ya que las ecuaciones cuadráticas siempre tienen dos soluciones.

$$x = 0.56$$

Gráficas cuadráticas

LA GRÁFICA DE UNA ECUACIÓN CUADRÁTICA ES UNA CURVA SUAVE.

VER TAMBIÉN

❮ **30–31** Números positivos y negativos

❮ **168** Expresiones cuadráticas

❮ **174–177** Gráficas lineales

❮ **182–183** Factorizar ecuaciones cuadráticas

❮ **184–185** La fórmula cuadrática

La forma exacta de la curva de una gráfica cuadrática varía dependiendo de los valores de los números a, b y c en la ecuación cuadrática $y = ax2 + bx + c$.

Todas las ecuaciones cuadráticas tienen la misma forma general: $y = ax^2 + bx + c$. En una ecuación cuadrática particular, conoces los valores de a, b, c, y puedes encontrar el conjunto de valores de x y y para colocarlos en una tabla. Luego, representas estos valores de x y y como puntos (x, y) en una gráfica. Posteriormente unes los puntos con una línea suave para crear la gráfica de la ecuación.

Las ecuaciones cuadráticas se pueden representar gráficamente. Para trazar la gráfica, se necesitan pares de valores x y y. En las ecuaciones cuadráticas los valores y se dan en términos de x; en este ejemplo, cada valor y es igual al valor de x al cuadrado (x multiplicado por sí mismo), sumado a 3 veces x, sumado a 2.

este grupo de términos se usa para hallar el valor y para cada valor de x

$$y = x^2 + 3x + 2$$

el valor y da la posición de cada punto en el eje y de la gráfica

Para trazar la gráfica, busca conjuntos de valores para x y y. Primero, elige un conjunto de valores x. Luego, para cada valor x, calcula los diferentes valores (x^2, 3x, 2) para cada valor en cada etapa de la ecuación. Finalmente, suma las etapas para encontrar el valor y correspondiente para cada valor de x.

elige algunos valores de x alrededor de 0

x	y
−3	
−2	
−1	
0	
1	
2	
3	

$y = x^2 + 3x + 2$, por lo que es difícil calcular los valores de inmediato

calcula x^2 en esta columna

calcula 3x en esta columna

+2 es el mismo para cada valor x

x	x^2	3x	+2	y
−3	9	−9	2	
−2	4	−6	2	
−1	1	−3	2	
0	0	0	2	
1	1	3	2	
2	4	6	2	
3	9	9	2	

suma los valores de cada columna malva para hallar los valores y

x	x^2	3x	+2	y
−3	9	−9	2	2
−2	4	−6	2	0
−1	1	−3	2	0
0	0	0	2	2
1	1	3	2	6
2	4	6	2	12
3	9	9	2	20

y es la suma de los números de cada columna malva

+ + =

△ **Valores de x**
Como el valor y depende del valor de x, debes elegir un conjunto de valores x, y luego encontrar los valores correspondientes de y. Elige los valores x arriba y abajo de 0, ya que son más fáciles de trabajar.

△ **Diferentes partes de la ecuación**
Toda ecuación cuadrática tiene tres partes distintas: un valor x al cuadrado, un valor x multiplicado, y un número ordinario. Calcula los diferentes valores de cada parte de la ecuación para cada valor de x, prestando atención cuando los números sean positivos o negativos.

△ **Valores correspondientes de y**
Suma las tres partes de la ecuación para encontrar los valores correspondientes de y para cada valor de x. Asegúrate de tener cuidado cuando las diferentes partes de la ecuación sean positivas o negativas.

▷ **Dibuja la gráfica de la ecuación.** Utiliza los valores de x y y encontrados en la tabla como coordenadas de puntos en la gráfica. Por ejemplo, x = 1 tiene el valor correspondiente y = 6. Esto se convierte en el punto con coordenadas (1, 6) de la gráfica.

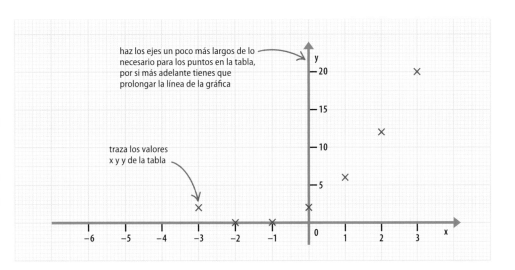

▷ **Dibuja los ejes y traza los puntos**

Dibuja los ejes de la gráfica de modo que cubran los valores encontrados en las tablas. A menudo es útil hacer los ejes un poco más largos de lo necesario, por si acaso se agregan valores adicionales más adelante. Luego traza los valores correspondientes de x y y como puntos en la gráfica.

haz los ejes un poco más largos de lo necesario para los puntos en la tabla, por si más adelante tienes que prolongar la línea de la gráfica

traza los valores x y y de la tabla

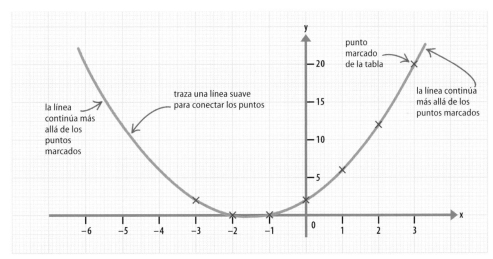

▷ **Une los puntos**

Dibuja una línea suave para unir los puntos trazados en el gráfico. Esta línea es la gráfica de la ecuación $y = x^2 + 3x + 2$. Se podrían haber elegido valores de x mayores y menores, por lo que la línea continúa después de los valores que se han trazado.

punto marcado de la tabla

traza una línea suave para conectar los puntos

la línea continúa más allá de los puntos marcados

la línea continúa más allá de los puntos marcados

Forma de una gráfica cuadrática

La forma de una gráfica cuadrática depende de si el número que multiplica x^2 es positivo o negativo. Si es positivo, la gráfica será una sonrisa, y si es negativo, la gráfica será un ceño fruncido.

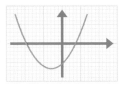

◁ **$y = ax^2 + bx + c$**
Si el valor de un término es positivo, entonces la gráfica de la ecuación tendrá esta forma.

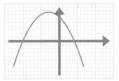

◁ **$y = -ax^2 + bx + c$**
Si el valor de un término es negativo, entonces la gráfica de la ecuación tendrá esta forma.

Uso de gráficas para resolver ecuaciones cuadráticas

Las ecuaciones cuadráticas se pueden resolver mediante gráficas. Si una ecuación cuadrática tiene un valor y diferente a 0, se puede resolver trazando una gráfica cuadrática y una gráfica lineal (la gráfica lineal es la del valor y que no es 0) y encontrando los puntos donde se cruzan las dos. Las soluciones de la ecuación son los valores x, donde las dos gráficas se cruzan.

Esta ecuación tiene dos partes: una ecuación cuadrática a la izquierda y una ecuación lineal a la derecha. Dibuja las gráficas lineal y cuadrática sobre los mismos ejes, para encontrar las soluciones a esta ecuación. Para dibujar las gráficas, es necesario encontrar conjuntos de valores de x y y para ambos lados de la ecuación.

Encuentra los valores de x y y para la parte cuadrática de la ecuación mediante una tabla. Elige valores de x arriba y abajo de 0 y divide la ecuación en partes ($-x^2$, $-2x$, $+3$). Calcula el valor de cada parte para cada valor de x; luego, suma los valores de las tres partes para hallar el valor de y para cada valor de x.

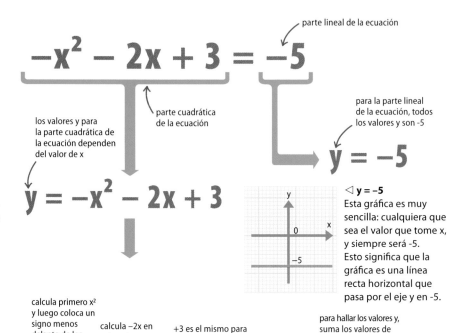

parte lineal de la ecuación

$$-x^2 - 2x + 3 = -5$$

los valores y para la parte cuadrática de la ecuación dependen del valor de x

parte cuadrática de la ecuación

para la parte lineal de la ecuación, todos los valores son -5

$$y = -5$$

$$y = -x^2 - 2x + 3$$

◁ **y = −5**
Esta gráfica es muy sencilla: cualquiera que sea el valor que tome x, y siempre será -5. Esto significa que la gráfica es una línea recta horizontal que pasa por el eje y en -5.

elige algunos valores de x alrededor de 0

como y = $-x^2 - 2x + 3$, es difícil calcular inmediatamente los valores de y

calcula primero x^2 y luego coloca un signo menos delante de los valores dados

calcula $-2x$ en esta columna

+3 es el mismo para cada valor de x

para hallar los valores y, suma los valores de cada columna malva

x	y
−4	
−3	
−2	
−1	
0	
1	
2	

x	$-x^2$	$-2x$	3	y
−4	−16	+8	+3	
−3	−9	+6	+3	
−2	−4	+4	+3	
−1	−1	+2	+3	
0	0	0	+3	
1	−1	−2	+3	
2	−4	−4	+3	

x	$-x^2$	$-2x$	3	y
−4	−16	+8	+3	−5
−3	−9	+6	+3	0
−2	−4	+4	+3	3
−1	−1	+2	+3	4
0	0	0	+3	3
1	−1	−2	+3	0
2	−4	−4	+3	−5

y es la suma de los números de cada columna malva

+   +   =

△ **Valores de x**
Cada valor de y depende del valor de x. Elige un número de valores para x, y trabaja los valores correspondientes de y. Es más fácil escoger valores de x que estén arriba y abajo de 0.

△ **Diferentes partes de la ecuación**
La ecuación tiene tres partes diferentes: $-x^2$, $-2x$, $+3$. Calcula los valores de cada parte de la ecuación para cada valor de x, prestando atención a si los valores son positivos o negativos. La última parte de la ecuación, +3, es la misma para cada valor de x.

△ **Valores correspondientes de y**
Por último, suma las tres partes de la ecuación para encontrar los valores correspondientes de y para cada valor de x. Asegúrate de prestar atención a si las diferentes partes de la ecuación son positivas o negativas.

Traza la gráfica cuadrática. Primero, dibuja un par de ejes. Luego, traza los puntos de la gráfica, usando los valores de x y y de la tabla, como coordenadas de cada punto. Por ejemplo, cuando x = -4, y tiene el valor y = -5. Esto da las coordenadas del punto (-4, -5) en la gráfica. Después de graficar los puntos, únelos por medio de una línea suave.

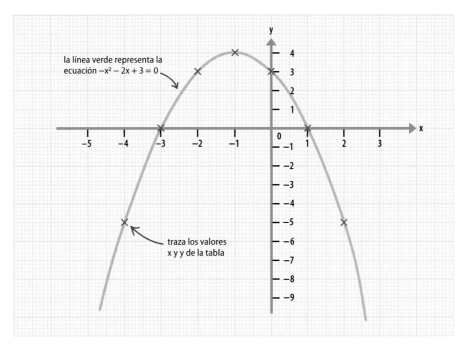

la línea verde representa la ecuación $-x^2 - 2x + 3 = 0$

traza los valores x y y de la tabla

Luego traza la gráfica lineal. La gráfica lineal (y = -5) es una línea recta horizontal que pasa por el eje y en -5. Los puntos donde las dos gráficas se cruzan son las soluciones a la ecuación $-x^2, -2x, +3 = -5$.

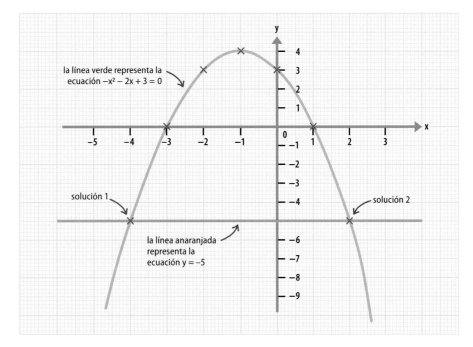

la línea verde representa la ecuación $-x^2 - 2x + 3 = 0$

solución 1

solución 2

la línea anaranjada representa la ecuación y = −5

Las soluciones se leen en la gráfica. Son los dos valores de x en los puntos donde las líneas se cruzan: -4 y 2.

coordenadas de la primera solución

coordenadas de la segunda solución

primera solución para la ecuación

segunda solución para la ecuación

$(-4, -5)$ y $(2, -5)$ $x = -4$ $x = 2$

 Desigualdades

UNA DESIGUALDAD SE USA PARA MOSTRAR
QUE UNA CANTIDAD NO ES IGUAL A OTRA.

VER TAMBIÉN

❰ **30–31** Números positivos
y negativos

❰ **164–165** Trabajo
con expresiones

❰ **172–173** Solución
de ecuaciones

Símbolos de desigualdad

Un símbolo de desigualdad indica que los números a ambos
lados de él tienen diferente valor y en qué medida son
diferentes. Existen cinco símbolos principales de desigualdad.
Uno, sencillamente, muestra que dos números no son iguales,
los demás muestran por qué no son iguales.

$$x \neq y$$

◁ **Diferente de**
Este signo indica
que x es diferente de
y, por ejemplo, $3 \neq 4$.

$$x > y$$

△ **Mayor que**
Este signo indica que x es mayor
que y; por ejemplo, $7 > 5$.

$$x \geq y$$

△ **Mayor o igual que**
Este signo indica que x
es mayor o igual que y.

$$x < y$$

△ **Menor que**
Este signo indica que x es menor
que y. Por ejemplo, $-2 < 1$.

$$x \leq y$$

△ **Menor o igual que**
Este signo indica que x es
menor o igual que y.

▽ **Línea numérica de las desigualdades**
Las desigualdades se pueden mostrar en una línea de números. Los círculos vacíos representan mayor
que (>) o menor que (<), y los círculos llenos representan mayor o igual que (≥) o menor o igual que (≤).

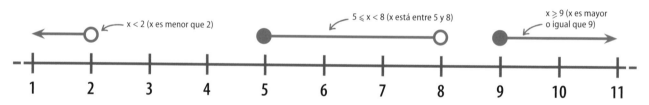

x < 2 (x es menor que 2)

5 ≤ x < 8 (x está entre 5 y 8)

x ≥ 9 (x es mayor
o igual que 9)

1 2 3 4 5 6 7 8 9 10 11

MÁS DE CERCA

Reglas para las desigualdades

Las desigualdades se pueden cambiar
o reordenar, siempre y cuando
cualquier cambio se haga a ambos
lados de la desigualdad. Si una
desigualdad se multiplica o divide por
un número negativo, su signo se invierte.

▷ **Multiplicar o dividir por
un número positivo** Cuando
una desigualdad se multiplica
o divide por un número
positivo, su signo no cambia.

$$a \geq 4$$

× +3 → $3a \geq 12$
el signo no
cambia

÷ +4 → $\dfrac{a}{4} \geq 1$

4 sumado a ambos lados del signo

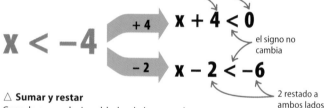

$$x < -4$$

+ 4 → $x + 4 < 0$
el signo no
cambia

− 2 → $x - 2 < -6$

2 restado a
ambos lados
del signo

△ **Sumar y restar**
Cuando a una desigualdad se le ha sumado
o restado un número, su signo no cambia.

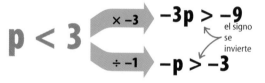

$$p < 3$$

× −3 → $-3p > -9$
el signo
se
invierte

÷ −1 → $-p > -3$

△ **Multiplicar o dividir por un número negativo**
Cuando una desigualdad se multiplica o divide por un
número negativo, su signo se invierte. En este ejemplo,
un signo menor que se convierte en un signo mayor que.

Solución de desigualdades

Las desigualdades se pueden resolver reordenándolas, pero cualquier cosa que hagas a un lado de la desigualdad también debes hacerla al otro. Por ejemplo, cualquier número que agregues para anular un término numérico a un lado, debes agregarlo al otro lado.

Resolver esta desigualdad implica sumar 2 a ambos lados y luego dividirlos por 3.

$$3b - 2 \geqslant 10$$

al sumar 2 a 3b − 2, se despeja 3b $\rightarrow$ $\quad$ $10 + 2 = 12$

Para despejar 3b, hay que quitar −2, lo que significa agregar +2 a ambos lados.

$$3b \geqslant 12$$

3b dividido por 3 despeja b

Resuelve la desigualdad dividiendo ambos lados por 3 para despejar b.

$$b \geqslant 4 \quad 12 \div 3 = 4$$

Resolver esta desigualdad implica restar 3 a ambos lados y luego dividirlos por 3.

$$3a + 3 < 12$$

al restar de 3, se despeja 3a $\qquad$ $12 - 3 = 9$

Reordena la desigualdad, restando 3 de cada lado para despejar el término a en el lado izquierdo.

$$3a < 9$$

3a divido por 3 despeja a $\qquad$ $9 \div 3 = 3$

Resuelve la desigualdad dividiendo ambos lados por 3 para despejar a. Esta es la solución a la desigualdad.

$$a < 3$$

Solución de desigualdades dobles

Para resolver una desigualdad doble, trata cada lado por separado para simplificarlo; luego combina los dos lados de nuevo en un solo resultado.

Esta es una desigualdad doble cuya solución sólo se puede encontrar si se separa en sus dos partes.

$$-1 \leqslant 3x + 5 < 11$$

$$-1 \leqslant 3x + 5$$

al restar 5 de −1 se obtiene −6

$$-6 \leqslant 3x$$

al restar 5 de 3x + 5 se despeja 3x

$$-6 \div 3 = -2$$

$$3x \div 3 = x$$

$$-2 \leqslant x$$

Estas son las dos partes en que se divide la doble desigualdad; cada una debe ser resuelta por separado.

Despeja los términos x restando 5 de ambos lados de las partes más pequeñas.

Resuelve las desigualdades parciales dividiéndolas ambas por 3.

$$3x + 5 < 11$$

al restar 5 de 3x + 5 se despeja 3x $\qquad$ al restar 5 de 11 da 6

$$3x < 6$$

$$3x \div 3 = x$$ $\qquad$ $6 \div 3 = 2$

$$x < 2$$

$$-2 \leqslant x < 2$$

Finalmente, combina las dos pequeñas desigualdades en una sola desigualdad doble, ubicando cada una en la misma posición que tenía en la doble desigualdad original.

Estadística

¿Qué es estadística?

ESTADÍSTICA ES LA RECOLECCIÓN, ORGANIZACIÓN
Y PROCESAMIENTO DE DATOS.

**Organizar y analizar datos ayuda a entender de manera fácil
grandes cantidades de información. La información se presenta
en gráficos y otros diagramas visuales y se comprende al instante.**

Trabajar con datos

Los datos son información y están en enormes cantidades por todas partes. Los datos
recolectados en un cuestionario, por ejemplo, suelen formar largas listas difíciles de
entender. Al reorganizarlos en tablas, son más fáciles de entender y al tomar la tabla
y presentar su información en un gráfico o gráfico circular son incluso más accesibles.
Los gráficos muestran tendencias con claridad y sus datos son más fáciles de analizar;
los circulares presentan los datos de forma asimilable al instante y permiten
entender de inmediato el tamaño relativo de los grupos.

grupo	número
Profesoras	10
Profesores	5
Estudiantes mujeres	66
Estudiantes varones	19
Total personas	100

△ **Recolección de datos**
Una vez recolectados, los datos
deben organizarse en grupos antes
de que se puedan analizar con eficacia.
Esto suele hacerse en una tabla.
Esta tabla muestra los diferentes
grupos de personas en una escuela.

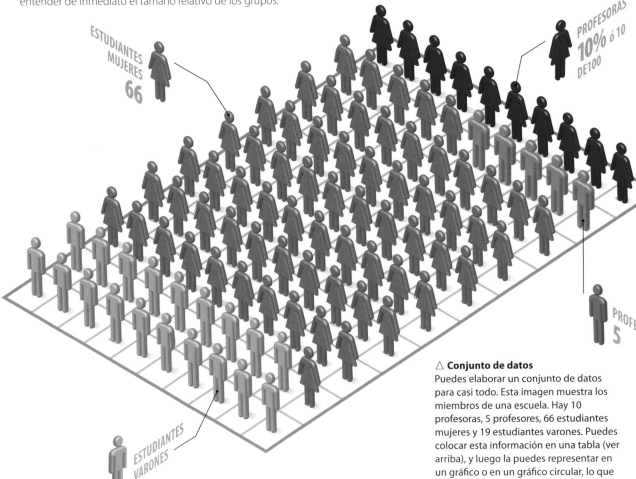

ESTUDIANTES
MUJERES
66

PROFESORAS
10% ó **10**
DE 100

PROFESOR
5

ESTUDIANTES
VARONES
19

△ **Conjunto de datos**
Puedes elaborar un conjunto de datos
para casi todo. Esta imagen muestra los
miembros de una escuela. Hay 10
profesoras, 5 profesores, 66 estudiantes
mujeres y 19 estudiantes varones. Puedes
colocar esta información en una tabla (ver
arriba), y luego la puedes representar en
un gráfico o en un gráfico circular, lo que
te permitirá analizarla con mayor facilidad.

Presentación de datos

Hay muchas maneras de presentar los datos estadísticos. Se pueden presentar simplemente como una tabla, o en forma visual, como un gráfico o diagrama. Las formas más comunes de mostrar datos visualmente son los gráficos de barras, pictogramas, gráficos de líneas, circulares e histogramas.

número de veces en que aparece un valor

Grupo de datos	Frecuencia
Grupo 1	4
Grupo 2	8
Grupo 3	6
Grupo 4	4
Grupo 5	5

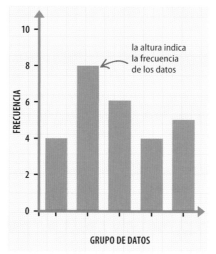

la altura indica la frecuencia de los datos

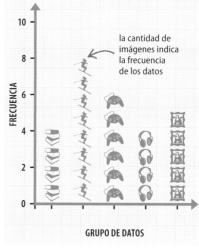

la cantidad de imágenes indica la frecuencia de los datos

△ **Tabla de datos**
La información se organiza por categorías en tablas, para dar una mejor idea de las tendencias de los datos. La tabla se puede usar para dibujar un gráfico, un pictograma o un gráfico circular.

△ **Gráfico de barras**
Los gráficos de barras muestran los grupos de datos en el eje x, y la frecuencia en el eje y. La altura de cada "barra" muestra la frecuencia de los datos para cada grupo.

△ **Pictograma**
Los pictogramas son un tipo muy básico de gráfico de barras. Cada imagen representa un número de piezas de información; por ejemplo, podría representar cuatro músicos.

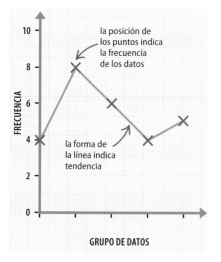

la posición de los puntos indica la frecuencia de los datos

la forma de la línea indica tendencia

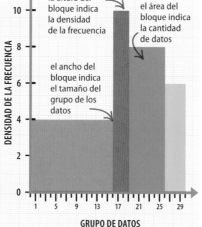

la altura del bloque indica la densidad de la frecuencia

el área del bloque indica la cantidad de datos

el ancho del bloque indica el tamaño del grupo de los datos

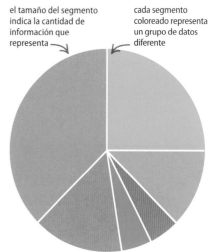

el tamaño del segmento indica la cantidad de información que representa

cada segmento coloreado representa un grupo de datos diferente

△ **Gráfico de línea**
Los gráficos de línea muestran grupos de datos en el eje x, y la frecuencia en el eje y. Los puntos muestran la frecuencia para cada grupo; las líneas entre los puntos muestran las tendencias.

△ **Histograma**
Los histogramas utilizan el área de bloques rectangulares para mostrar los diferentes tamaños de grupos de datos. Son útiles para mostrar datos de grupos de distintos tamaños.

△ **Gráfico circular**
Los gráficos circulares muestran grupos de información como secciones de un círculo. Cuanto más grande sea la sección del círculo, mayor cantidad de datos representa.

Recolectar y organizar datos

ANTES DE PRESENTAR LA INFORMACIÓN, LOS DATOS DEBEN
SER RECOLECTADOS Y ORGANIZADOS CUIDADOSAMENTE.

VER TAMBIÉN

Gráficos de barras	**198–201** ❯
Gráficos circulares	**202–203** ❯
Gráficos lineales	**204–205** ❯

¿Qué son los datos?

En estadística, la información que se recoge,
generalmente en forma de listas de
números, se conoce como datos. Para dar
sentido a estas listas, los datos tienen que
ser ordenados en grupos y presentados en
un formato fácil de leer, como por ejemplo,
tablas o diagramas. Antes de organizarlos,
se les suele llamar datos en bruto.

elección de refrescos

COLA, JUGO DE NARANJA,

JUGO DE PIÑA, LECHE,

JUGO DE MANGO, AGUA

◁ **Preguntas**
Antes de diseñar un
cuestionario, empieza con
una idea de pregunta para
recolectar datos, por
ejemplo, ¿cuáles refrescos
prefieren los niños?

Recolectar datos

Una forma común de recolectar
información es la encuesta.
A un grupo de personas se le
pregunta sobre sus preferencias,
hábitos u opiniones, a menudo
en forma de cuestionario.
Las respuestas que dan,
datos en bruto, se organizan
en tablas y diagramas.

Cuestionario sobre refrescos

Este cuestionario se utiliza para averiguar cuáles son
las bebidas favoritas de los niños. Coloca una X en el
cuadro relacionado con tu preferencia.

1) ¿Eres niño o niña?

[X] niño   [ ] niña

2) ¿Cuál es tu refresco favorito?

[ ] jugo de piña   [ ] jugo de naranja   [X] jugo de mango

[ ] leche   [ ] cola   [ ] otro

la información de estas
respuestas se recolecta
como listas de datos ⟶

3) ¿Con cuánta frecuencia lo tomas?

[ ] una vez por   [X] 2–3 veces   [ ] 3–5 veces
semana o menos   por semana   por semana

[ ] más de 5 veces
por semana

▷ **Cuestionario**
Los cuestionarios toman con
frecuencia la forma de una
serie de preguntas de opción
múltiple. Las respuestas a cada
pregunta son fáciles de clasificar
en grupos de datos. En este
ejemplo, los datos se agrupan
por los refrescos elegidos.

4) ¿Dónde sueles comprar tu refresco favorito?

[ ] supermercado   [X] tienda de barrio   [ ] otro

Tabla de conteo

Puedes organizar los resultados de una encuesta en un gráfico. La columna de la izquierda muestra los grupos de datos del cuestionario. Una manera de registrar los resultados es hacer una raya en el gráfico por cada respuesta. Para llevar la cuenta, marca una raya por cada unidad y cruza las rayas con una línea cuando llegues a 5.

las rayas en grupos de cinco hacen que el cuadro sea más fácil de leer; la línea que cruza es la quinta

Refresco	Raya
Cola	ⵜⵜ I
Jugo de naranja	ⵜⵜ ⵜⵜ I
Jugo de mango	II
Jugo de piña	I
Leche	II
Otro	I

△ **Tabla de conteo**
Esta tabla o cuadro de conteo muestra con rayas los resultados de la encuesta.

Refresco	Raya	Frecuencia
Cola	ⵜⵜ I	6
Jugo de naranja	ⵜⵜ ⵜⵜ I	11
Jugo de mango	II	2
Jugo de piña	I	1
Leche	II	2
Otro	I	1

△ **Tabla de conteo**
Al contar las rayas, los resultados (frecuencia) se pueden introducir en otra columna para hacer una tabla de frecuencias.

Tablas

Las tablas que muestran la frecuencia de los resultados para cada grupo son una manera útil de presentar los datos. Los valores de la columna de frecuencia se pueden analizar y hacer con ellos gráficos o cuadros de los datos. Las tablas de frecuencia pueden tener más columnas para mostrar información más detallada.

Refresco	Frecuencia
Cola	6
Jugo de naranja	11
Jugo de mango	2
Jugo de piña	1
Leche	2
Otro	1

△ **Cuadro de frecuencia**
Los datos se pueden presentar en un cuadro. En este ejemplo, se muestra el número de niños que escogió cada tipo de bebida.

Refresco	Niño	Niña	Total
Cola	4	2	6
Jugo de naranja	5	6	11
Jugo de mango	0	2	2
Jugo de piña	1	0	1
Leche	1	1	2
Otro	1	0	1

△ **Tabla bidireccional**
Esta tabla tiene columnas adicionales que analizan la información. También muestra el número de niños y niñas y sus preferencias.

Sesgo

En las encuestas es importante interrogar a una amplia selección de personas, para que las respuestas ofrezcan un cuadro preciso. Si la encuesta es limitada, podría no ser representativa y tener un sesgo hacia una respuesta determinada.

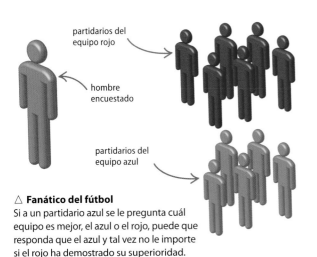

partidarios del equipo rojo

hombre encuestado

partidarios del equipo azul

△ **Fanático del fútbol**
Si a un partidario azul se le pregunta cuál equipo es mejor, el azul o el rojo, puede que responda que el azul y tal vez no le importe si el rojo ha demostrado su superioridad.

Registro de datos

Una gran cantidad de datos son registrados por máquinas; por ejemplo, información sobre el clima, tráfico, uso de Internet. Luego, los datos se pueden organizar y presentar en cuadros, tablas y gráficos, que los hacen más fácil de entender y analizar.

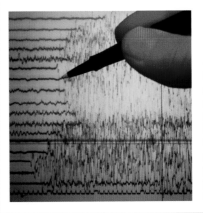

◁ **Sismómetro**
Un sismómetro registra los movimientos de la tierra asociados con los terremotos. Los datos recogidos se analizan para hallar patrones que puedan predecir futuros terremotos.

Gráficos de barras

LOS GRÁFICOS DE BARRAS PRESENTAN LOS DATOS COMO UN DIAGRAMA.

Un gráfico de barras presenta datos en forma gráfica. Las barras de distintas longitudes muestran el tamaño (frecuencia) de cada grupo de datos.

VER TAMBIÉN

❮ **196–197** Recolectar y organizar datos

Gráficos circulares **202–203** ❯

Gráficos lineales **204–205** ❯

Histogramas **216–217** ❯

Usar gráficos de barras

Presentar datos en forma de diagrama facilita la lectura más que una tabla o lista. Un gráfico de barras muestra un conjunto de datos como una serie de barras, cada una de las cuales representa un grupo dentro del conjunto. La altura de cada barra representa el tamaño del grupo –un valor conocido como la "frecuencia"–. Se puede ver la información rápida y claramente en la altura de las barras y leer los valores precisos de los datos en el eje vertical del gráfico. Se puede dibujar con lápiz, regla y papel cuadriculado con la información de una tabla de frecuencia.

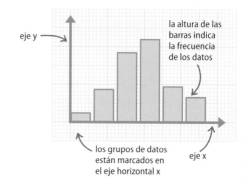

eje y

la altura de las barras indica la frecuencia de los datos

los grupos de datos están marcados en el eje horizontal x

eje x

◁ **Un gráfico de barras**
En un gráfico de barras, cada barra representa un grupo de datos de un conjunto particular de datos. La altura de cada barra indica el tamaño (frecuencia) del grupo de datos correspondiente.

Esta tabla de frecuencia muestra los grupos de datos y el tamaño (frecuencia) de cada uno en un conjunto de datos.

Para dibujar un gráfico de barras, elige primero una escala adecuada para tus datos. Luego, traza una línea vertical (eje y) y una horizontal (eje x). Designa cada eje según las columnas de la tabla y marca los datos de la tabla.

Edad de los visitantes	Frecuencia
menos de 15	3
15–19	12
20–24	26
25–29	31
30–34	13
más de 35	9

los grupos etarios en esta columna están marcados en el eje horizontal x

los valores de frecuencia en esta columna se marcan en el eje vertical y

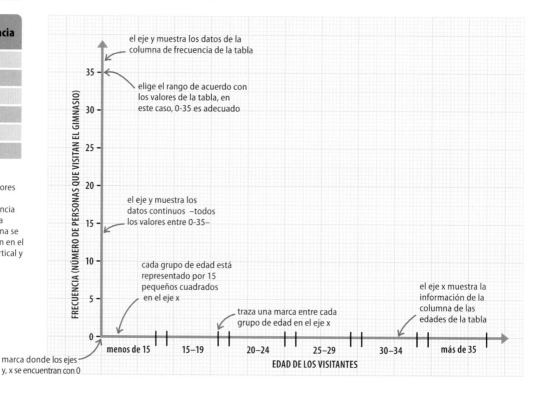

el eje y muestra los datos de la columna de frecuencia de la tabla

elige el rango de acuerdo con los valores de la tabla, en este caso, 0-35 es adecuado

el eje y muestra los datos continuos –todos los valores entre 0-35–

cada grupo de edad está representado por 15 pequeños cuadrados en el eje x

traza una marca entre cada grupo de edad en el eje x

el eje x muestra la información de la columna de las edades de la tabla

marca donde los ejes y, x se encuentran con 0

FRECUENCIA (NÚMERO DE PERSONAS QUE VISITAN EL GIMNASIO)

EDAD DE LOS VISITANTES

menos de 15   15–19   20–24   25–29   30–34   más de 35

Basándote en la tabla, toma el número (frecuencia) para el primer grupo de datos (3 en este caso) y encuentra el valor en el eje vertical y. Traza una línea horizontal entre el valor en el eje y, y el final de la primera franja de edad, marcado en el eje x. Luego, traza una línea para la segunda frecuencia (en este caso, 12) por encima del segundo grupo de edad marcado en el eje x. Traza líneas similares para todos los datos restantes.

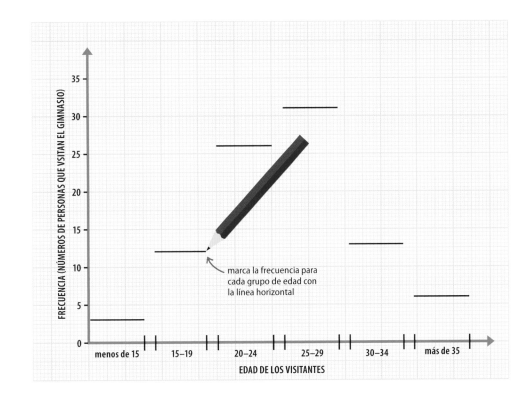

marca la frecuencia para cada grupo de edad con la línea horizontal

Para completar el gráfico de barras, dibuja líneas verticales ascendentes desde las marcas de división en el eje x. Estas se encontrarán con los extremos de las líneas que trazaste con base en la tabla de frecuencias, formando las barras. Si coloreas las barras, el gráfico será más fácil de leer.

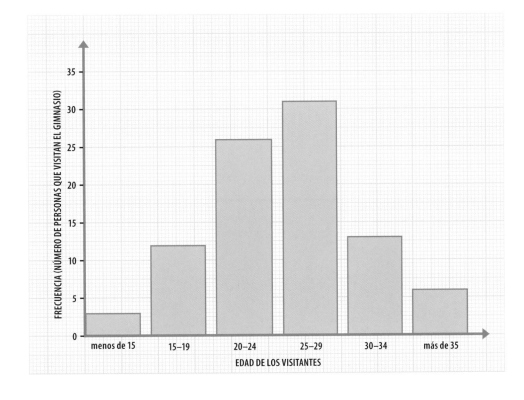

Diferentes tipos de gráficos de barras

Hay varias formas de presentar información en un gráfico de barras. Las barras se pueden dibujar horizontalmente, como bloques tridimensionales o en grupos de dos. En cada tipo, el tamaño de la barra muestra el tamaño (frecuencia) de cada grupo de datos.

Pasatiempo	Frecuencia (número de niños)
Lectura	25
Deporte	45
Juegos de computador	30
Música	19
Coleccionar	15

◁ **Tabla de datos**
La tabla de datos muestra los resultados de una encuesta en la que se preguntó a un número de niños sobre sus pasatiempos.

▷ **Gráfico horizontal de barras**
En un gráfico horizontal de barras, las barras se dibujan horizontalmente en lugar de verticalmente. Los valores para el número de niños en cada grupo, o frecuencia, se pueden leer en el eje horizontal x.

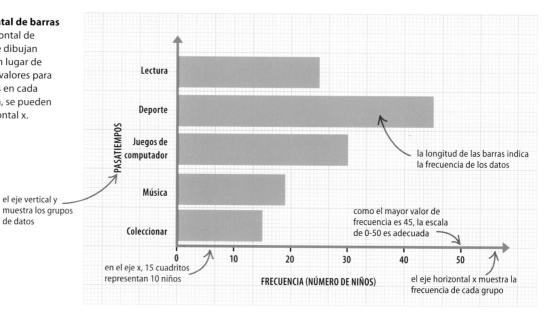

el eje vertical y muestra los grupos de datos

la longitud de las barras indica la frecuencia de los datos

como el mayor valor de frecuencia es 45, la escala de 0-50 es adecuada

en el eje x, 15 cuadritos representan 10 niños

el eje horizontal x muestra la frecuencia de cada grupo

▷ **Gráfico tridimensional de barras**
En este tipo de gráfico de barras, los bloques tridimensionales ofrecen mayor impacto visual, pero pueden ser engañosos. Debido a la perspectiva, las cimas de los bloques parecen mostrar dos valores de frecuencia –el valor verdadero se lee en el borde frontal del bloque–.

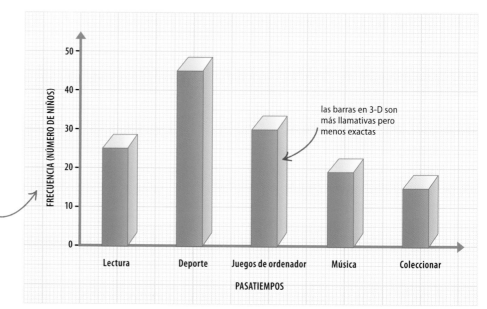

las barras en 3-D son más llamativas pero menos exactas

es difícil encontrar rápidamente el número de niños en cada grupo

Gráficos compuestos e integrados

Para datos divididos en subgrupos, se usan gráficos compuestos o integrados. En un gráfico compuesto, las barras de los subgrupos están dibujadas a los lados. En un gráfico integrado se combinan dos subgrupos en una barra.

Pasatiempo	Niños	Niñas	Frecuencia total
Lectura	10	15	25
Deporte	25	20	45
Juegos de ordenador	20	10	30
Música	10	9	19
Coleccionar	5	10	15

◁ **Tabla de datos**
La tabla muestra los resultados de la encuesta sobre los pasatiempos divididos en cifras separadas para niños y niñas.

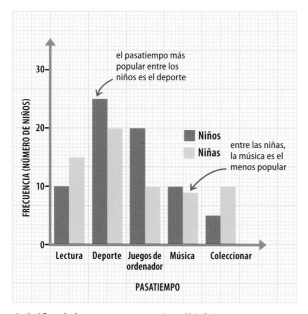

△ **Gráfico de barras compuesto (o múltiple)**
En un gráfico de barras compuesto, cada grupo de datos tiene dos o más barras de diferentes colores, cada una representa un subgrupo de esos datos. Un código indica qué color representa a cada grupo.

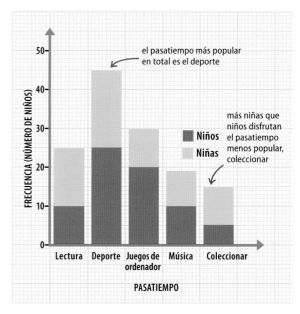

△ **Gráfico de barras integrado o compuesto**
En un gráfico de barras integrado o compuesto, dos o más subgrupos se muestran como una barra, uno encima del otro. Tiene la ventaja de que también muestra el valor total del grupo de datos.

Polígonos de frecuencia

Otra forma de presentar la información como un gráfico de barras es el polígono de frecuencia. En lugar de barras, los datos se muestran como una línea en el gráfico. La línea conecta los puntos medios de cada grupo de datos.

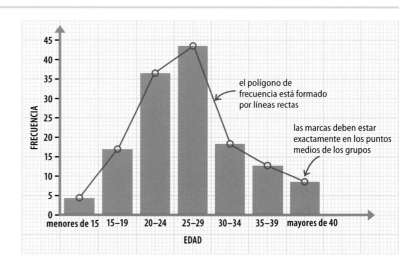

▷ **Dibuja un polígono de frecuencia**
Marca el valor de la frecuencia en el punto medio de cada grupo de datos, en este caso, la mitad de cada franja de edad. Une las marcas con líneas rectas.

Gráficos circulares

ESTOS GRÁFICOS SON UNA FORMA VISUAL ÚTIL PARA PRESENTAR DATOS.

VER TAMBIÉN
❰ **76–77** Ángulos
❰ **142–143** Arcos y sectores
❰ **196–197** Recolectar y organizar datos
❰ **198–201** Gráficos de barras

Un gráfico circular muestra los datos como un círculo dividido en segmentos, o en tajadas, cada una de las cuales representa una parte diferente de los datos.

¿Por qué utilizar un gráfico circular?

Los gráficos circulares se usan bastante, pues tienen un impacto visual inmediato. El tamaño de cada tajada muestra claramente los tamaños relativos de los diferentes grupos de datos, lo que hace que la comparación de los datos sea rápida y sencilla.

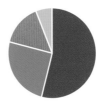

◁ **Leer un gráfico circular**
Cuando un gráfico circular se divide en tajadas, es fácil entender la información. En el ejemplo, es evidente que la sección roja representa el grupo más grande de datos.

Identificación de datos

Para obtener la información y calcular el tamaño, o el ángulo, de cada rebanada, se crea una tabla de frecuencias, que identifica los distintos grupos de datos y muestra su tamaño (frecuencia de datos) y el tamaño de todos los grupos de datos en conjunto (frecuencia total).

País de origen	Frecuencia de datos
Reino Unido	375
Estados Unidos	250
Australia	125
Canadá	50
China	50
Desconocido	150
FRECUENCIA TOTAL	1,000

◁ **Tabla de frecuencia**
La tabla muestra el número de accesos a un sitio web, divididos en los países donde ocurrieron.

la "frecuencia de datos" se desglosa país por país

para calcular el tamaño de cada tajada, se usan los datos de cada país

la "frecuencia total" es el número total de accesos al sitio web desde todos los países

▽ Calcula los ángulos

Para hallar el ángulo para cada segmento del gráfico, toma la información de la tabla de frecuencias y úsala en esta fórmula.

$$\text{ángulo} = \frac{\text{frecuencia de datos}}{\text{frecuencia total}} \times 360°$$

Por ejemplo:

número de accesos al sitio web

divide ambos números

ángulo para el gráfico circular

$$\text{ángulo para el Reino Unido} = \frac{375}{1,000} \times 360° = 135°$$

número total de accesos al sitio web

Los ángulos de las tajadas restantes se calculan de la misma manera, tomando los datos de cada país de la tabla de frecuencias y usando la fórmula. Los ángulos de todas las tajadas deben sumar 360°, el total de grados de un círculo.

$$\text{Estados Unidos} = \frac{250}{1,000} \times 360 = 90°$$

$$\text{Australia} = \frac{125}{1,000} \times 360 = 45°$$

$$\text{Canadá} = \frac{50}{1,000} \times 360 = 18°$$

$$\text{China} = \frac{50}{1,000} \times 360 = 18°$$

$$\text{Desconocido} = \frac{150}{1,000} \times 360 = 54°$$

Reino Unido

135°

Dibuja un gráfico circular

Para dibujar un gráfico circular se requiere un compás para el círculo, un transportador para medir los ángulos, y una regla para trazar las porciones del gráfico.

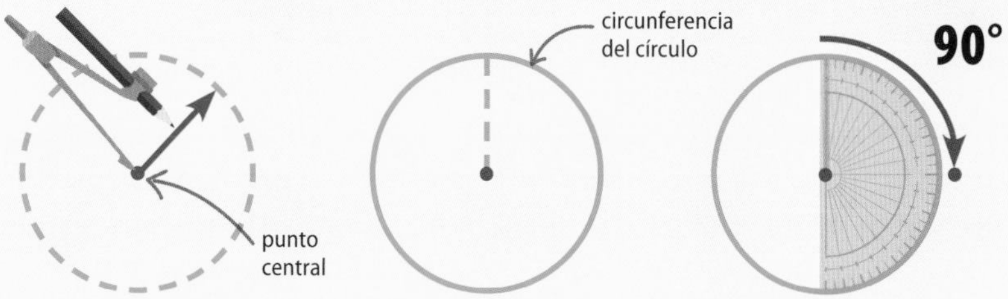

circunferencia del círculo

90°

punto central

Primero, dibuja un círculo usando un compás (ver págs. 74–75).

Traza una línea recta desde el punto central del círculo hasta el borde de la circunferencia.

Mide el ángulo de una tajada, a partir del centro y la línea recta. Márcala en el borde del círculo. Traza una línea desde el centro hasta la marca.

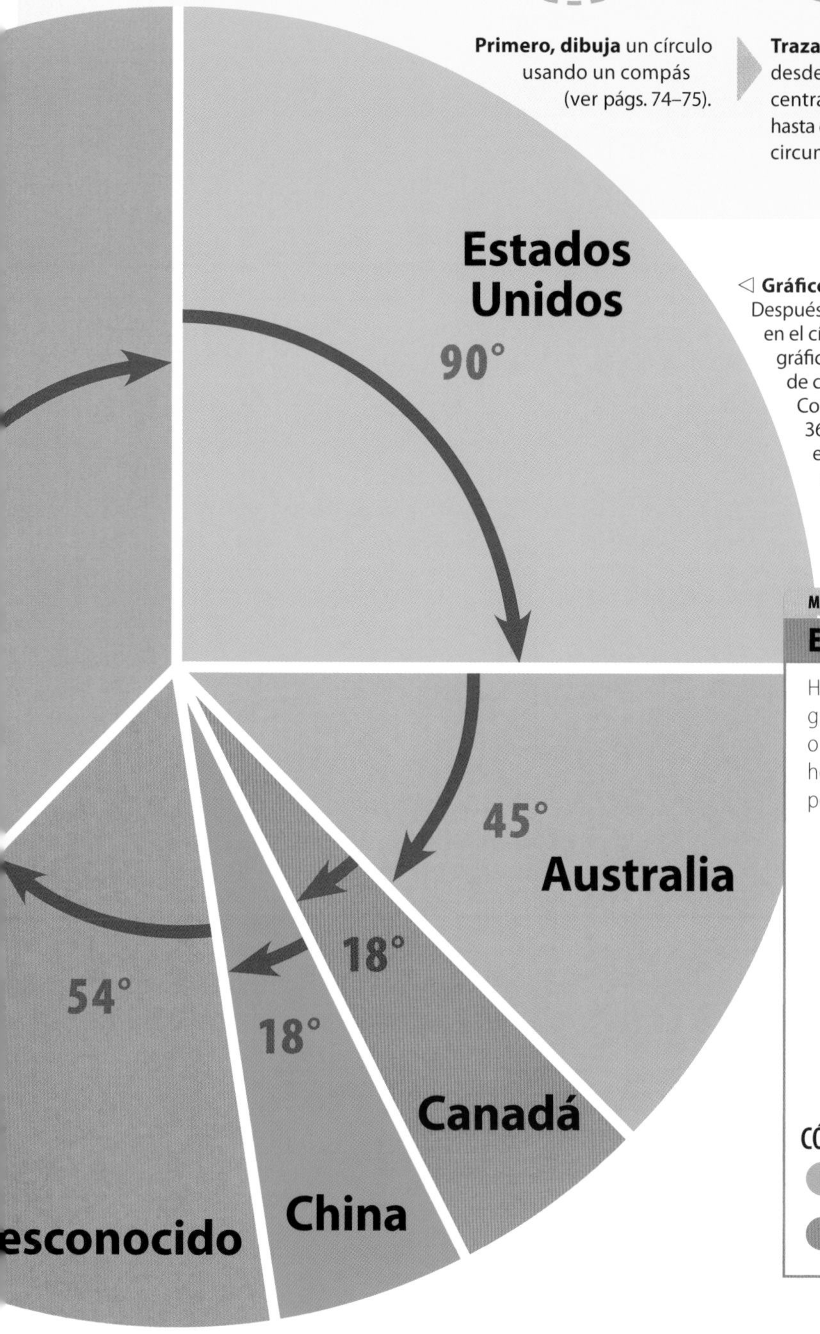

Estados
Unidos

90°

◁ **Gráfico circular completo**
Después de dibujar cada porción en el círculo, puedes etiquetar el gráfico circular y darle códigos de color, según se necesite. Como los ángulos suman 360°, todas las partes deben encajar exactamente en el círculo.

45°

Australia

18°

54°

18°

Canadá

China

esconocido

MÁS DE CERCA

Etiquetar los gráficos circulares

Hay tres formas de etiquetar las porciones de un gráfico circular: anotación (a, b), etiquetas (c, d), o código (e, f). La anotación y los códigos son herramientas útiles cuando las tajadas son muy pequeñas para etiquetar los datos requeridos.

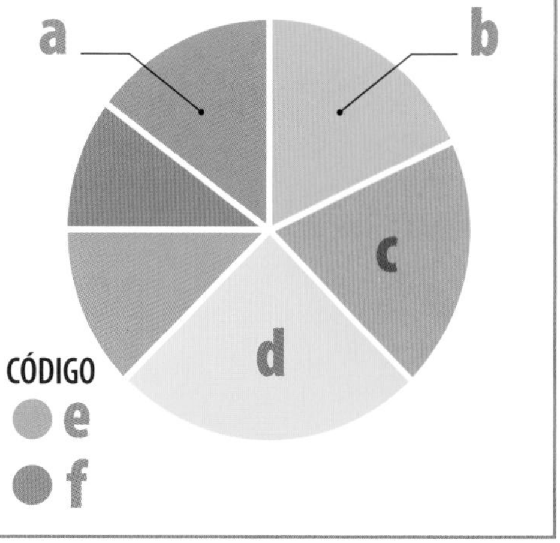

a   **b**

c

d

CÓDIGO
● **e**
● **f**

Gráficos lineales

ESTOS GRÁFICOS MUESTRAN LOS DATOS COMO LÍNEAS EN UN PAR DE EJES.

VER TAMBIÉN

❮ **174–177** Gráficas lineales

❮ **196–197** Recolectar y organizar datos

Los gráficos lineales presentan la información con precisión en un formato fácil de leer. Son particularmente útiles para mostrar datos durante un período de tiempo.

Dibujar un gráfico lineal

Para elaborar un gráfico lineal, sólo se necesita lápiz, regla y papel milimetrado. Se representan los datos de una tabla como puntos en el gráfico, los cuales se unen para crear una línea.

Día	Sol (horas)
Lunes	12
Martes	9
Miércoles	10
Jueves	4
Viernes	5
Sábado	8
Domingo	11

Las columnas de la tabla ofrecen la información de las líneas horizontales y verticales –los ejes x y y–.

Dibuja un conjunto de ejes. Etiqueta el eje x con los datos de la primera columna de la tabla (días). Etiqueta el eje y con datos de la segunda (horas de sol).

Lee hacia arriba del eje y, desde el lunes en el eje x, y marca el primer valor. Haz lo mismo para cada día: lee hacia arriba desde el eje x y hacia el lado desde el eje y.

Usa una regla y un bolígrafo o un lápiz para conectar los puntos y completar el gráfico lineal, después de haber marcado (o trazado) todos los datos. La línea resultante muestra claramente la relación entre los dos conjuntos de datos.

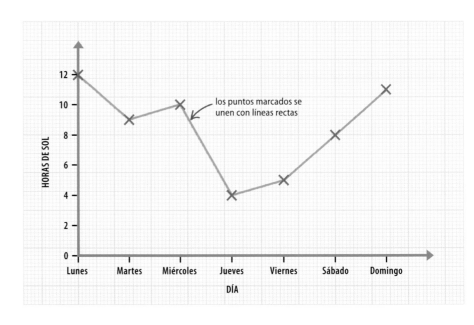

Interpretar los gráficos lineales

Este gráfico muestra los cambios de temperatura durante un periodo de 24 horas. La temperatura en cualquier momento del día se puede encontrar localizando la hora en el eje x, leyendo hacia arriba hasta la línea, y luego horizontalmente hasta el eje y.

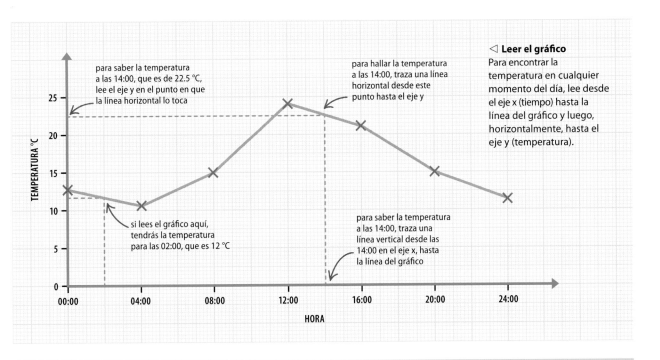

para saber la temperatura a las 14:00, que es de 22.5 °C, lee el eje y en el punto en que la línea horizontal lo toca

para hallar la temperatura a las 14:00, traza una línea horizontal desde este punto hasta el eje y

◁ **Leer el gráfico**
Para encontrar la temperatura en cualquier momento del día, lee desde el eje x (tiempo) hasta la línea del gráfico y luego, horizontalmente, hasta el eje y (temperatura).

si lees el gráfico aquí, tendrás la temperatura para las 02:00, que es 12 °C

para saber la temperatura a las 14:00, traza una línea vertical desde las 14:00 en el eje x, hasta la línea del gráfico

TEMPERATURA °C

HORA

Gráficos de frecuencias acumuladas

Son un tipo de gráfico lineal que muestra cada cuánto ocurre un valor en un grupo de datos. Al unir con líneas rectas los puntos de un gráfico de frecuencias acumuladas, por lo general se crea una forma de "S", y la curva de la S indica cuáles valores aparecen con mayor frecuencia dentro del conjunto de datos.

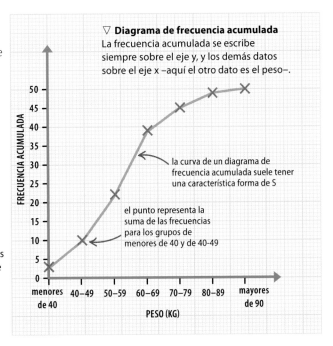

▽ **Diagrama de frecuencia acumulada**
La frecuencia acumulada se escribe siempre sobre el eje y, y los demás datos sobre el eje x –aquí el otro dato es el peso–.

la curva de un diagrama de frecuencia acumulada suele tener una característica forma de S

el punto representa la suma de las frecuencias para los grupos de menores de 40 y de 40-49

FRECUENCIA ACUMULADA

PESO (KG)

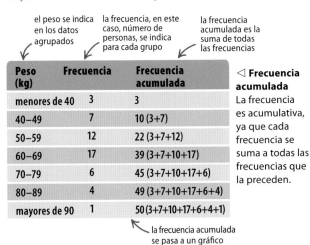

el peso se indica en los datos agrupados

la frecuencia, en este caso, número de personas, se indica para cada grupo

la frecuencia acumulada es la suma de todas las frecuencias

Peso (kg)	Frecuencia	Frecuencia acumulada
menores de 40	3	3
40–49	7	10 (3+7)
50–59	12	22 (3+7+12)
60–69	17	39 (3+7+10+17)
70–79	6	45 (3+7+10+17+6)
80–89	4	49 (3+7+10+17+6+4)
mayores de 90	1	50 (3+7+10+17+6+4+1)

la frecuencia acumulada se pasa a un gráfico

◁ **Frecuencia acumulada**
La frecuencia es acumulativa, ya que cada frecuencia se suma a todas las frecuencias que la preceden.

Promedios

4,5,6

UN PROMEDIO ES UN VALOR "MEDIO" DE UN CONJUNTO DE DATOS.
ES UN VALOR TÍPICO QUE REPRESENTA TODO EL CONJUNTO DE DATOS.

VER TAMBIÉN
❰ **196–197** Recolectar y organizar datos
Promedios móviles **210–211** ❱
Medición de la dispersión **212–215** ❱

Diferentes tipos de promedios

Hay varios tipos de promedios. Los principales son media, mediana y moda. Cada uno da información ligeramente diferente acerca de los datos. En la vida cotidiana, el término "promedio" se refiere generalmente a la media.

Moda

Moda es el valor que aparece con mayor frecuencia en un conjunto de datos. Es más fácil encontrar la moda si se organiza la lista de datos en un orden ascendente de valores (de menor a mayor). Si distintos valores aparecen el mismo número de veces, podría haber más de una moda.

150, 160, 170, 180, 180

para calcular promedios se requiere a menudo una serie de datos ordenados de forma ascendente

este color representa la moda, porque aparece más veces

◁ **Color de la moda**
En el ejemplo, el conjunto de datos es una serie de figuras de colores. Las color rosa aparecen con mayor frecuencia, por lo tanto, el rosa es el valor de la moda.

150, 160, 170, 180, 180

180 aparece dos veces en esta lista, con más frecuencia que cualquier otro valor, por lo tanto es la moda, o valor más frecuente

▷ **Estaturas promedio**
Las estaturas de este grupo de personas se pueden organizar como una lista de datos. De esta lista, puedes encontrar los diferentes tipos de promedios: media, mediana y moda.

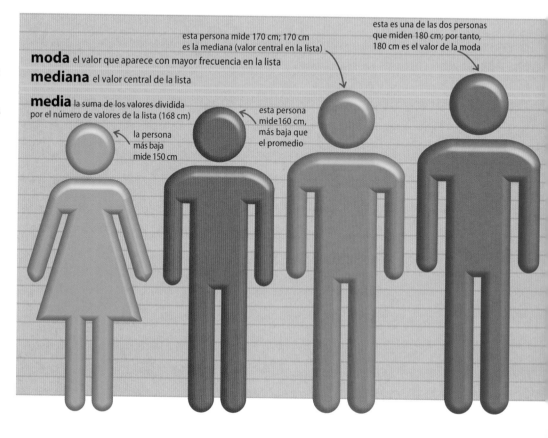

esta es una de las dos personas que miden 180 cm; por tanto, 180 cm es el valor de la moda

esta persona mide 170 cm; 170 cm es la mediana (valor central en la lista)

moda el valor que aparece con mayor frecuencia en la lista

mediana el valor central de la lista

media la suma de los valores dividida por el número de valores de la lista (168 cm)

esta persona mide 160 cm, más baja que el promedio

la persona más baja mide 150 cm

La media

La media es la suma de todos los valores de un conjunto de datos, dividida por el número de valores de la lista. Es lo que la mayoría de la gente entiende por "promedio". Para encontrar la media se utiliza una fórmula sencilla.

$$\text{Media} = \frac{\text{Suma total de valores}}{\text{Número de valores}}$$

fórmula para hallar la media

Primero, toma la lista de datos y ordénala. Cuenta el número de valores de la lista. En este ejemplo, hay cinco valores.

$$150, 160, 170, 180, 180$$

en esta lista hay cinco números

suma total de valores

Para encontrar la suma total de los valores, suma los valores de la lista. En este ejemplo la suma total es 840.

suma los números

$$150 + 160 + 170 + 180 + 180 = 840$$

Divide la suma total de los valores, en este caso 840, por el número de valores, que es 5. El resultado, 168, es el valor medio de la lista.

suma total de valores

número de valores

$$\frac{840}{5} = 168$$

168 es la media

Mediana

La mediana es el valor central de un conjunto de datos. En una lista de cinco valores, es el tercer valor. En una lista de siete valores, sería el cuarto valor.

la mediana es el valor central, la figura naranja

En primer lugar, organiza los datos en orden ascendente (de menor a mayor).

$$170, 180, 180, 160, 150$$

en la lista de cinco valores, el tercer valor es la mediana

La mediana es el valor medio en una lista con un número impar de valores.

$$150, 160, \mathbf{170}, 180, 180$$

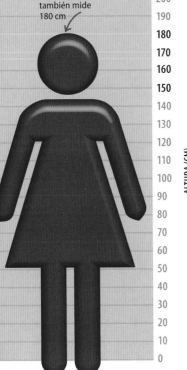

esta persona también mide 180 cm

ALTURA (CM)

210
200
190
180
170
160
150
140
130
120
110
100
90
80
70
60
50
40
30
20
10
0

MÁS DE CERCA

Mediana de un número par de valores

En una lista con un número par de valores, la media se deduce usando los dos valores del medio. En una lista de seis valores, estos serán el tercero y el cuarto.

3er valor   4o valor

$$150, 160, \mathbf{170}, \mathbf{180}, 180, 190$$

valores centrales

valor mediana

▷ **Cálculo de la mediana**
Suma los dos valores centrales y divídelos por dos.

$$\frac{170 + 180}{2} = \frac{350}{2} = 175$$

TRABAJO CON TABLAS DE FRECUENCIA

Los datos con promedios se suelen presentar en lo que se conoce como tablas de frecuencia. Estas tablas dan la frecuencia de ciertos valores en un conjunto de datos.

Hallar la mediana con una tabla de frecuencia

El proceso para encontrar la mediana de una tabla de frecuencia, depende de si la frecuencia total es un número impar o par.

Los siguientes puntajes se tomaron en un test y están en una tabla de frecuencias:

20, 20, 18, 20, 18, 19, 20, 20, 20

Puntaje	Frecuencia
18	2
19	1 (2 + 1 = 3)
20	6 (3 + 6 = 9)
	9

número de veces de cada puntaje

frecuencia mediana (contiene el 5o valor en la lista)

puntaje mediano

frecuencia total

La frecuencia total de 9 es impar, entonces para hallar la mediana debes sumarle 1, luego dividirla por 2, lo que da 5. Esto significa que el 5o valor es la mediana. Suma hacia abajo los valores de la columna de frecuencia hasta llegar a la fila donde está el 5o valor. El puntaje mediano es 20.

Los siguientes puntajes se tomaron en un test y están en una tabla de frecuencias:

18, 17, 20, 19, 19, 18, 19, 18

Puntaje	Frecuencia
17	1
18	3 (1 + 3 = 4)
19	3 (4 + 3 = 7)
20	1 (7 + 1 = 8)
	8

la frecuencia contiene el 4o valor

la frecuencia contiene el 5o valor

frecuencia total

La frecuencia total de 8 es par, entonces hay dos valores centrales (4o y 5o). Para hallarlos, cuenta hacia abajo en la columna de frecuencia sumando valores.

▽ **Frecuencia total par**

Si la frecuencia total es par, se calcula la mediana de los dos valores centrales.

$$\text{Mediana} = \frac{\text{1er valor central} + \text{2o valor central}}{2}$$

1er valor medio 2o valor medio

$$\frac{18 + 19}{2} = \textbf{18.5}$$

mediana

Los valores centrales (4o y 5o) representan respectivamente los puntajes 18 y 19. La mediana es la media de estos dos puntajes, súmalos y luego divídelos por 2. El puntaje mediano es 18.5.

Hallar la media de una tabla de frecuencia

Para encontrar la media de una tabla de frecuencias, calcula el total de los datos y el de la frecuencia. Los siguientes puntajes se tomaron en un test y se organizaron en una tabla:

16 , 18 , 20 , 19 , 17 , 19 , 18 , 17 , 18 , 19 , 16 , 19

Puntaje	Frecuencia
16	2
17	2
18	3
19	4
20	1

rango de valores la frecuencia muestra el número de veces que se anotó cada puntaje

Puntaje	Frecuencia	Puntaje total (puntaje × frecuencia)
16	2	16×2=32
17	2	17×2=34
18	3	18×3=54
19	4	19×4=76
20	1	20×1=20
	12	216

para obtener la frecuencia total, suma las frecuencias

puntaje total

puntajes totales

$$\text{Media} = \frac{\text{Suma de valores}}{\text{Número de valores}}$$

frecuencia total

puntajes totales

$$216 \div 12 = \textbf{18}$$

frecuencia total puntaje medio

Ingresa en una tabla de frecuencias los datos dados.

Encuentra los puntajes totales multiplicando cada puntaje por su frecuencia. La suma total de cada parte de los datos es la suma de sus valores.

Para encontrar la media, divide la suma de los valores, en este ejemplo el puntaje total, por el número de valores, que es la frecuencia total.

Media de datos agrupados

A diferencia de los valores específicos o individuales, los datos agrupados son los recolectados en grupos de valores. Si una tabla de frecuencia muestra datos agrupados, no hay suficiente información para calcular la suma de los valores y sólo se puede encontrar un valor estimado de la media.

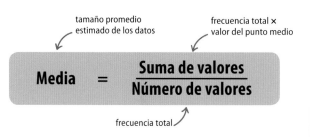

tamaño promedio estimado de los datos

frecuencia total × valor del punto medio

$$\text{Media} = \frac{\text{Suma de valores}}{\text{Número de valores}}$$

frecuencia total

En los datos agrupados, la suma de los valores se encuentra buscando el punto medio de cada grupo y multiplicándolo por la frecuencia. Luego, se suman los resultados de cada grupo para encontrar el valor de frecuencia total × punto medio. Este se divide por el número total de valores, para hallar la media. El ejemplo muestra un grupo de puntajes obtenidos en un examen.

MÁS DE CERCA

Media ponderada

Si algunos valores individuales dentro de los datos agrupados contribuyen a la media más que otros valores en el grupo, resulta una media "ponderada".

Estudiantes en el grupo	15	20	22
Puntaje medio del examen	18	17	13

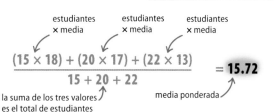

estudiantes × media

$$\frac{(15 \times 18) + (20 \times 17) + (22 \times 13)}{15 + 20 + 22} = \textbf{15.72}$$

la suma de los tres valores es el total de estudiantes

media ponderada

△ **Encuentra la media ponderada**
Multiplica el número de estudiantes de cada grupo por el puntaje medio y suma los resultados. Divídelo por el total de estudiantes para que dé la media ponderada.

Puntaje	Frecuencia
menos de 50	2
50–59	1
60–69	8
70–79	5
80–89	3
90–99	1

Puntaje	Frecuencia	Punto medio	Frecuencia × punto medio
menos de 50	2	25	2 × 25 = 50
50–59	1	54.5	1 × 54.5 = 54.5
60–69	8	64.5	8 × 64.5 = 516
70–79	5	74.5	5 × 74.5 = 372.5
80–89	3	84.5	3 × 84.5 = 253.5
90–99	1	94.5	1 × 94.5 = 94.5
	20		1,341

frecuencia total

frecuencia total × punto medio

frecuencia total × punto medio

$$\frac{1,341}{20} = \textbf{67.05}$$

frecuencia total

puntaje medio estimado

Para encontrar el punto medio de un conjunto de datos, suma los valores mayores y menores y divide el resultado por 2. Por ejemplo, en el grupo de puntaje 90-99, el punto medio es 94.5.

Multiplica el punto medio por la frecuencia para cada grupo e introduce el valor en una nueva columna. Suma los resultados para encontrar la frecuencia total multiplicada por el punto medio.

La división de la frecuencia total × el punto medio por la frecuencia total da el puntaje medio estimado. Se trata de un valor estimado, puesto que no se conocen los puntajes totales obtenidos –sólo se ha dado un rango en cada grupo–.

MÁS DE CERCA

Clase modal

En una tabla de frecuencias con datos agrupados, no se puede encontrar la moda (valor con mayor frecuencia en un grupo). Pero es fácil ver el grupo con mayor frecuencia en la tabla. Este grupo se conoce como clase modal.

▷ **Más de una clase modal**
Hay más de una clase modal cuando la frecuencia más alta de la tabla está en más de un grupo.

Puntaje	0–25	26–50	51–75	76–100
Frecuencia	2	6	8	8

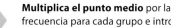

clase modal

Promedios móviles

LOS PROMEDIOS MÓVILES MUESTRAN TENDENCIAS GENERALES DE LOS DATOS EN UN PERÍODO DE TIEMPO.

¿Qué es un promedio móvil?

Cuando los datos se recolectan durante un período de tiempo, los valores pueden cambiar o fluctuar notablemente. Las medias móviles, o promedios durante periodos específicos, suavizan las altas y bajas de los datos fluctuantes y muestran su tendencia general.

Los promedios móviles en un gráfico lineal

Al tomar datos de una tabla, se puede trazar un gráfico lineal de valores individuales en el tiempo. Se pueden calcular las medias móviles a partir de la tabla y trazar una línea de estas en la misma gráfica.

La siguiente tabla muestra las ventas de helado en un periodo de dos años, cada año dividido en cuatro trimestres. Las cifras de cada trimestre muestran cuántos miles de helados se vendieron.

	AÑO UNO				AÑO DOS			
Trimestre	1º	2º	3º	4º	5º	6º	7º	8º
Ventas (en miles)	1.25	3.75	4.25	2.5	1.5	4.75	5.0	2.75

△ Tabla de datos
Estas cifras se pueden presentar como un gráfico lineal, mostrando las ventas en el eje y, y el tiempo (medido en trimestres de un año) en el eje x.

▷ Gráfico de ventas
Muestra los máximos y mínimos (línea rosa) de las ventas trimestrales, mientras que la media móvil (línea verde) muestra la tendencia registrada durante el periodo de dos años.

Estacionalidad

Estacionalidad es el nombre dado a los cambios regulares en una serie de datos que siguen un patrón estacional. Las fluctuaciones estacionales pueden ser causadas por el clima o por periodos de vacaciones anuales, como Navidad o Semana Santa. Por ejemplo, las ventas al detal experimentan un pico predecible en todo el periodo de Navidad y una baja durante el periodo de vacaciones de verano.

▷ Ventas de helados
Las ventas de helados tienden a seguir un patrón estacional predecible.

Cálculo de promedios móviles
Con las cifras de la tabla, se puede calcular un promedio para cada periodo de cuatro trimestres y trazar una media móvil en la gráfica.

Promedio para trimestres 1–4
Calcula la media de las cuatro cifras para el año uno. Marca la respuesta en el gráfico en el punto medio de los trimestres.

$$1.25 + 3.75 + 4.25 + 2.5 = 11.75$$

suma de cifras de ventas para los trimestres 1-4

valor medio (redondeado a 2 decimales)

$$\frac{11.75}{4} = 2.94$$

número de valores

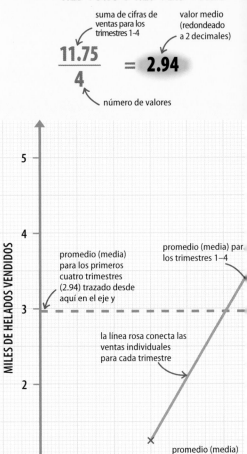

promedio (media) para los primeros cuatro trimestres (2.94) trazado desde aquí en el eje y

promedio (media) par los trimestres 1–4

la línea rosa conecta las ventas individuales para cada trimestre

promedio (media) para el primer año trazado en el eje x en el punto medio de los cuatro primeros trimestres

MILES DE HELADOS VENDIDOS

1er TRIMESTRE   2º TRIMESTRE

AÑO UNO

$$\text{Promedio (media)} = \frac{\text{Suma total de valores}}{\text{Número de valores}}$$

◁ **Cálculo de la media**
Utiliza esta fórmula para hallar la media para cada periodo de cuatro trimestres.

Promedio para trimestres 2–5
Calcula la media de las cifras para los trimestres 2–5 y márcala en el punto medio de los trimestres.

$$3.75 + 4.25 + 2.5 + 1.5 = 12$$

suma de cifras para los trimestres 2–5

$$\frac{12}{4} = \mathbf{3}$$ valor medio

número de valores

Promedio para trimestres 3–6
Calcula la media de las cifras para los trimestres 3–6 y márcala en el punto medio de los trimestres.

$$4.25 + 2.5 + 1.5 + 4.75 = 13$$

suma de cifras para los trimestres 3–6

$$\frac{13}{4} = \mathbf{3.25}$$ valor medio

número de valores

Promedio para trimestres 4–7
Calcula la media de las cifras para los trimestres 4–7 y márcala en el punto medio de los trimestres.

$$2.5 + 1.5 + 4.75 + 5 = 13.75$$

suma de cifras para los trimestres 4–7

$$\frac{13.75}{4} = \mathbf{3.44}$$ valor medio (redondeado a 2 decimales)

número de valores

Promedio para trimestres 5–8
Encuentra la media para los trimestres 5–8, márcala en la gráfica y une las demás marcas.

$$1.5 + 4.75 + 5 + 2.75 = 14$$

suma de cifras para los trimestres 5–8

$$\frac{14}{4} = \mathbf{3.5}$$ valor medio

número de valores

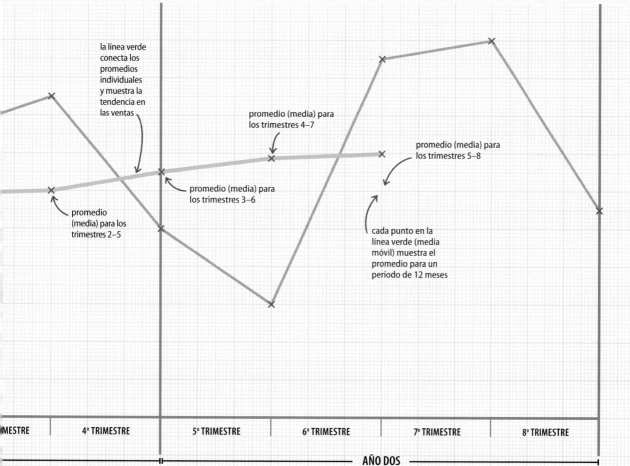

la línea verde conecta los promedios individuales y muestra la tendencia en las ventas

promedio (media) para los trimestres 4–7

promedio (media) para los trimestres 5–8

promedio (media) para los trimestres 3–6

promedio (media) para los trimestres 2–5

cada punto en la línea verde (media móvil) muestra el promedio para un período de 12 meses

MESTRE | 4º TRIMESTRE | 5º TRIMESTRE | 6º TRIMESTRE | 7º TRIMESTRE | 8º TRIMESTRE

AÑO DOS

Medición de la dispersión

LAS MEDIDAS DE DISPERSIÓN MUESTRAN EL RANGO DE LOS DATOS Y OFRECEN
INFORMACIÓN SOBRE ESTOS QUE VA MÁS ALLÁ DE LOS SIMPLES PROMEDIOS.

VER TAMBIÉN

❮ **196–197** Recolectar
y organizar datos

Histogramas   **216–217** ❯

Los diagramas que muestran la medida de dispersión ofrecen las cifras más altas
y las más bajas –rango– de los datos y dan información acerca de su distribución.

Rango y distribución

Basándose en tablas o listas de datos, se pueden crear
diagramas que muestren los rangos de los diferentes
conjuntos de datos. Este muestra la distribución de los
datos, sea que se dispersen en un rango amplio o estrecho.

Materia	Resultados de Ed	Resultados de Bella
Matemáticas	47	64
Inglés	95	68
Francés	10	72
Geografía	65	61
Historia	90	70
Física	60	65
Química	81	60
Biología	77	65

Esta tabla muestra las notas de dos estudiantes. Aunque
sus notas promedio (ver págs. 206-207) son las mismas
(65.625), los rangos de sus notas son muy diferentes.

MUNDO REAL

Banda ancha

Los proveedores de servicios
de Internet suelen dar una
velocidad máxima para sus
conexiones de banda ancha,
por ejemplo, 20Mb por
segundo. Pero esta información
puede ser engañosa. Una
velocidad media da una mejor
idea de qué esperar, pero la
información que realmente se
necesita para tener el cuadro
completo, es la variedad y
distribución de los datos.

nota más baja

nota más alta

Ed: 10, 47, 60, 65, 77, 81, 90, 95

Bella: 60, 61, 64, 65, 65, 68, 70, 72

◁ **Encuentra el rango**
Para calcular el rango de las notas de cada
estudiante, resta la cifra más baja de la más
alta en cada conjunto. La nota más baja de
Ed es 10 y la mayor 95, por lo que su rango
es 85. La nota más baja de Bella es 60 y la
mayor 72, lo que da un rango de 12.

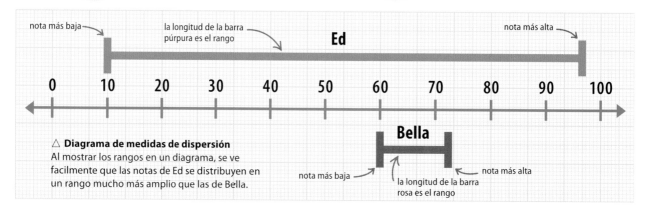

nota más baja

la longitud de la barra
púrpura es el rango

Ed

nota más alta

0   10   20   30   40   50   60   70   80   90   100

Bella

nota más baja

nota más alta

la longitud de la barra
rosa es el rango

△ **Diagrama de medidas de dispersión**
Al mostrar los rangos en un diagrama, se ve
facilmente que las notas de Ed se distribuyen en
un rango mucho más amplio que las de Bella.

Diagramas de tallo y hojas

Los diagramas de tallo y hojas son otra forma de mostrar datos. Dan una idea más clara de la forma en que los datos se distribuyen dentro del rango, en comparación con un simple diagrama de medida de dispersión.

Así lucen los datos antes de organizarlos.

34, 48, 7, 15, 27, 18, 21, 14, 24, 57, 25, 12, 30, 37, 42, 35, 3, 43, 22, 34, 5, 43, 45, 22, 49, 50, 34, 12, 33, 39, 55

Ordena la lista de datos en orden numérico, con el menor número primero. Agrega un cero delante de todo número menor que 10.

03, 05, 07, 12, 12, 14, 15, 18, 21, 22, 22, 24, 25, 27, 30, 33, 34, 34, 34, 35, 37, 39, 42, 43, 43, 45, 48, 49, 50, 55, 57

Para dibujar un diagrama de tallo y hoja, dibuja una cruz con más espacio a su derecha que a su izquierda. Escribe los datos en la cruz, con las decenas en la columna "tallo", a la izquierda de la cruz, y las unidades para cada número como las "hojas" en el lado derecho. Después de haber ingresado en el tallo cada valor de decenas, no lo repitas. Continúa repitiendo sólo los valores ingresados en las hojas.

este es el tallo. 1 es 10, 2 es 20 y así sucesivamente

esta es la hoja, que se une al tallo para formar un número completo

CLAVE $1 \mid 5 = 15$

TALLO	HOJAS
0	3 5 7
1	2 2 4 5 **8**
2	1 2 2 4 5 7
3	0 3 **4 4 4** 5 7 9
4	2 3 3 5 8 9
5	0 5 7

representa cualquier número en la lista de datos cuyo primer dígito es 1

18 aparece una vez

34 aparece 3 veces

no hay datos para 60 o más

la mayor parte de los datos están en el medio del rango

hay menos cifras distribuidas hacia el final que en el medio del rango

CUARTILES

Los cuartiles son puntos divisorios en el rango de un conjunto de datos que dan una imagen clara de la distribución. La mediana marca el punto central, el cuartil superior marca el punto medio entre la mediana y la parte superior de la distribución, y el cuartil inferior el punto medio entre la mediana y el fondo. Las estimaciones de cuartiles se pueden hallar desde un gráfico, o calcular con precisión usando fórmulas.

Estimación de cuartiles

Los cuartiles se pueden calcular leyendo los valores de una gráfica de frecuencias acumuladas (ver pág. 205).

Haz una tabla con los datos dados para rango y frecuencia y suma la frecuencia acumulada. Usa estos datos para hacer un gráfico de frecuencias acumuladas, con la frecuencia acumulada en el eje y, y el rango en el eje x.

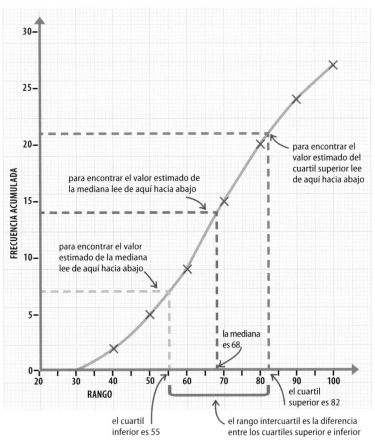

para encontrar el valor estimado de la mediana lee de aquí hacia abajo

para encontrar el valor estimado de la mediana lee de aquí hacia abajo

para encontrar el valor estimado del cuartil superior lee de aquí hacia abajo

la mediana es 68

FRECUENCIA ACUMULADA

RANGO

Rango	Frecuencia	Frecuencia acumulada
30–39	2	2
40–49	3	5 (2+3)
50–59	4	9 (2+3+4)
60–69	6	15 (2+3+4+6)
70–79	5	20 (2+3+4+6+5)
80–89	4	24 (2+3+4+6+5+4)
>90	3	27 (2+3+4+6+5+4+3)

este signo significa mayor que

para hallar la frecuencia acumulada, suma a cada número los que lo preceden

Divide la frecuencia acumulada total por 4 (esta será la frecuencia acumulada de la última entrada de la tabla), y usa el resultado para dividir el eje y en 4 partes.

frecuencia acumulada total

divide el eje y en partes de esta longitud

$$\frac{27}{4} = 6.75$$

el cuartil inferior es 55

el cuartil superior es 82

el rango intercuartil es la diferencia entre los cuartiles superior e inferior

Para encontrar los valores estimados para los cuartiles, lee a través de las marcas y hacia abajo hasta el eje x. Estos son sólo valores aproximados.

Cálculo de cuartiles

Los valores exactos de los cuartiles se pueden hallar en una lista de datos. Estas fórmulas dan la posición de los cuartiles y la mediana en orden ascendente, usando el número total de elementos de datos en la lista, n.

n es el número total de valores en la lista

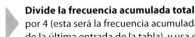

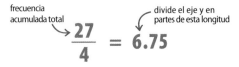

$$\frac{(n+1)}{4}$$

$$\frac{(n+1)}{2}$$

$$\frac{3(n+1)}{4}$$

△ **Cuartil inferior**
Indica la posición del cuartil inferior en una lista de datos.

△ **Mediana**
Indica la posición de la mediana en una lista de datos.

△ **Cuartil superior**
Indica la posición del cuartil superior en una lista de datos.

Cómo calcular los cuartiles

Para hallar los valores de los cuartiles en una lista de datos, primero debes
organizar la lista de números en orden ascendente de menor a mayor.

$$37,38,45,47,48,51,54,54,58,60,62,63,63,65,69,71,74,75,78,78,80,84,86,89,92,94,96$$

▶ **Usa las fórmulas**, para calcular dónde encontrar los cuartiles y la mediana
en esta lista. Los resultados dan la posición de cada valor en la lista.

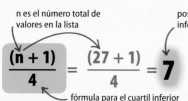

n es el número total de valores en la lista

posición del cuartil inferior (7o valor)

posición de la mediana (14o valor)

posición del cuartil superior (21o valor)

$$\frac{(n+1)}{4} = \frac{(27+1)}{4} = 7$$

fórmula para el cuartil inferior

$$\frac{(n+1)}{2} = \frac{(27+1)}{2} = 14$$

fórmula para hallar la mediana

$$\frac{3(n+1)}{4} = \frac{3(27+1)}{4} = 21$$

fórmula para el cuartil superior

△ **Cuartil inferior**
Este cálculo da 7 como
resultado, entonces el cuartil
inferior es el 7o valor en la lista.

△ **Mediana**
El resultado de este cálculo
es 14, entonces la mediana
será el 14o valor en la lista.

△ **Cuartil superior**
El resultado de este cálculo es 21,
entonces el cuartil superior es el
21o valor en la lista.

▶ **Para hallar los valores** de los cuartiles y la mediana, cuenta a
lo largo de la lista hasta las posiciones que acabas de calcular.

cuartil inferior   mediana   cuartil superior

| 1 | 2 | 3 | 4 | 5 | 6 | 7 | 8 | 9 | 10 | 11 | 12 | 13 | 14 | 15 | 16 | 17 | 18 | 19 | 20 | 21 | 22 | 23 | 24 | 25 | 26 | 27 |

$$37,38,45,47,48,51,\mathbf{54},54,58,60,62,63,63,\mathbf{65},69,71,74,75,78,78,\mathbf{80},84,86,89,92,94,96$$

Diagrama de caja

Los diagramas de caja son una manera de mostrar gráficamente la dispersión y
distribución de una serie de datos. El rango se representa en una recta numérica, con
el rango intercuartil entre los cuartiles superior e inferior indicados como una caja.

▽ **Uso del diagrama**
Este diagrama de cajas muestra un rango
con un límite inferior de 1 y un límite
superior de 9. La mediana es 4, el cuartil
inferior es 3 y el cuartil superior es 6.

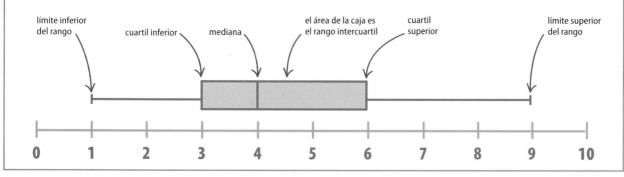

límite inferior del rango

cuartil inferior

mediana

el área de la caja es
el rango intercuartil

cuartil superior

límite superior del rango

0   1   2   3   4   5   6   7   8   9   10

Histogramas

UN HISTOGRAMA ES UN TIPO DE GRÁFICO DE BARRAS. EL ÁREA DE LAS BARRAS REPRESENTA EL TAMAÑO DE LOS DATOS Y NO SU LONGITUD.

VER TAMBIÉN

❮ **196–197** Recolectar y organizar datos

❮ **198–201** Gráficos de barras

❮ **212–215** Medición de la dispersión

¿Qué es un histograma?

Es un diagrama compuesto por bloques en un gráfico. Los histogramas son útiles para mostrar datos que se encuentran en grupos de diferentes tamaños. El ejemplo estudia el número de descargas de un archivo musical en un mes (frecuencia) por grupos de diferentes edades. Cada grupo (clase) tiene un tamaño diferente, pues cada uno cubre un rango de edad. El ancho de cada bloque representa el rango de edad, conocido como ancho de clase. La altura representa la densidad de frecuencia, calculada dividiendo el número de descargas (frecuencia) en cada grupo de edad (clase) por el ancho de clase (rango de edad).

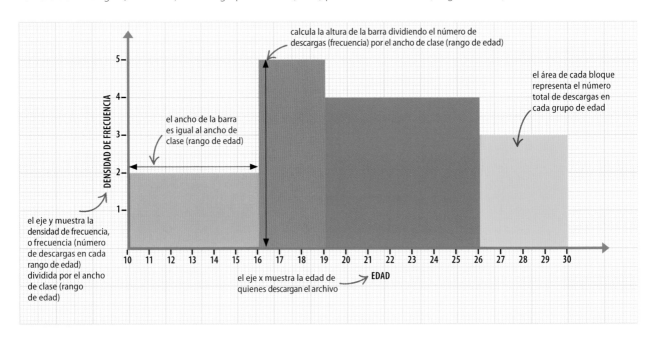

calcula la altura de la barra dividiendo el número de descargas (frecuencia) por el ancho de clase (rango de edad)

el área de cada bloque representa el número total de descargas en cada grupo de edad

el ancho de la barra es igual al ancho de clase (rango de edad)

el eje y muestra la densidad de frecuencia, o frecuencia (número de descargas en cada rango de edad) dividida por el ancho de clase (rango de edad)

el eje x muestra la edad de quienes descargan el archivo

EDAD

DENSIDAD DE FRECUENCIA

MÁS DE CERCA

Histogramas y gráficos de barras

Los gráficos de barras parecen histogramas, pero dan los datos de forma diferente. En un gráfico de barras, las barras tienen la misma anchura. La altura de cada una representa el total (frecuencia) para cada grupo, mientras que en un histograma, los totales están representados por el área de los bloques.

▷ **Gráfico de barras**
Este gráfico muestra los datos dados arriba. Los anchos de clase son diferentes, pero todos los anchos de las barras son iguales.

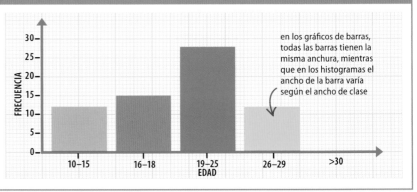

en los gráficos de barras, todas las barras tienen la misma anchura, mientras que en los histogramas el ancho de la barra varía según el ancho de clase

FRECUENCIA

EDAD

Cómo dibujar un histograma

Empieza por hacer una tabla de frecuencias para los datos. Luego, usando los límites de clase, encuentra el ancho de cada clase de datos. Calcula la densidad de frecuencia para cada uno, dividiendo la frecuencia por el ancho de clase.

el límite de clase superior para un grupo es el límite inferior del siguiente grupo

los límites de clase para estos datos son 10, 16, 19, 26 y 30

encuentra el ancho de clase al restar el límite inferior del límite superior, por ejemplo, 16-10 = 6

número de descargas por mes

para hallar la densidad de frecuencia, divide la frecuencia por el ancho de clase

Edad (años)	Frecuencia (descargas en un mes)
10–15	12
16–18	15
19–25	28
26–29	12
>30	0

Edad	Ancho de clase	Frecuencia	Densidad de frecuencia
10–15	6	12	2
16–18	3	15	5
19–25	7	28	4
26–29	4	12	3
>30	–	0	–

para este grupo no hay datos

Para trazar un histograma es necesario conocer el rango de cada clase de datos y los datos de frecuencia. Con esta información, puedes calcular el ancho de clase y la densidad de frecuencia.

Para hallar el ancho de clase, empieza por ubicar los límites de clase de cada grupo, que son los dos números en medio de los cuales se encuentran todos los valores en un grupo. Por ejemplo, para el grupo de 10-15 son 10 y 16. Luego, halla el ancho de clase restando el límite inferior de cada grupo de su límite superior.

Para encontrar la densidad de frecuencia, divide la frecuencia por el ancho de clase de cada grupo. La densidad muestra la frecuencia de cada grupo en proporción a su ancho de clase.

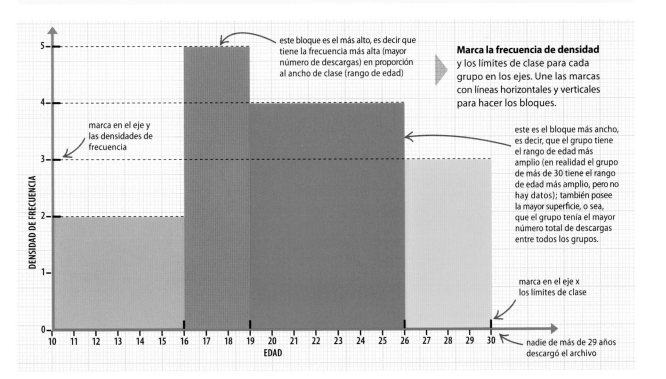

este bloque es el más alto, es decir que tiene la frecuencia más alta (mayor número de descargas) en proporción al ancho de clase (rango de edad)

Marca la frecuencia de densidad y los límites de clase para cada grupo en los ejes. Une las marcas con líneas horizontales y verticales para hacer los bloques.

marca en el eje y las densidades de frecuencia

este es el bloque más ancho, es decir, que el grupo tiene el rango de edad más amplio (en realidad el grupo de más de 30 tiene el rango de edad más amplio, pero no hay datos); también posee la mayor superficie, o sea, que el grupo tenía el mayor número total de descargas entre todos los grupos.

marca en el eje x los límites de clase

nadie de más de 29 años descargó el archivo

DENSIDAD DE FRECUENCIA

EDAD

Diagramas de dispersión

LOS DIAGRAMAS DE DISPERSIÓN PRESENTAN INFORMACIÓN A PARTIR
DE DOS CONJUNTOS DE DATOS Y REVELAN LA RELACIÓN ENTRE ELLOS.

VER TAMBIÉN

❮ **196–197** Recolectar y
organizar datos

❮ **204–205** Gráficos lineales

¿Qué es un diagrama de dispersión?

Un diagrama de dispersión es un gráfico de dos conjuntos de datos. Cada serie
de datos se mide en un eje del gráfico. Los datos aparecen en pares –un valor
se debe leer hacia arriba desde el eje x, el otro de lado a lado desde el eje y–.
Donde se encuentra cada par, se marca un punto. El patrón formado por los puntos
indica si hay alguna conexión, o correlación, entre los dos conjuntos de datos.

▽ **Tabla de datos**

Esta tabla muestra dos conjuntos de
datos: la altura y el peso de 13 personas.
Con la altura de cada persona se da
su peso correspondiente.

Altura (cm)	173	171	189	167	183	181	179	160	177	180	188	186	176
Peso (kg)	69	68	90	65	77	76	74	55	70	75	86	81	68

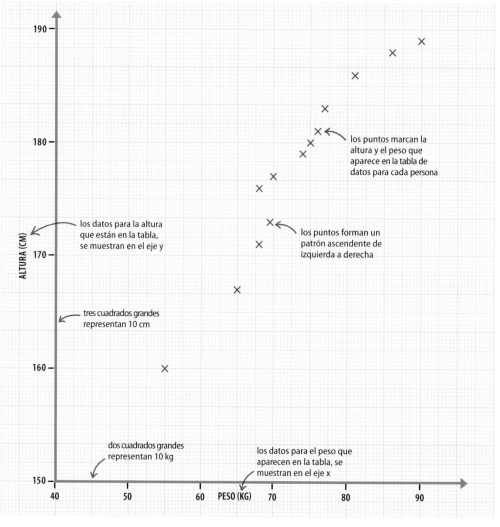

◁ **Traza los puntos**

En papel cuadriculado,
dibuja un eje vertical (y)
y un eje horizontal (x).
Marca en la tabla, a lo largo
de los ejes, las medidas para
cada conjunto de datos.
Lee en sus ejes cada altura
y peso correspondientes
y marca un punto donde se
encuentran. No unas los
puntos marcados.

los puntos marcan la
altura y el peso que
aparece en la tabla de
datos para cada persona

los datos para la altura
que están en la tabla,
se muestran en el eje y

los puntos forman un
patrón ascendente de
izquierda a derecha

tres cuadrados grandes
representan 10 cm

◁ **Correlación positiva**

El patrón de los puntos
marcados entre los dos
ejes muestra una
tendencia ascendente de
izquierda a derecha. La
tendencia ascendente se
conoce como correlación
positiva. En el ejemplo, la
correlación entre los dos
conjuntos de datos es que
si aumenta la altura,
también lo hace el peso.

dos cuadrados grandes
representan 10 kg

los datos para el peso que
aparecen en la tabla, se
muestran en el eje x

Correlaciones negativas y cero

En un diagrama de dispersión los puntos forman patrones diferentes que revelan los tipos de correlación entre las series de datos. Pueden ser positivos, negativos o inexistentes. Pueden revelar cuán fuerte o débil es la correlación entre los dos conjuntos de datos.

Energía usada (kwh)	1.000	1.200	1.300	1.400	1.450	1.550	1.650	1.700
Temperatura (°C)	55	50	45	40	35	30	25	20

CI	141	127	117	150	143	111	106	135
Talla del calzado	8	10	11	6	11	10	9	7

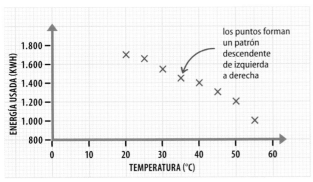

△ **Correlación negativa**
En este gráfico, los puntos forman un patrón descendente de izquierda a derecha. Esto revela una conexión entre los dos conjuntos de datos –al aumentar la temperatura, el consumo de energía disminuye–. Esta relación se denomina correlación negativa.

△ **Sin correlación**
En este gráfico, los puntos no forman ningún tipo de patrón –son muy espaciados y no revelan ninguna tendencia–. Esto indica que no hay conexión entre la talla de calzado de una persona y su CI, es decir, que la correlación entre los dos conjuntos de datos es cero.

Línea de mejor ajuste

Para que un diagrama de dispersión sea más claro y fácil de leer, se traza una línea que siga el patrón general de los puntos, con igual número de puntos a ambos lados de la línea. Esta es la línea de mejor ajuste.

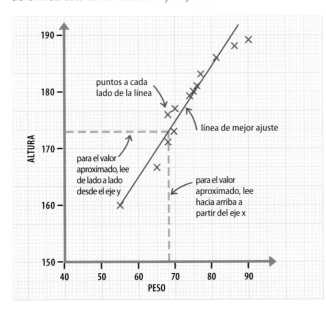

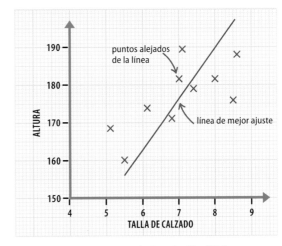

◁ **Hallar valores aproximados**
Cuando trazas la línea de mejor ajuste, puedes encontrar valores aproximados de cualquier peso y altura leyendo horizontalmente en el eje y, o hacia abajo en el eje x.

△ **Correlación débil**
Aquí, los puntos están alejados de la línea de mejor ajuste. Esto muestra que la correlación entre la altura y la talla de calzado es débil. Cuanto más lejos estén los puntos de la línea, menor será la correlación.

Probabilidad

¿Qué es probabilidad?

PROBABILIDAD ES LA POSIBILIDAD DE QUE ALGO SUCEDA.

Las matemáticas resultan útiles para calcular la probabilidad o posibilidad de que ocurra un evento.

¿Cómo se muestra la probabilidad?

A las probabilidades se les da un valor entre 0, que es imposible, y 1, que es cierto. Estos valores se calculan mediante el uso de fracciones. Sigue los pasos para saber cómo calcular la probabilidad de que suceda un evento y cómo mostrarlo como una fracción.

total de hechos específicos que pueden suceder

$\frac{1}{8}$

total de hechos probables que pueden suceder

◁ **Escribe una probabilidad**
El número de arriba muestra las probabilidades de un evento específico, mientras que el número de abajo muestra el total de probabilidades de que todos los posibles eventos sucedan.

▷ **Posibilidades totales**
Decide cuál es el número total de resultados posibles. En este ejemplo, como hay 5 dulces de donde tomar uno, el total es 5, ya que puedes escoger cualquiera de los cinco.

hay 5 dulces, 4 son rojos y 1 es amarillo

▷ **Un hoyo en uno**
En un juego de golf, un hoyo en uno es muy poco probable, por lo que en la escala tiene una probabilidad cercana a 0. Sin embargo, ¡aún puede suceder!

▷ **Posibilidad de dulce rojo**
De los 5 dulces, 4 son rojos. Esto significa que hay 4 posibilidades de 5 de que escojas uno rojo. Puedes escribir esta probabilidad como una fracción 4/5.

$\frac{4}{5}$

número total de dulces rojos que puedes elegir

total de 5 dulces para elegir

▷ **Posibilidad de dulce amarillo**
Como un dulce es de color amarillo, hay 1 oportunidad en 5 de que el dulce escogido sea amarillo. Puedes escribir esta probabilidad como una fracción 1/5.

$\frac{1}{5}$

puedes elegir 1 dulce amarillo

total de 5 dulces para elegir

△ **Copos de nieve idénticos**
Como cada copo de nieve es único, la posibilidad de que haya dos copos de nieve idénticos es 0 en la escala, o imposible.

0

IMPOSIBLE

IMPROBABLE

▷ **Escala de probabilidad**
Puedes mostrar todas las probabilidades en una línea conocida como escala de probabilidad. Cuantas más posibilidades haya de que algo ocurra, más hacia la derecha, o hacia 1, lo ubicas en la escala.

MENOS PROBABLE

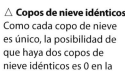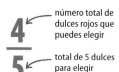

Cálculo de probabilidades

Este ejemplo muestra cómo calcular la probabilidad de escoger al azar un dulce rojo de un grupo de 10 dulces. El número de maneras en que esto puede suceder se escribe en la parte superior de la fracción, mientras que el número total de eventos posibles va en la parte inferior.

número de dulces rojos que puedes elegir

probabilidad de elegir el dulce rojo, como fracción

$$\frac{3 \text{ dulces rojos}}{10 \text{ dulces}}$$

total que se puede elegir

$$\frac{3}{10} \text{ o } 0.3$$

probabilidad de elegir el dulce rojo, como decimal

△ **Elige un dulce**
Hay 10 dulces para elegir. De estos, 3 son de color rojo. Si escoges uno de los dulces, ¿cuál es la posibilidad de que sea rojo?

△ **Rojo elegido de forma aleatoria**
Escoges al azar uno de los 10 dulces de colores. El dulce elegido es uno de los 3 dulces rojos disponibles.

△ **Escríbelo como fracción**
Como hay tres dulces rojos que se pueden elegir, escribes 3 en la parte superior de la fracción. Como hay diez dulces en total, pones 10 en la parte inferior.

△ **¿Cuál es la posibilidad?**
La probabilidad de que elijas un dulce rojo es de 3 entre 10. Puedes escribirla como la fracción 3/10, o como el decimal 0.3.

◁ **Cara o cruz**
Si lanzas una moneda al aire, hay una posibilidad del cincuenta por ciento, ó 1 en 2, de que caiga cara o cruz. En la escala esto se muestra como 0.5, que es lo mismo que la mitad, o 50%.

▷ **Giros de la Tierra**
Es una certeza que la Tierra seguirá girando cada día sobre su eje, luego el lugar de este hecho en la escala es 1.

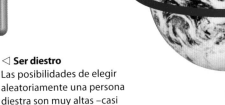

la gran mayoría de las personas son diestras

◁ **Ser diestro**
Las posibilidades de elegir aleatoriamente una persona diestra son muy altas –casi un 1 en la escala–. La mayoría de las personas son diestras.

0.5
IGUAL POSIBILIDAD

PROBABLE

1
CIERTO

MÁS PROBABLE

Expectativa y realidad

EXPECTATIVA ES UN RESULTADO QUE SE PREVÉ QUE OCURRA;
REALIDAD ES EL RESULTADO QUE CIERTAMENTE OCURRE.

VER TAMBIÉN

❰ **40–47** Fracciones

❰ **222–223** ¿Qué es
probabilidad?

Probabilidades
combinadas   **226–227** ❱

La diferencia entre lo que se espera que ocurra y lo que
realmente ocurre a menudo puede ser considerable.

¿Qué es expectativa?

La posibilidad de que un dado de seis lados caiga en
cualquier número es la misma para todos los lados. Por tanto,
se espera que cada uno de los 6 números caiga una vez por
cada 6 tiros (1/6 de las veces). Igualmente, si se lanza una
moneda dos veces, se espera que caiga una vez en cara y
una vez en cruz. Pero esto no siempre sucede en la vida real.

¿CUÁLES SON LAS PROBABILIDADES DE...?	
Que dos teléfonos elegidos al azar terminen igual	1 en 10
Que una persona elegida al azar sea zurda	1 en 12
Que una mujer embarazada dé a luz a mellizos	1 en 33
Que un adulto viva 100 años	1 en 50
Que encuentres un trébol de cuatro hojas	1 entre 10,000
Que seas alcanzado por un rayo en un año	1 en 2.5 millones
Que un meteorito caiga sobre una casa específica	1 entre 182 billones

la posibilidad de que
lances cada número
es de 1 en 6

△ **Lanza un dado**
Si lanzas un dado 6 veces, parece
probable que cada uno de los 6 números
en los dados aparecerá una vez.

Expectativa frente a realidad

La probabilidad matemática espera que cuando lanzas un dado 6 veces, los números 1, 2,
3, 4, 5 y 6 aparecerán una vez cada uno, pero en la realidad, es poco probable que se dé
este resultado. Sin embargo, en una serie más larga de hechos, por ejemplo, al lanzar un
dado mil veces, el número total de números 1, 2, 3, 4, 5 y 6 lanzados sería más uniforme.

es razonable esperar un 4 en
los 6 primeros lanzamientos

▷ **Expectativa**
La probabilidad matemática
espera que, cuando lanzas
un dado 6 veces, lanzarás
un 4 una vez.

▷ **Realidad**
Al lanzar un dado 6 veces
puedes crear cualquier
combinación de los
números en el dado.

un tercer 5 en 6
lanzamientos es inesperado

un tercer 6 en 6
lanzamientos es inesperado

Cálculo de las expectativas

Las expectativas se pueden calcular. Para ello, se expresa como fracción la probabilidad de que algo ocurra y, luego, se multiplica la fracción por el número de veces que el hecho tiene la posibilidad de suceder. Este ejemplo muestra cómo se pueden calcular las expectativas en un juego que consiste en sacar bolas de una cubeta, y en el que las bolas que terminan en 0 o en 5 ganan un premio.

◁ **Bolas numeradas**
En el juego hay 30 bolas y se sacan 5 al azar. Revisa cada una para ver si tiene el número ganador (que termine en 0 o 5).

6 bolas ganadoras

Hay 6 bolas ganadoras que se pueden sacar, de un total de 30 bolas.

número de bolas ganadoras en el juego

6

30 bolas numeradas para sacar

El número total de bolas que se puede sacar en el juego es 30.

número total de bolas en el juego

30

hay 6 bolas ganadoras

bola sacada

ambas partes de la fracción son divisibles por 6 y se pueden cancelar

posibilidades de sacar la bola ganadora

$6 \div 6 = 1$

La probabilidad de sacar una bola ganadora es de 6 (bolas) sobre 30 (bolas). Se puede escribir como la fracción 6/30, la cual se puede reducir a 1/5. La posibilidad de sacar una bola ganadora es de 1 en 5, luego la posibilidad de ganar un premio es 1 en 5.

$$\frac{6}{30} = \frac{1}{5}$$

$30 \div 6 = 5$

1 premio "probablemente" ganado

Se espera que el premio se gane exactamente 1 de cada 5 veces. Por tanto, la probabilidad de ganar un premio es 1/5 de 5, que es 1.

$$\frac{1}{5} \times 5 = 1$$

la probabilidad de sacar una bola ganadora es de 1 en 5

oportunidades para sacar una bola

"espera" 1 premio

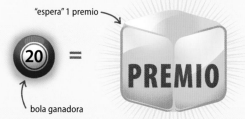

La expectativa sugiere que se ganará un premio si se sacan 5 bolas. Sin embargo, esto no es probable porque puede que no se gane premio alguno o se ganen hasta 5 premios.

bola ganadora

¿1 premio ganado?

Probabilidades combinadas

VER TAMBIÉN

‹ 222–223 ¿Qué es probabilidad?

‹ 224–225 Expectativa y realidad

SE REFIEREN A LA PROBABILIDAD DE UN RESULTADO A PARTIR DE DOS O MÁS EVENTOS QUE SUCEDEN AL MISMO TIEMPO O UNO DESPUÉS DEL OTRO.

Calcular la probabilidad de un resultado de dos cosas que suceden al mismo tiempo no es tan complejo como podría parecer.

¿Qué son probabilidades combinadas?

Para conocer la probabilidad de un resultado posible que ocurra a partir de más de un evento, primero hay que calcular todos los resultados posibles. Por ejemplo, si lanzas al mismo tiempo una moneda y un dado, ¿cuál es la probabilidad de que la moneda caiga en cruz y el dado en 4?

la moneda tiene 2 caras

el dado tiene 6 lados

MONEDA

DADO

Moneda y dado
Una moneda tiene dos caras (cara y cruz), mientras que un dado tiene 6 caras –números de 1 a 6, representados por puntos en cada lado–.

▷ **Lanzar una moneda**
Como una moneda tiene 2 lados, cada uno tiene la misma probabilidad de salir cuando se lanza la moneda. Esto significa que la posibilidad de que la moneda caiga en cruz es exactamente 1 de cada 2, lo cual se representa con la fracción 1/2.

la posibilidad de cara es 1 en 2

la posibilidad de que caiga cruz es 1 en 2

CARA

CRUZ

representa la posibilidad de un hecho único, por ejemplo, que la moneda caiga en cruz

$$\frac{1}{2}$$

representa todos los resultados posibles cuando lanzas la moneda

▷ **Lanzar un dado**
Como un dado tiene 6 lados y cada lado tiene la misma probabilidad de salir al lanzar el dado, la posibilidad de sacar un 4 es exactamente 1 de cada 6, y se representa como la fracción 1/6.

la posibilidad de que caiga 1 es 1 en 6

la posibilidad de que caiga 2 es 1 en 6

la posibilidad de que caiga 3 es 1 en 6

la posibilidad de que caiga 4 es 1 en 6

la posibilidad de que caiga 5 es 1 en 6

la posibilidad de que caiga 6 es 1 en 6

representa la posibilidad de un hecho único, por ejemplo, que el dado caiga en 4

$$\frac{1}{6}$$

representa todos los resultados posibles si lanzas el dado

▷ **Ambos hechos**
Para conocer las probabilidades de que una moneda caiga en cruz y al mismo tiempo un dado caiga en 4, se multiplican las probabilidades individuales entre sí. La respuesta demuestra que hay una posibilidad de 1/12 para este resultado.

la moneda cae en cruz

multiplica las dos probabilidades entre sí

la posibilidad de que el dado caiga en 4 es 1 en 6

posibilidad de un resultado específico

$$\frac{1}{2} \times \frac{1}{6} = \frac{1}{12}$$

CRUZ

la posibilidad de que la moneda caiga en cruz es 1 en 2

la posibilidad de que la moneda caiga en cruz y el dado en 4 es 1 en 12

total de resultados posibles

Cálculo de los posibles resultados

Para calcular todos los resultados posibles de dos hechos combinados, se puede utilizar una tabla. Por ejemplo, al lanzar dos dados, sus puntajes totales combinados estarán entre 2 y 12. Existen 36 resultados posibles, que se muestran en el siguiente cuadro. Para conocer cada uno de sus resultados combinados, lee hacia abajo de cada dado rojo y, horizontalmente, a partir de cada dado azul.

lanzamientos del dado azul

lanzamientos del dado rojo

Rojo / Azul	⚀	⚁	⚂	⚃	⚄	⚅	
⚀	2	3	4	5	6	7	6 lanzamientos de 36 para que salga 7, por ejemplo, que el dado azul caiga en 1 y el rojo en 6
⚁	3	4	5	6	7	8	5 lanzamientos de 36 para que salga 8, por ejemplo, que el dado azul caiga en 2 y el rojo en 6
⚂	4	5	6	7	8	9	4 lanzamientos de 36 para que caiga 9, por ejemplo, que el dado azul caiga en 3 y el rojo en 6
⚃	5	6	7	8	9	10	3 lanzamientos de 36 para que salga 10, por ejemplo, que el dado azul caiga en 4 y el rojo en 6
⚄	6	7	8	9	10	11	2 lanzamientos de 36 para que salga 11, por ejemplo, que el dado azul caiga en 5 y el rojo en 6
⚅	7	8	9	10	11	12	1 lanzamiento de 36 para que salga 12

LEYENDA

Menos probable
El resultado menos probable al lanzar dos dados es 2 (1 para cada dado) o 12 (6 para cada dado). La posibilidad para cualquiera de los dos resultados es 1/36.

Más probable
El resultado más probable al lanzar 2 dados es un 7. Como hay 6 maneras de lanzar un 7, este resultado tiene una posibilidad de 6/36 o 1/6.

Eventos dependientes

VER TAMBIÉN

❬ **224–225** Expectativa y realidad

LAS POSIBILIDADES DE QUE ALGO SUCEDA PUEDEN CAMBIAR DE ACUERDO CON LOS ACONTECIMIENTOS PRECEDENTES. ESTO ES UN EVENTO DEPENDIENTE.

hay 4 tarjetas de cada color

Eventos dependientes

En el ejemplo, la probabilidad de escoger cualquiera de las cuatro tarjetas verdes de un paquete de 40, es de 1 en 40 (1/40). Este es un evento independiente. Pero la probabilidad de que la segunda tarjeta tomada sea verde, depende del color de la tarjeta tomada primero. Esto se conoce como evento dependiente.

▷ **Código de colores**
En este paquete de tarjetas hay 10 grupos. Cada uno tiene un color propio y 4 tarjetas.

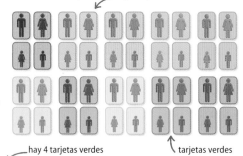

total de 40 tarjetas en el paquete

primera tarjeta verde

segunda tarjeta verde

tercera tarjeta verde

cuarta tarjeta verde

hay 4 tarjetas verdes   tarjetas verdes

$$\frac{4}{40}$$

◁ **¿Cuáles son las posibilidades?**
La posibilidad de que la primera tarjeta tomada sea verde, es de 4 en 40 (4/40). Como es el primer evento, es independiente de otros eventos.

hay 40 tarjetas en total

Eventos dependientes y disminución de la probabilidad

Si la primera tarjeta tomada de un paquete de 40 es una de cuatro tarjetas verdes, la probabilidad de que la próxima tarjeta sea verde, se reduce a 3 en 39 (3/39). Aquí se muestra cómo, en adelante, las posibilidades de tomar una tarjeta verde, disminuyen hasta llegar a 0.

Se toma la primera tarjeta y es verde. La siguiente tarjeta se tomará de las 39 tarjetas que quedan.

se tomó 1 tarjeta verde

quedan 39 tarjetas

posibilidades de que la siguiente tarjeta sea verde

$$\frac{3}{39}$$

tarjetas que quedan

◁ **Las posibilidades** de que la siguiente tarjeta que se tome sea verde son 3 en 39 (3/39). Como ya se tomó 1 de las 4 verdes, quedan 3 tarjetas verdes en el paquete.

Las 3 primeras tarjetas tomadas fueron todas verdes. La próxima tarjeta se tomará de las 37 tarjetas que quedan.

se tomaron 3 tarjetas verdes

quedan 37 tarjetas

posibilidades de que la siguiente tarjeta sea verde

$$\frac{1}{37}$$

tarjetas que quedan

◁ **Las posibilidades** de que la siguiente tarjeta sea verde son 1 en 37 (1/37). Como se tomaron 3 de las 4 verdes, queda 1 tarjeta verde en el paquete.

Las 4 primeras tarjetas tomadas fueron todas verdes. La próxima tarjeta se tomará de las 36 tarjetas que quedan.

se tomaron 4 tarjetas verdes

quedan 36 tarjetas

posibilidades de que la siguiente tarjeta sea verde, cuando has tomado todas las verdes

$$\frac{0}{36} = 0$$

tarjetas que quedan

◁ **Las posibilidades** de que la siguiente tarjeta que se tome sea verde son 0 en 36 ó cero. Ya tomaste las 4 verdes, no queda ninguna.

Eventos dependientes y probabilidad creciente

Si la primera tarjeta tomada de un paquete de 40 no es una de cuatro tarjetas rosa, entonces la probabilidad de que la próxima tarjeta sea rosa, aumenta a 4 entre las 39 restantes (4/39). En este ejemplo, la probabilidad de que la siguiente tarjeta en ser tomada sea rosa, crece hasta la certeza con cada tarjeta rosa que no se haya tomado.

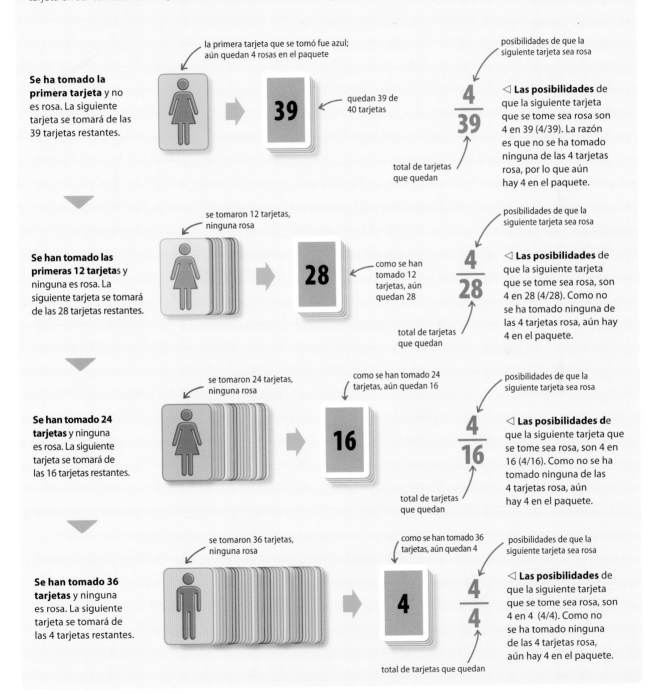

Se ha tomado la primera tarjeta y no es rosa. La siguiente tarjeta se tomará de las 39 tarjetas restantes.

la primera tarjeta que se tomó fue azul; aún quedan 4 rosas en el paquete

39

quedan 39 de 40 tarjetas

posibilidades de que la siguiente tarjeta sea rosa

$$\frac{4}{39}$$

total de tarjetas que quedan

◁ **Las posibilidades** de que la siguiente tarjeta que se tome sea rosa son 4 en 39 (4/39). La razón es que no se ha tomado ninguna de las 4 tarjetas rosa, por lo que aún hay 4 en el paquete.

Se han tomado las primeras 12 tarjetas y ninguna es rosa. La siguiente tarjeta se tomará de las 28 tarjetas restantes.

se tomaron 12 tarjetas, ninguna rosa

28

como se han tomado 12 tarjetas, aún quedan 28

posibilidades de que la siguiente tarjeta sea rosa

$$\frac{4}{28}$$

total de tarjetas que quedan

◁ **Las posibilidades** de que la siguiente tarjeta que se tome sea rosa, son 4 en 28 (4/28). Como no se ha tomado ninguna de las 4 tarjetas rosa, aún hay 4 en el paquete.

Se han tomado 24 tarjetas y ninguna es rosa. La siguiente tarjeta se tomará de las 16 tarjetas restantes.

se tomaron 24 tarjetas, ninguna rosa

como se han tomado 24 tarjetas, aún quedan 16

16

posibilidades de que la siguiente tarjeta sea rosa

$$\frac{4}{16}$$

total de tarjetas que quedan

◁ **Las posibilidades d**e que la siguiente tarjeta que se tome sea rosa, son 4 en 16 (4/16). Como no se ha tomado ninguna de las 4 tarjetas rosa, aún hay 4 en el paquete.

Se han tomado 36 tarjetas y ninguna es rosa. La siguiente tarjeta se tomará de las 4 tarjetas restantes.

se tomaron 36 tarjetas, ninguna rosa

como se han tomado 36 tarjetas, aún quedan 4

4

posibilidades de que la siguiente tarjeta sea rosa

$$\frac{4}{4}$$

◁ **Las posibilidades** de que la siguiente tarjeta que se tome sea rosa, son 4 en 4 (4/4). Como no se ha tomado ninguna de las 4 tarjetas rosa, aún hay 4 en el paquete.

total de tarjetas que quedan

Diagramas de árbol

VER TAMBIÉN

‹ 222–223 ¿Qué es probabilidad?

‹ 226–227 Probabilidades combinadas

‹ 228–229 Eventos dependientes

LOS DIAGRAMAS DE ÁRBOL SE CONSTRUYEN PARA AYUDAR A CALCULAR LA PROBABILIDAD DE MÚLTIPLES EVENTOS QUE OCURREN.

Mediante el uso de flechas, o "ramas" de un "árbol", que fluyen de izquierda a derecha, se puede mostrar una amplia gama de posibles resultados de eventos futuros.

Construir diagramas de árbol

Para construir un diagrama de árbol, primero se dibuja una flecha desde la posición inicial hasta cada uno de los posibles resultados. En este ejemplo, el inicio es un teléfono celular y los resultados son 5 mensajes enviados a otros 2 teléfonos, cada uno de los cuales se encuentra al final de 1 de 2 flechas. Estos son eventos independientes pues no existe un evento previo.

▷ **Eventos independientes**
De 5 mensajes, se envían 2 al primer teléfono, representado por la fracción 2/5, y 3 de los 5 mensajes se envían al segundo teléfono, que se representa con la fracción 3/5.

2 de 5 mensajes enviados al primer teléfono

$\dfrac{2}{5}$

3 de 5 mensajes enviados al segundo teléfono

$\dfrac{3}{5}$

Diagramas de árbol que muestran múltiples eventos

Para dibujar un diagrama de árbol que muestre múltiples eventos, comienza con una posición inicial, con flechas dirigidas hacia la derecha a cada uno de los posibles resultados. Esta es la etapa 1. Cada uno de los resultados de la etapa 1 se convierte luego en una nueva posición inicial, con nuevas flechas, cada una dirigida a una nueva etapa de posibles resultados. Esta es la etapa 2. Luego puede haber más etapas, derivadas de los resultados de las etapas anteriores. Estos son eventos múltiples, ya que una etapa de eventos precede a otra.

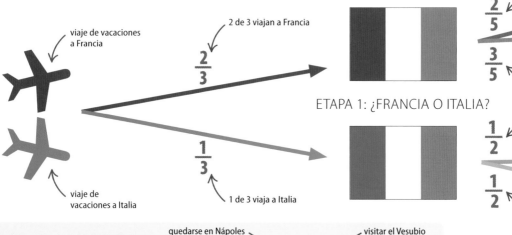

viaje de vacaciones a Francia

2 de 3 viajan a Francia

$\dfrac{2}{3}$

ETAPA 1: ¿FRANCIA O ITALIA?

viaje de vacaciones a Italia

$\dfrac{1}{3}$

1 de 3 viaja a Italia

al llegar a Francia, 2 de 5 se quedan en París

$\dfrac{2}{5}$

al llegar a Francia, 3 de 5 se quedan en los Alpes

$\dfrac{3}{5}$

al llegar a Italia, 1 de 2 se queda en Roma

$\dfrac{1}{2}$

al llegar a Italia, 1 de 2 se queda en Nápoles

$\dfrac{1}{2}$

Hallar la probabilidad

Para calcular la probabilidad de que una persona elegida al azar vuele a Italia, se quede en Nápoles y visite el Vesubio, multiplica entre sí las posibilidades de cada etapa de este viaje, así obtendrás la respuesta.

quedarse en Nápoles   visitar el Vesubio

$$\dfrac{1}{3} \times \dfrac{1}{2} \times \dfrac{1}{4} = \dfrac{1}{24}$$

1 de 3 viaja a Italia

probabilidad de que la persona visite Italia, luego Nápoles, después el Vesubio

△ **Eventos múltiples en 3 etapas**
El diagrama de árbol de arriba muestra tres etapas de unas vacaciones. En la etapa 1, las personas vuelan a Francia o a Italia.

Cuando varios eventos son dependientes

Los diagramas de árbol muestran cómo las posibilidades de un evento pueden depender del evento previo. En este ejemplo, cada evento es alguien tomando una fruta de una bolsa sin reemplazarla.

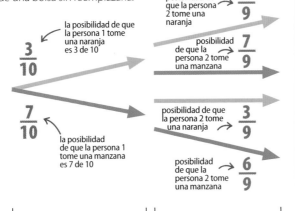

la posibilidad de que la persona 1 tome una naranja es 3 de 10

$\frac{3}{10}$

posibilidad de que la persona 2 tome una naranja → $\frac{2}{9}$

posibilidad de que la persona 2 tome una manzana → $\frac{7}{9}$

$\frac{7}{10}$

la posibilidad de que la persona 1 tome una manzana es 7 de 10

posibilidad de que la persona 2 tome una naranja → $\frac{3}{9}$

posibilidad de que la persona 2 tome una manzana → $\frac{6}{9}$

△ **Eventos dependientes**

La persona 1 toma una fruta de una bolsa con 10 (3 naranjas, 7 manzanas). La persona 2 toma su fruta de 9. Las posibilidades se dan entre 9.

la persona 1 saca una de 10 frutas

la persona 2 saca una de 9 frutas

Halla la probabilidad

¿Qué probabilidad hay de que la persona 1 y la persona 2 tomen una naranja? Multiplica entre sí las probabilidades de los dos eventos.

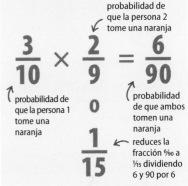

probabilidad de que la persona 2 tome una naranja

$$\frac{3}{10} \times \frac{2}{9} = \frac{6}{90}$$

probabilidad de que la persona 1 tome una naranja

probabilidad de que ambos tomen una naranja

$$o$$

$$\frac{1}{15}$$

reduces la fracción ⁶⁄₉₀ a ¹⁄₁₅ dividiendo 6 y 90 por 6

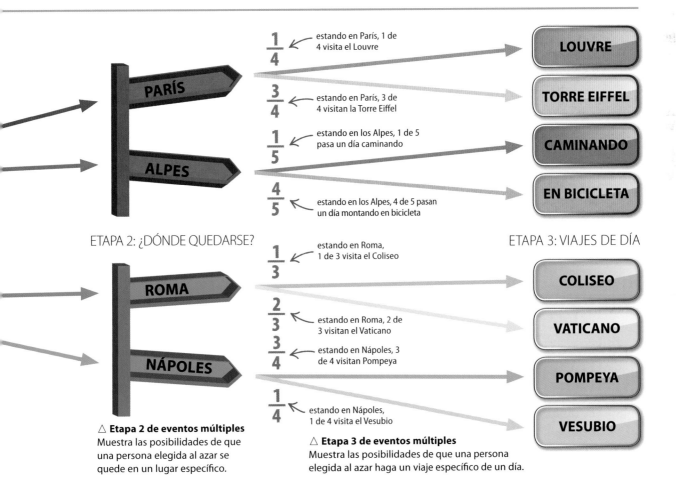

estando en París, 1 de 4 visita el Louvre

$\frac{1}{4}$ → **LOUVRE**

PARÍS

$\frac{3}{4}$ estando en París, 3 de 4 visitan la Torre Eiffel → **TORRE EIFFEL**

$\frac{1}{5}$ estando en los Alpes, 1 de 5 pasa un día caminando → **CAMINANDO**

ALPES

$\frac{4}{5}$ estando en los Alpes, 4 de 5 pasan un día montando en bicicleta → **EN BICICLETA**

ETAPA 2: ¿DÓNDE QUEDARSE?

ETAPA 3: VIAJES DE DÍA

$\frac{1}{3}$ estando en Roma, 1 de 3 visita el Coliseo → **COLISEO**

ROMA

$\frac{2}{3}$ estando en Roma, 2 de 3 visitan el Vaticano → **VATICANO**

$\frac{3}{4}$ estando en Nápoles, 3 de 4 visitan Pompeya

NÁPOLES → **POMPEYA**

$\frac{1}{4}$ estando en Nápoles, 1 de 4 visita el Vesubio → **VESUBIO**

△ **Etapa 2 de eventos múltiples**
Muestra las posibilidades de que una persona elegida al azar se quede en un lugar específico.

△ **Etapa 3 de eventos múltiples**
Muestra las posibilidades de que una persona elegida al azar haga un viaje específico de un día.

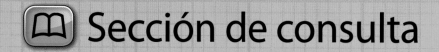

Sección de consulta

Signos y símbolos matemáticos

Esta tabla muestra una selección de signos y símbolos utilizados en matemáticas. Mediante el uso de signos y símbolos, los matemáticos pueden expresar ecuaciones y fórmulas complejas en una forma estandarizada y entendida universalmente.

Símbolo	Definición	Símbolo	Definición	Símbolo	Definición
$+$	más; positivo	$:$	razón de (6:4)	∞	infinito
$-$	menos; negativo	$::$	proporcionalmente igual $(1:2::2:4)$	n^2	número al cuadrado
$\pm$	más o menos; positivo o negativo; grado de precisión			n^3	número al cubo
		$\approx, \doteq, \triangleq$	aproximadamente igual a; equivalente a; similar a	$n^4, n^5,$ etc.	potencia, índice
$\mp$	menos o más; negativo o positivo			$\sqrt{\ }$	raíz cuadrada
		$\cong$	congruente con; idéntico a	$\sqrt[3]{\ }, \sqrt[4]{\ }$	raíz cúbica, raíz cuarta, etc.
$\times$	multiplicado por (6 × 4)	$>$	mayor que	$\%$	por ciento
$\cdot$	multiplicado por (6·4); escalar producto de dos vectores (A·B)	$\gg$	mucho mayor que	$^\circ$	grados (°C); grados de arco, por ejemplo 90°
		$\ngtr$	no mayor que		
$\div$	dividido entre (6 ÷ 4)	$<$	menor que	$\angle, \angle^s$	ángulo (s)
$/$	dividido entre; razón de (⁶⁄₄)	$\ll$	mucho menor que	$\veebar$	equiangular
$—$	dividido entre; razón de (⁶⁄₄)	$\nless$	no menor que	π	(pi) relación de la circunferencia con el diámetro de un círculo = 3,14
$\bigcirc$	círculo	$\geqslant, \geqq, \gtreqless$	igual o mayor que		
$\blacktriangle$	triángulo	$\leqslant, \leqq, \lesseqgtr$	igual o menor que		
$\square$	cuadrado	$\propto$	directamente proporcional a	α	alfa (ángulo desconocido)
$\square$	rectángulo	$(\ )$	paréntesis, pueden significar multiplicación	θ	theta (ángulo desconocido)
$\square$	paralelogramo			$\perp$	perpendicular
$=$	igual	$—$	vínculo: división (a-b); cuerda de círculo o longitud de línea (AB);	$\llcorner$	ángulo recto
$\neq$	no es igual a			$\parallel, \nparallel$	paralela
$\equiv$	idéntico a; congruente con	$\overrightarrow{AB}$	vector	$\therefore$	por lo tanto
$\not\equiv$	no es idéntico a	$\overline{AB}$	segmento de línea	$\because$	porque
$\triangleq$	corresponde a	$\overleftrightarrow{AB}$	línea	$\underline{m}$	medido por

Números primos

Un número primo es un número que sólo se puede dividir exactamente entre 1 y entre sí mismo sin que quede un residuo. Por definición, 1 no es primo. No existe una fórmula para obtener todos los números primos. Aquí presentamos los primeros 250.

2	3	5	7	11	13	17	19	23	29
31	37	41	43	47	53	59	61	67	71
73	79	83	89	97	101	103	107	109	113
127	131	137	139	149	151	157	163	167	173
179	181	191	193	197	199	211	223	227	229
233	239	241	251	257	263	269	271	277	281
283	293	307	311	313	317	331	337	347	349
353	359	367	373	379	383	389	397	401	409
419	421	431	433	439	443	449	457	461	463
467	479	487	491	499	503	509	521	523	541
547	557	563	569	571	577	587	593	599	601
607	613	617	619	631	641	643	647	653	659
661	673	677	683	691	701	709	719	727	733
739	743	751	757	761	769	773	787	797	809
811	821	823	827	829	839	853	857	859	863
877	881	883	887	907	911	919	929	937	941
947	953	967	971	977	983	991	997	1009	1013
1019	1021	1031	1033	1039	1049	1051	1061	1063	1069
1087	1091	1093	1097	1103	1109	1117	1123	1129	1151
1153	1163	1171	1181	1187	1193	1201	1213	1217	1223
1229	1231	1237	1249	1259	1277	1279	1283	1289	1291
1297	1301	1303	1307	1319	1321	1327	1361	1367	1373
1381	1399	1409	1423	1427	1429	1433	1439	1447	1451
1453	1459	1471	1481	1483	1487	1489	1493	1499	1511
1523	1531	1543	1549	1553	1559	1567	1571	1579	1583

Cuadrados, cubos y raíces

La siguiente tabla muestra el cuadrado, el cubo, la raíz cuadrada y la raíz cúbica de números enteros, con 3 decimales.

No.	Cuadrado	Cubo	Raíz cuadrada	Raíz cúbica
1	1	1	1.000	1.000
2	4	8	1.414	1.260
3	9	27	1.732	1.442
4	16	64	2.000	1.587
5	25	125	2.236	1.710
6	36	216	2.449	1.817
7	49	343	2.646	1.913
8	64	512	2.828	2.000
9	81	729	3.000	2.080
10	100	1,000	3.162	2.154
11	121	1,331	3.317	2.224
12	144	1,728	3.464	2.289
13	169	2,197	3.606	2.351
14	196	2,744	3.742	2.410
15	225	3,375	3.873	2.466
16	256	4,096	4.000	2.520
17	289	4,913	4.123	2.571
18	324	5,832	4.243	2.621
19	361	6,859	4.359	2.668
20	400	8,000	4.472	2.714
25	625	15,625	5.000	2.924
30	900	27,000	5.477	3.107
50	2.500	125,000	7.071	3.684

Tabla de multiplicar

Esta tabla de multiplicar muestra los productos de cada número entero de 1 a 12, multiplicado por cada número entero de 1 a 12.

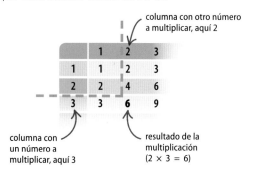

columna con otro número a multiplicar, aquí 2

columna con un número a multiplicar, aquí 3

resultado de la multiplicación (2 × 3 = 6)

	1	2	3	4	5	6	7	8	9	10	11	12
1	1	2	3	4	5	6	7	8	9	10	11	12
2	2	4	6	8	10	12	14	16	18	20	22	24
3	3	6	9	12	15	18	21	24	27	30	33	36
4	4	8	12	16	20	24	28	32	36	40	44	48
5	5	10	15	20	25	30	35	40	45	50	55	60
6	6	12	18	24	30	36	42	48	54	60	66	72
7	7	14	21	28	35	42	49	56	63	70	77	84
8	8	16	24	32	40	48	56	64	72	80	88	96
9	9	18	27	36	45	54	63	72	81	90	99	108
10	10	20	30	40	50	60	70	80	90	100	110	120
11	11	22	33	44	55	66	77	88	99	110	121	132
12	12	24	36	48	60	72	84	96	108	120	132	144

Unidades de medida

Una unidad de medida es una cantidad utilizada como estándar, que permite comparar los valores de las cosas. Las unidades de medida incluyen los segundos (tiempo), los metros (longitud) y los kilogramos (peso). El sistema métrico y el sistema inglés son dos sistemas de medidas ampliamente utilizados.

ÁREA

métrico

100 milímetros cuadrados (mm²)	=	1 centímetro cuadrado (cm²)
10,000 centímetros cuadrados (cm²)	=	1 metro cuadrado (m²)
10,000 metros cuadrados (m²)	=	1 hectárea (ha)
100 hectáreas (ha)	=	1 kilómetro cuadrado (km²)
1 kilómetro cuadrado (km²)	=	1,000,000 metros cuadrados (m²)

inglés

144 pulgadas cuadradas (pulg.²)	=	1 pie cuadrado (pie²)
9 pies cuadrados (pies²)	=	1 yarda cuadrada (yd²)
1,296 pulgadas cuadradas (pulg.²)	=	1 yarda cuadrada (yd²)
43,560 pies cuadrados (pies²)	=	1 acre
640 acres	=	1 milla cuadrada (mi²)

VOLUMEN LÍQUIDO

métrico

1,000 mililitros (ml)	=	1 litro (l)
100 litros (l)	=	1 hectolitro (hl)
10 hectolitros (hl)	=	1 kilolitro (kl)
1,000 litros (l)	=	1 kilolitro (kl)

inglés

8 onzas líquidas (fl oz)	=	1 taza
20 onzas líquidas (fl oz)	=	1 pinta (pt)
4 gills (gi)	=	1 pinta (pt)
2 pintas (pt)	=	1 cuarto (qt)
4 cuartos (qt)	=	1 galón (gal)
8 pintas (pt)	=	1 galón (gal)

MASA

métrico

1,000 miligramos (mg)	=	1 gramo (g)
1,000 gramos (g)	=	1 kilogramo (kg)
1,000 kilogramos (kg)	=	1 tonelada (t)

inglés

16 onzas (oz)	=	1 libra (lb)
14 libras (lb)	=	1 piedra
112 libras (lb)	=	1 quintal
20 quintales	=	1 tonelada

LONGITUD

métrico

10 milímetros (mm)	=	1 centímetro (cm)
100 centímetros (cm)	=	1 metro (m)
1,000 milímetros (mm)	=	1 metro (m)
1,000 metros (m)	=	1 kilómetro (km)

inglés

12 pulgadas (pulg.)	=	1 pie
3 pies	=	1 yarda (yd)
1,760 yardas (yd)	=	1 milla
5,280 pies	=	1 milla
8 estadios	=	1 milla

TIEMPO

métrico e inglés

60 segundos	=	1 minuto
60 minutos	=	1 hora
24 horas	=	1 día
7 días	=	1 semana
52 semanas	=	1 año
1 año	=	12 meses

TEMPERATURA

		Fahrenheit	Celsius	Kelvin
Punto de ebullición del agua	=	212°	100°	373°
Punto de congelación del agua	=	32°	0°	273°
Cero absoluto	=	−459°	−273°	0°

Tablas de conversión

Las siguientes tablas muestran los equivalentes métricos e ingleses de medidas comunes de longitud, área, masa y volumen. Las conversiones de temperaturas entre centígrados (Celsius), Fahrenheit y Kelvin requieren fórmulas, que también se ofrecen más adelante.

LONGITUD		
métrico		**inglés**
1 milímetro (mm)	=	0.03937 pulgadas (pulg.)
1 centímetro (cm)	=	0.3937 pulgadas (pulg.)
1 metro (m)	=	1.0936 yardas (yd)
1 kilómetro (km)	=	0.6214 millas
inglés		**métrico**
1 pulgada (pulg.)	=	2.54 centímetros (cm)
1 pie	=	0.3048 metros (m)
1 yarda (yd)	=	0.9144 metros (m)
1 milla	=	1.6093 kilómetros (km)
1 milla náutica	=	1.853 kilómetros (km)

ÁREA		
métrico		**inglés**
1 centímetro cuadrado (cm^2) =		0.55 pulgada cuadrada ($pulg^2$)
1 metro cuadrado (m^2)	=	1.196 yarda cuadrada (yd^2)
1 hectárea (ha)	=	2.4711 acres
1 kilómetro cuadrado (km^2)	=	0.3861 millas cuadradas
inglés		**métrico**
1 pulgada cuadrada ($pulg^2$)	=	6.4516 centímetros cuadrados (cm^2)
1 pie cuadrado (pie^2)	=	0.0929 metro cuadrado (m^2)
1 yarda cuadrada (yd^2)	=	0.8361 metro cuadrado (m^2)
1 acre	=	0.4047 hectárea (ha)
1 milla cuadrada	=	2.59 kilómetros cuadrados (km^2)

MASA		
métrico		**inglés**
1 miligramo (mg)	=	0.0154 grano
1 gramo (g)	=	0.0353 onza (oz)
1 kilogramo (kg)	=	2.2046 libras (lb)
1 tonelada/tonelada métrica (t)	=	0.9842 tonelada inglesa
inglés		**métrico**
1 onza (oz)	=	28.35 gramos (g)
1 libra (lb)	=	0.4536 kilogramos (kg)
1 piedra	=	6.3503 kilogramos (kg)
1 quintal (q)	=	50.802 kilogramo (kg)
1 tonelada inglesa	=	1.016 toneladas/ton. métricas

VOLUMEN		
métrico		**inglés**
1 centímetro cúbico (cm^3)	=	0.061 pulgada cúbica ($pulg^3$)
1 decímetro cúbico (dm^3)	=	0.0353 pie cúbico (pie^3)
1 metro cúbico (m^3)	=	1.308 yarda cúbica (yd^3)
1 litro (l)/1 dm^3	=	1.76 pintas (pt)
1 hectolitro (hl)/100 l	=	21.997 galones (gal)
inglés		**métrico**
1 pulgada cúbica ($pulg^3$)	=	16.387 centímetros cúbicos (cm^3)
1 pie cúbico (pie^3)	=	0.0283 metros cúbicos (m^3)
1 onza líquida (fl oz)	=	28.413 mililitros (ml)
1 pinta (pt)/20 fl oz	=	0.5683 litro (l)
1 galón/8 pt	=	4.5461 litros (l)

TEMPERATURA		
Para convertir de Fahrenheit (°F) a Celsius (°C)	=	$C = 5 \div 9 \, (F - 32)$
Para convertir de Celsius (°C) a Fahrenheit (°F)	=	$F = 9 \div 5 \, C + 32$
Para convertir de Celsius (°C) a Kelvin (K)	=	$C = K + 273$
Para convertir de Kelvin (K) a Celsius (°C)	=	$K = C - 273$

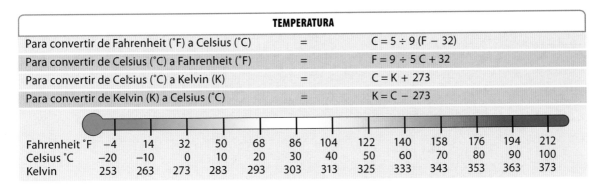

Fahrenheit °F	−4	14	32	50	68	86	104	122	140	158	176	194	212
Celsius °C	−20	−10	0	10	20	30	40	50	60	70	80	90	100
Kelvin	253	263	273	283	293	303	313	325	333	343	353	363	373

Cómo convertir

La siguiente tabla muestra cómo convertir entre unidades de medidas métricas y unidades inglesas. La tabla de la izquierda muestra cómo convertir de una unidad a su equivalente métrico o inglés. La de la derecha muestra cómo hacer la conversión inversa.

CÓMO CONVERTIR MEDIDAS MÉTRICAS E INGLESAS		
para cambiar	a	multiplica por
acres	hectáreas	0.4047
centímetros	pies	0.0305
centímetros	pulgadas	0.3937
centímetros cúbicos	pulgadas cúbicas	0.061
pies cúbicos	metros cúbicos	0.0283
pulgadas cúbicas	centímetros cúbicos	16.3871
metros cúbicos	pies cúbicos	35.315
pies	centímetros	30.48
pies	metros	0.3048
galones	litros	4.546
gramos	onzas	0.0353
hectáreas	acres	2.471
pulgadas	centímetros	2.54
kilogramos	libras	2.2046
kilómetros	millas	0.6214
kilómetros por hora	millas por hora	0.6214
litros	galones	0.2199
litros	pintas	1.7598
metros	pies	3.2808
metros	yardas	1.0936
metros por minuto	centímetros por segundo	1.6667
metros por minuto	pies por segundo	0.0547
millas	kilómetros	1.6093
millas por hora	kilómetros por hora	1.6093
millas por hora	metros por segundo	0.447
milímetros	pulgadas	0.0394
onzas	gramos	28.3495
pintas	litros	0.5682
libras	kilogramos	0.4536
centímetros cuadrados	pulgadas cuadradas	0.155
pulgadas cuadradas	centímetros cuadrados	6.4516
pies cuadrados	metros cuadrados	0.0929
kilómetros cuadrados	millas cuadradas	0.386
metros cuadrados	pies cuadrados	10.764
metros cuadrados	yardas cuadradas	1.196
millas cuadradas	kilómetros cuadrados	2.5899
yardas cuadradas	metros cuadrados	0.8361
toneladas (métricas)	toneladas (inglesas)	0.9842
toneladas (inglesas)	toneladas (métricas)	1.0216
yardas	metro	0.9144

CÓMO CONVERTIR MEDIDAS MÉTRICAS E INGLESAS		
para cambiar	a	divide por
hectáreas	acres	0.4047
pies	centímetros	0.0305
pulgadas	centímetros	0.3937
pulgadas cúbicas	centímetros cúbicos	0.061
metros cúbicos	pies cúbicos	0.0283
centímetros cúbicos	pulgadas cúbicas	16.3871
pies cúbicos	metros cúbicos	35.315
centímetros	pies	30.48
metros	pies	0.3048
litros	galones	4.546
onzas	gramos	0.0353
acres	hectáreas	2.471
centímetros	pulgadas	2.54
libras	kilogramos	2.2046
millas	kilómetros	0.6214
millas por hora	kilómetros por hora	0.6214
galones	litros	0.2199
pintas	litros	1.7598
pies	metros	3.2808
yardas	metros	1.0936
centímetros por segundo	metros por minuto	1.6667
pies por segundo	metros por minuto	0.0547
kilómetros	millas	1.6093
kilómetros por hora	millas por hora	1.6093
metros por segundo	millas por hora	0.447
pulgadas	milímetros	0.0394
gramos	onzas	28.3495
litros	pintas	0.5682
kilogramos	libras	0.4536
pulgadas cuadradas	centímetros cuadrados	0.155
centímetros cuadrados	pulgadas cuadradas	6.4516
metros cuadrados	pies cuadrados	0.0929
millas cuadradas	kilómetros cuadrados	0.386
pies cuadrados	metros cuadrados	10.764
yardas cuadradas	metros cuadrados	1.196
kilómetros cuadrados	millas cuadradas	2.5899
metros cuadrados	yardas cuadradas	0.8361
toneladas (inglesas)	toneladas (métricas)	0.9842
toneladas (métricas)	toneladas (inglesas)	1.0216
metros	yardas	0.9144

Equivalentes numéricos

Porcentajes, decimales y fracciones son diferentes maneras de presentar un valor numérico como proporción de una cantidad determinada. Por ejemplo, 10% (10 por ciento) es el valor equivalente del decimal 0.1 y de la fracción 1/10.

%	Decimal	Fracción	%	Decimal	Fracción	%	Decimal	Fracción	%	Decimal	Fracción	%	Decimal	Fracción
1	0.01	$^1/_{100}$	12.5	0.125	$^1/_8$	24	0.24	$^6/_{25}$	36	0.36	$^9/_{25}$	49	0.49	$^{49}/_{100}$
2	0.02	$^1/_{50}$	13	0.13	$^{13}/_{100}$	25	0.25	$^1/_4$	37	0.37	$^{37}/_{100}$	50	0.5	$^1/_2$
3	0.03	$^3/_{100}$	14	0.14	$^7/_{50}$	26	0.26	$^{13}/_{50}$	38	0.38	$^{19}/_{50}$	55	0.55	$^{11}/_{20}$
4	0.04	$^1/_{25}$	15	0.15	$^3/_{20}$	27	0.27	$^{27}/_{100}$	39	0.39	$^{39}/_{100}$	60	0.6	$^3/_5$
5	0.05	$^1/_{20}$	16	0.16	$^4/_{25}$	28	0.28	$^7/_{25}$	40	0.4	$^2/_5$	65	0.65	$^{13}/_{20}$
6	0.06	$^3/_{50}$	16.66	0.166	$^1/_6$	29	0.29	$^{29}/_{100}$	41	0.41	$^{41}/_{100}$	66.66	0.666	$^2/_3$
7	0.07	$^7/_{100}$	17	0.17	$^{17}/_{100}$	30	0.3	$^3/_{10}$	42	0.42	$^{21}/_{50}$	70	0.7	$^7/_{10}$
8	0.08	$^2/_{25}$	18	0.18	$^9/_{50}$	31	0.31	$^{31}/_{100}$	43	0.43	$^{43}/_{100}$	75	0.75	$^3/_4$
8.33	0.083	$^1/_{12}$	19	0.19	$^{19}/_{100}$	32	0.32	$^8/_{25}$	44	0.44	$^{11}/_{25}$	80	0.8	$^4/_5$
9	0.09	$^9/_{100}$	20	0.2	$^1/_5$	33	0.33	$^{33}/_{100}$	45	0.45	$^9/_{20}$	85	0.85	$^{17}/_{20}$
10	0.1	$^1/_{10}$	21	0.21	$^{21}/_{100}$	33.33	0.333	$^1/_3$	46	0.46	$^{23}/_{50}$	90	0.9	$^9/_{10}$
11	0.11	$^{11}/_{100}$	22	0.22	$^{11}/_{50}$	34	0.34	$^{17}/_{50}$	47	0.47	$^{47}/_{100}$	95	0.95	$^{19}/_{20}$
12	0.12	$^3/_{25}$	23	0.23	$^{23}/_{100}$	35	0.35	$^7/_{20}$	48	0.48	$^{12}/_{25}$	100	1.00	1

Ángulos

Un ángulo muestra la medida en que una línea "gira" al alejarse de un punto fijo en una dirección.

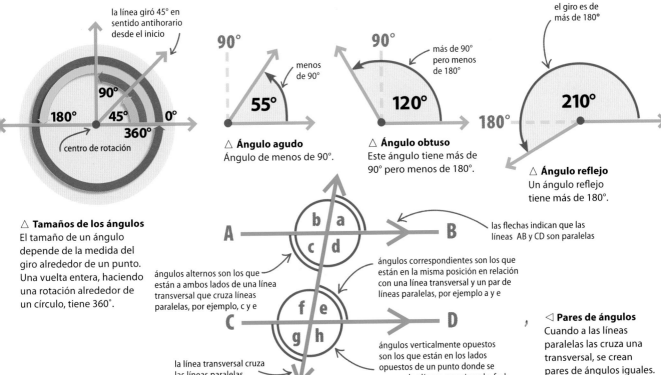

la línea giró 45° en sentido antihorario desde el inicio

90°

menos de 90°

90°

más de 90° pero menos de 180°

el giro es de más de 180°

180° 90° 45° 0° 360°

55°

120°

210°

centro de rotación

180°

180°

△ **Ángulo agudo**
Ángulo de menos de 90°.

△ **Ángulo obtuso**
Este ángulo tiene más de 90° pero menos de 180°.

△ **Ángulo reflejo**
Un ángulo reflejo tiene más de 180°.

△ **Tamaños de los ángulos**
El tamaño de un ángulo depende de la medida del giro alrededor de un punto. Una vuelta entera, haciendo una rotación alrededor de un círculo, tiene 360˚.

A b a c d B

C f e g h D

las flechas indican que las líneas AB y CD son paralelas

ángulos alternos son los que están a ambos lados de una línea transversal que cruza líneas paralelas, por ejemplo, c y e

ángulos correspondientes son los que están en la misma posición en relación con una línea transversal y un par de líneas paralelas, por ejemplo a y e

ángulos verticalmente opuestos son los que están en los lados opuestos de un punto donde se cruzan dos líneas, por ejemplo, f y h

la línea transversal cruza las líneas paralelas

◁ **Pares de ángulos**
Cuando a las líneas paralelas las cruza una transversal, se crean pares de ángulos iguales.

Figuras

Las figuras bidimensionales con líneas rectas se llaman polígonos. Se les denomina según el número de lados que tengan. El número de lados es igual al número de ángulos interiores. Un círculo no tiene líneas rectas, luego no es polígono, a pesar de que es una figura bidimensional.

△ **Círculo**
Figura formada por una línea curva que siempre está a la misma distancia de un punto central.

△ **Triángulo**
Polígono de tres lados y tres ángulos interiores.

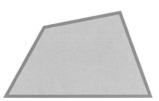

△ **Cuadrilátero**
Polígono de cuatro lados y cuatro ángulos interiores.

△ **Cuadrado**
Un cuadrilátero con cuatro lados iguales y cuatro ángulos interiores iguales, de 90° (ángulo recto).

△ **Rectángulo**
Un cuadrilátero con cuatro ángulos interiores iguales y lados opuestos de igual longitud.

△ **Paralelogramo**
Un cuadrilátero con dos pares de lados paralelos y lados opuestos de igual longitud.

△ **Pentágono**
Polígono de cinco lados y cinco ángulos interiores.

△ **Hexágono**
Un polígono con seis lados y seis ángulos interiores.

△ **Heptágono**
Polígono con siete lados y siete ángulos interiores.

△ **Nonágono**
Un polígono con nueve lados y nueve ángulos interiores.

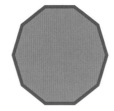

△ **Decágono**
Polígono con diez lados y diez ángulos interiores.

△ **Endecágono**
Polígono con once lados y once ángulos interiores.

Secuencias

Una secuencia es una serie de números escritos en una lista ordenada en la que un patrón particular o "regla" relaciona cada número de la lista con los números que están antes y después de él. A continuación se muestran ejemplos de importantes secuencias matemáticas.

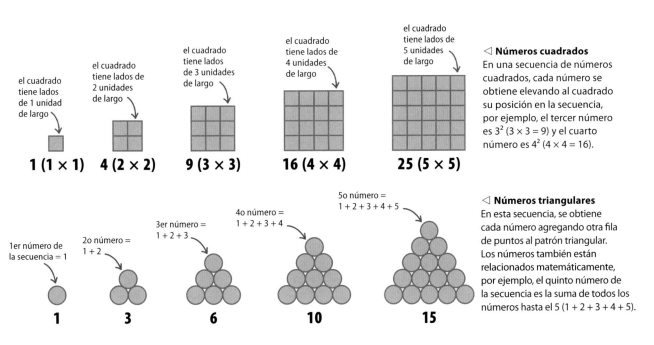

el cuadrado tiene lados de 1 unidad de largo

el cuadrado tiene lados de 2 unidades de largo

el cuadrado tiene lados de 3 unidades de largo

el cuadrado tiene lados de 4 unidades de largo

el cuadrado tiene lados de 5 unidades de largo

1 (1 × 1)   4 (2 × 2)   9 (3 × 3)   16 (4 × 4)   25 (5 × 5)

◁ **Números cuadrados**
En una secuencia de números cuadrados, cada número se obtiene elevando al cuadrado su posición en la secuencia, por ejemplo, el tercer número es 3^2 ($3 \times 3 = 9$) y el cuarto número es 4^2 ($4 \times 4 = 16$).

1er número de la secuencia = 1

2o número = $1 + 2$

3er número = $1 + 2 + 3$

4o número = $1 + 2 + 3 + 4$

5o número = $1 + 2 + 3 + 4 + 5$

1   3   6   10   15

◁ **Números triangulares**
En esta secuencia, se obtiene cada número agregando otra fila de puntos al patrón triangular. Los números también están relacionados matemáticamente, por ejemplo, el quinto número de la secuencia es la suma de todos los números hasta el 5 ($1 + 2 + 3 + 4 + 5$).

Secuencia de Fibonacci

Llamada así por el matemático italiano Leonardo Fibonacci (c. 1175 - c. 1250), la secuencia de Fibonacci comienza con 1. El segundo número es también 1. Después de eso, cada número de la secuencia es la suma de los dos números anteriores a él, por ejemplo, el sexto número, 8, es la suma de los números cuarto y quinto, 3 y 5 ($3 + 5 = 8$).

El triángulo de Pascal

El triángulo de Pascal es un ordenamiento triangular de números. El número de la parte superior del triángulo es 1, y cada número de los extremos de las filas también es 1. Cada número del centro es la suma de los dos números que están en diagonal sobre él, por ejemplo, en la tercera fila, el 2 se obtiene sumando los dos 1 de la fila superior.

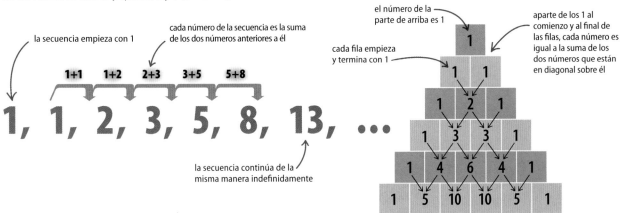

la secuencia empieza con 1

cada número de la secuencia es la suma de los dos números anteriores a él

1+1   1+2   2+3   3+5   5+8

1, 1, 2, 3, 5, 8, 13, ...

la secuencia continúa de la misma manera indefinidamente

el número de la parte de arriba es 1

cada fila empieza y termina con 1

aparte de los 1 al comienzo y al final de las filas, cada número es igual a la suma de los dos números que están en diagonal sobre él

FÓRMULAS

Las fórmulas son "recetas" matemáticas que relacionan diversas cantidades y términos, de tal modo que si desconoces el valor de uno de los términos, lo puedes encontrar si conoces los valores de los demás términos de la fórmula.

Interés

Hay dos tipos de interés: simple y compuesto. En el interés simple, el interés se paga sólo sobre el capital. En el interés compuesto, el propio interés devenga intereses.

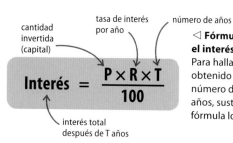

cantidad invertida (capital)
tasa de interés por año
número de años

$$\text{Interés} = \frac{P \times R \times T}{100}$$

interés total después de T años

◁ **Fórmula para el interés simple**
Para hallar el interés simple obtenido después de un número determinado de años, sustituye en esta fórmula los valores reales.

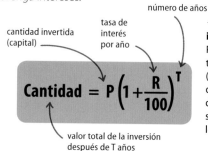

cantidad invertida (capital)
tasa de interés por año
número de años

$$\text{Cantidad} = P\left(1 + \frac{R}{100}\right)^{T}$$

valor total de la inversión después de T años

◁ **Fórmula para el interés compuesto**
Para encontrar el valor total de una inversión (capital + intereses) después de un número determinado de años, sustituye en esta fórmula los valores reales.

Las fórmulas de álgebra

El álgebra es la rama de las matemáticas que usa símbolos para representar números y la relación entre ellos. Algunas fórmulas útiles son la fórmula estándar de una ecuación cuadrática y la fórmula para resolverla.

valor de x al cuadrado multiplicado por un número
número normal sin términos x

$$ax^2 + bx + c = 0$$

x multiplicado por un número

△ **Ecuación cuadrática**
Las ecuaciones cuadráticas toman la forma que se muestra arriba. Se pueden resolver mediante la fórmula cuadrática.

esto significa sumar o restar

$$x = \frac{-b \pm \sqrt{b^2 - 4ac}}{2a}$$

△ **La fórmula cuadrática**
Esta fórmula se puede utilizar para resolver cualquier ecuación cuadrática. Siempre hay dos soluciones.

símbolo de pi
valor a 2 decimales

$$\pi = 3.14$$

valor a 20 decimales

$$3.14159265358979323846$$

◁ **El valor de pi**
Pi se produce en muchas fórmulas, como en la fórmula usada para calcular el área de un círculo. Los números después del punto decimal en pi continúan hasta el infinito y no siguen ningún patrón.

Fórmulas en trigonometría

Tres de las fórmulas más útiles en trigonometría son las que se usan para hallar los ángulos desconocidos de un triángulo rectángulo cuando se conocen dos de sus lados.

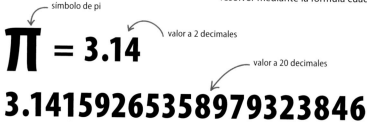

$$\text{seno } A = \frac{\text{opuesto}}{\text{hipotenusa}}$$

$$\text{coseno } A = \frac{\text{adyacente}}{\text{hipotenusa}}$$

$$\text{tangente } A = \frac{\text{opuesto}}{\text{adyacente}}$$

△ **Fórmula del seno**
Esta fórmula se utiliza para hallar el tamaño de un ángulo cuando se conocen el lado opuesto al ángulo y la hipotenusa.

△ **Fórmula del coseno**
Esta fórmula se usa para encontrar el tamaño de un ángulo cuando se conocen el lado adyacente al ángulo y la hipotenusa.

△ **Fórmula de la tangente**
Esta fórmula se utiliza para encontrar el tamaño de un ángulo cuando se conocen el lado opuesto y el lado adyacente al ángulo.

Área

El área de una figura es la cantidad de espacio en su interior. A continuación se presentan fórmulas para resolver las áreas de figuras comunes.

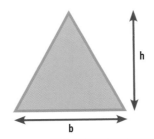

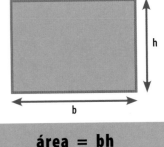

$$\text{área} = \pi r^2$$

$$\text{área} = \frac{1}{2}bh$$

$$\text{área} = bh$$

△ **Círculo**
El área de un círculo es igual a pi ($\pi = 3.14$) multiplicado por el cuadrado de su radio.

△ **Triángulo**
El área de un triángulo es igual a la mitad de su base y su altura vertical multiplicadas.

△ **Rectángulo**
El área de un rectángulo es igual a su base multiplicada por su altura.

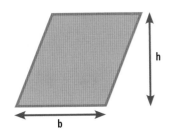

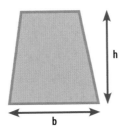

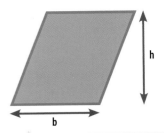

$$\text{área} = bh$$

$$\text{área} = \frac{1}{2}h(b_1 + b_2)$$

$$\text{área} = bh$$

△ **Paralelogramo**
El área de un paralelogramo es igual a su base multiplicada por su altura vertical.

△ **Trapecio**
El área de un trapecio es igual a la suma de sus dos lados paralelos, multiplicada por la altura vertical, dividida por 2.

△ **Rombo**
El área de un rombo es igual a su base multiplicada por su altura vertical.

Teorema de Pitágoras

Este teorema relaciona las longitudes de todos los lados de un triángulo rectángulo, de modo que si se conoce cualquiera de los dos lados, se puede resolver la longitud del tercer lado.

lado a   lado c (hipotenusa)

$$a^2 + b^2 = c^2$$

lado b

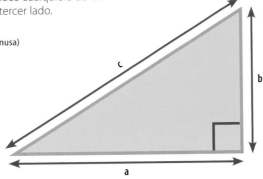

◁ **El teorema**
En un triángulo rectángulo, el cuadrado de la hipotenusa (el lado más largo, c) es la suma de los cuadrados de los otros dos lados (a y b).

Área de superficie y volumen

Las ilustraciones a continuación muestran figuras tridimensionales con fórmulas para calcular sus áreas de superficie y volúmenes. En las fórmulas, dos letras juntas significan que se multiplican entre sí, por ejemplo "2r" significa "2" multiplicado por "r". Pi (Π) es 3.14, (a 2 decimales).

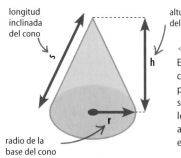

longitud inclinada del cono

altura vertical del cono

s

h

r

radio de la base del cono

◁ **Cono**

El área de superficie de un cono se puede encontrar a partir del radio de su base, su altura vertical y su longitud inclinada. La altura y el radio sirven para encontrar su volumen.

$$\text{área de superficie} = \pi rs + \pi r^2$$
$$\text{volumen} = \frac{1}{3}\pi r^2 h$$

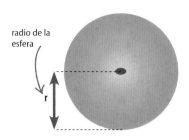

radio de la esfera

r

◁ **Esfera**

El área de superficie y el volumen de una esfera se pueden encontrar cuando sólo se conoce su radio, ya que pi es un número constante (igual a 3.14, con 2 decimales).

$$\text{área de superficie} = 4\pi r^2$$
$$\text{volumen} = \frac{4}{3}\pi r^3$$

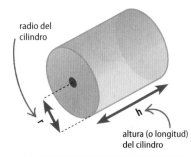

radio del cilindro

r

h

altura (o longitud) del cilindro

◁ **Cilindro**

El radio y la altura (longitud) sirven para encontrar el área de superficie y el volumen de un cilindro.

$$\text{área de superficie} = 2\pi r\,(r+h)$$
$$\text{volumen} = \pi r^2 h$$

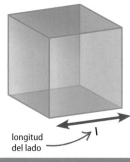

l

longitud del lado

◁ **Cubo**

El área de superficie y el volumen de un cubo se pueden encontrar cuando sólo se conoce la longitud de sus lados.

$$\text{área de superficie} = 6l^2$$
$$\text{volumen} = l^3$$

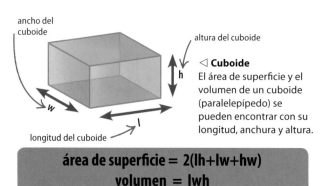

ancho del cuboide

altura del cuboide

h

w

l

longitud del cuboide

◁ **Cuboide**

El área de superficie y el volumen de un cuboide (paralelepípedo) se pueden encontrar con su longitud, anchura y altura.

$$\text{área de superficie} = 2(lh+lw+hw)$$
$$\text{volumen} = lwh$$

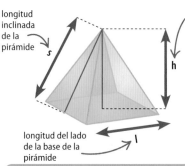

longitud inclinada de la pirámide

s

altura vertical de la pirámide

h

l

longitud del lado de la base de la pirámide

◁ **Pirámide cuadrada**

El área de superficie de una pirámide cuadrada se puede encontrar a partir de la longitud de su inclinación y el lado de su base. Su altura y el lado de su base sirven para encontrar su volumen.

$$\text{área de superficie} = 2ls+l^2$$
$$\text{volumen} = \frac{4}{3}l^2 h$$

Partes de un círculo

Mediante el uso de algunas de sus características, como radio, circunferencia, o la longitud de un arco, es posible medir diversas propiedades de un círculo con las fórmulas que se ofrecen a continuación. Pi (Π) es la razón entre la circunferencia y el diámetro de un círculo; pi es igual a 3.14 (con 2 decimales).

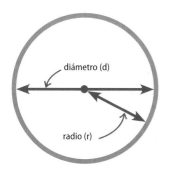

◁ **Diámetro y radio**
El diámetro de un círculo es una línea recta que va de lado a lado del círculo, pasando por su centro. Es el doble de la longitud del radio (línea que va desde el centro hasta la circunferencia).

$$\text{diámetro} = 2r$$

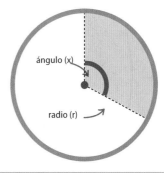

◁ **Diámetro y circunferencia**
El diámetro de un círculo sólo se puede encontrar cuando se conoce su circunferencia (distancia alrededor del borde).

$$\text{diámetro} = \frac{c}{\pi}$$

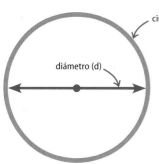

◁ **Circunferencia y diámetro**
La circunferencia de un círculo (distancia alrededor de su borde) se puede encontrar cuando únicamente se conoce su diámetro.

$$\text{circunferencia} = \pi d$$

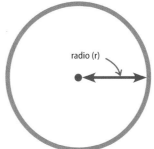

◁ **Circunferencia y radio**
La circunferencia de un círculo (distancia alrededor de su borde) se puede encontrar cuando únicamente se conoce su radio.

$$\text{circunferencia} = 2\pi r$$

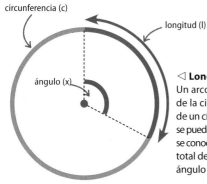

◁ **Longitud de un arco**
Un arco es una sección de la circunferencia de un círculo, cuya longitud se puede encontrar cuando se conocen la circunferencia total del círculo y el ángulo del arco.

$$\text{longitud de un arco} = \frac{x}{360} \times c$$

◁ **Área de un sector**
Cuando se conocen el área del círculo y el ángulo del sector, se puede hallar el área del sector (o "corte").

$$\text{área de un sector} = \frac{x}{360} \times \pi r^2$$

 Glosario

Adyacente
Término que significa "al lado de". En formas bidimensionales dos lados son adyacentes cuando están uno junto al otro y se cruzan en el mismo punto (vértice). Dos ángulos son adyacentes si comparten un vértice y un lado.

Agudo
Un ángulo agudo es un ángulo menor de 90°.

Ahorro
Cantidad de dinero guardado o invertido y que no se gasta.

Aleatorio (al azar)
Algo que no sigue un patrón especial, sino que ha sucedido por casualidad.

Álgebra
Uso de letras o símbolos en lugar de números desconocidos para generalizar la relación entre ellos.

Altura
Longitud hacia arriba, medida entre el punto más alto y el más bajo.

Ampliación
Es el proceso de hacer algo más grande, como una transformación, donde todo se multiplica por la misma cantidad.

Ancho
Longitud lateral, que se mide entre extremos opuestos. Ancho es lo mismo que anchura.

Ángulo
Es la medida del giro entre dos líneas que se encuentran en un punto. Los ángulos se miden en grados, por ejemplo, 45°.

Ángulo alterno
Los ángulos alternos se forman cuando una línea recta cruza dos paralelas. Se ubican en los lados opuestos de cada una de las líneas. Los ángulos alternos son iguales.

Ángulo complementario
Dos ángulos que suman 180°.

Ángulos correspondientes
Se forman ángulos correspondientes cuando una línea recta cruza dos líneas paralelas. Están en la misma posición, es decir, en el mismo lado de cada una de las líneas. Los ángulos correspondientes son iguales.

Ángulo desconocido
Un ángulo que no se especifica y cuyo número de grados se debe determinar.

Ángulo exterior
1. Un ángulo formado en el exterior de un polígono, cuando un lado se prolonga hacia el exterior.
2. Los ángulos que se forman en la región de afuera de dos líneas atravesadas por otra línea.

Ángulo Incluido
Ángulo formado entre dos lados con un vértice común.

Ángulo interior
1. Ángulo incluido en un polígono.
2. Un ángulo formado cuando dos líneas son cruzadas por otra línea.

Ángulo obtuso
Ángulo que mide entre 90° y 180°.

Ángulo recto
Ángulo que mide exactamente 90°.

Ángulo reflejo
Un ángulo entre 180° y 360°.

Antihorario
Movimiento en dirección opuesta a las manecillas de un reloj.

Ápice
La punta de algo; por ejemplo, el vértice de un cono.

Arco
Una curva que forma parte de la circunferencia de un círculo.

Área
El espacio dentro de una forma bidimensional. Se mide en unidades al cuadrado, por ejemplo, cm^2.

Aritmética
Cálculos que implican la suma, resta, multiplicación, división, o combinaciones de estos.

Balance
La igualdad en ambos lados, de modo que no haya ponderación desigual; por ejemplo, en una ecuación, el lado izquierdo del signo igual debe estar en balance o equilibrio con el lado derecho.

Base
La base de una figura es su borde inferior. La base de un objeto tridimensional es su cara inferior.

Bidimensional
Figura plana que tiene longitud y anchura. Bidimensional se suele escribir como 2D.

Bisecar
Dividir en dos mitades iguales, por ejemplo, dividir en dos un ángulo mediante una línea.

Brújula
Instrumento magnético que muestra la posición del Norte y permite encontrar los rumbos.

Calculadora
Instrumento electrónico usado para hacer cálculos de aritmética.

Cálculo mental
Hacer cálculos sin escribir.

Caras o lados
Superficies planas de un objeto tridimensional, limitadas por los bordes o aristas.

Cifra (lugar) decimal
Dígitos o ceros después del punto decimal.

Cilindro
Objeto tridimensional con dos líneas paralelas y círculos congruentes en los extremos opuestos.

Círculo
Figura redonda con un solo borde, que está a una distancia constante del punto central.

Circunferencia
Borde de un círculo.

Cociente
El número total de veces que un número se puede dividir en otro; por ejemplo, para $11 \div 2$ el cociente es 5 (y el residuo es 1).

Coeficiente
En álgebra, es el número que aparece delante de una letra. En la ecuación $x^2 + 5x + 6 = 0$, el coeficiente de 5x es 5.

Cometa o romboide
Cuadrilátero formado por dos pares de lados adyacentes de la misma longitud.

Compás
Herramienta que mantiene un lápiz en una posición fija y permite la elaboración de círculos y arcos.

Cóncavo
Algo curvado hacia su interior. Un polígono es cóncavo si al menos uno de sus ángulos interiores tiene más de 180°.

Congruente / congruencia
Dos figuras son congruentes si tienen la misma forma y tamaño.

Cono
Objeto tridimensional con una base circular y una punta única en su parte superior.

Constante
Cantidad que no cambia y por tanto tiene un valor fijo; por ejemplo, en la ecuación y = x + 2, el número 2 es una constante.

Construcción
En geometría, es el dibujo preciso de figuras, a menudo con la ayuda de un compás y una regla.

Conversión
Cambio de un conjunto de unidades a otro; por ejemplo, conversión de millas a kilómetros.

Convexo
Algo curvado hacia su exterior. Un polígono es convexo si todos sus ángulos interiores tienen menos de 180°.

Coordenadas
Las coordenadas señalan la posición de puntos en un gráfico o un mapa, y se escriben en la forma (x, y), en donde x es la posición horizontal y y es la posición vertical.

Correlacionar/correlación
Dos cosas están correlacionadas si un cambio en una, causa un cambio en la otra.

Coseno
En trigonometría, coseno es la relación entre el lado adyacente a un ángulo dado y la hipotenusa de un triángulo rectángulo.

Cuadrado
Cuadrilátero en el que todos los ángulos son iguales (90°) y todos los lados tienen la misma longitud.

Cuadrante
Cuarta parte de un círculo o de un gráfico dividido por los ejes x y y.

Cuadrilátero
Figura bidimensional con 4 lados y 4 ángulos.

Cuadrilátero cíclico
Figura con 4 vértices y 4 aristas, en la que cada vértice está sobre la circunferencia de un círculo.

Cuartiles
En estadística, cuartiles son los puntos que dividen en 4 partes iguales un conjunto ordenado de datos. El número que marca la cuarta parte de todos los datos es el cuartil inferior; la mediana separa los datos en dos partes; y el cuartil superior marca las tres cuartas partes de todos los datos.

Cubo
Objeto tridimensional formado por 6 caras cuadradas idénticas, 8 vértices y 12 bordes o aristas.

Cuboide
Objeto tridimensional formado por 6 caras (dos cuadrados en los extremos opuestos con 4 rectángulos entre ellos), 8 vértices y 12 aristas o bordes.

Cuerda
Línea que conecta dos puntos diferentes en una curva, con frecuencia en la circunferencia de un círculo.

Curva
Línea que se dobla ligeramente. En una gráfica, la representación de una ecuación cuadrática también es una curva.

Datos
Conjunto de información; por ejemplo, una recopilación de números o de medidas.

Débito
Cantidad de dinero gastado y retirado de una cuenta.

Decimal
1. Sistema de numeración basado en 10 (con los dígitos 1, 2, 3, 4, 5, 6, 7, 8 y 9, y el cero). 2. Número que contiene una cifra decimal.

Denominador
Número en la parte inferior de una fracción; por ejemplo, 3 es el denominador de 2/3.

Densidad
Cantidad de masa por unidad de volumen, es decir, densidad = masa ÷ volumen.

Desigualdades
Las desigualdades muestran que dos enunciados no son iguales.

Desviación estándar
Medida de dispersión que muestra la cantidad de desviación de la media. Si la desviación estándar es baja, los datos están cerca de la media; si es alta, están muy dispersos.

Deuda
Suma de dinero tomada en préstamo y que por lo tanto se debe.

Diagonal
Línea que une dos vértices de una figura u objeto, que no son adyacentes entre sí.

Diagrama de barras
Gráfico en el que se muestran cantidades que están representadas por rectángulos (barras), que tienen la misma anchura, pero alturas diferentes. A mayor altura, mayor cantidad.

Diagrama de caja
Una forma de representar datos estadísticos. La caja está hecha de líneas que indican dónde caen en la gráfica las medidas cuartil inferior, mediana y cuartil superior, y los "brazos o bigotes" indican los límites superior e inferior del rango.

Diagrama de dispersión
Gráfico en el que se usan puntos dibujados o puntos para mostrar la correlación o relación entre dos conjuntos de datos.

Diagrama de tallo y hojas
Gráfico que muestra una figura de datos ordenados. Los números se dividen en dos dígitos. Los primeros dígitos forman el tallo (escrito una vez) y los segundos las hojas (escritos muchas veces en filas).

Diámetro
Línea recta que pasa por el centro de un círculo y toca dos puntos en su borde.

Diferencia
Cantidad en la cual una suma es mayor o menor que otra suma.

Dígito
Un solo número; por ejemplo, 34 está formado por los dígitos 3 y 4.

Dimensión
Las direcciones en las que se pueden hacer mediciones; por ejemplo, un objeto sólido tiene tres dimensiones: longitud, altura y anchura.

Dirección horaria
Sigue la dirección de las manecillas del reloj.

Dispersión
La dispersión de un conjunto de datos es la manera como los datos se distribuyen en un rango.

Distribución
En probabilidad y estadística, la distribución da el rango de valores que pueden ser tomados por variables aleatorias no identificadas, y sus probabilidades.

Divisa
Sistema monetario de un país; la divisa de los EE. UU. es el dólar.

División/dividir
Es partir un número en partes iguales. La división se representa por el símbolo ÷; por ejemplo, 12 ÷ 3 = 4; o por/, como se utiliza en fracciones, por ejemplo, 2/3.

Doble negación
Dos signos negativos juntos forman una doble negación, que luego se vuelve igual a uno positivo; ejemplo 5 − (−2) = 5 + 2.

Ecuación
Enunciado matemático que dice que dos cosas son iguales.

Ecuación cuadrática
Ecuaciones que incluyen una variable al cuadrado, por ejemplo, $x^2 + 3x + 2 = 0$.

Ecuaciones simultáneas
Dos o más ecuaciones que deben ser resueltas al mismo tiempo.

Eje
Línea de referencia utilizada en gráficos para definir las coordenadas y medir distancias. El eje horizontal es el eje x, el vertical es el eje y.

Eje x
Eje horizontal de un gráfico, que determina las coordenadas x.

Eje y
Eje vertical de un gráfico, que determina las coordenadas y.

Enteros
Números enteros que pueden ser positivos, negativos o cero, por ejemplo –3, –1, 0, 2, 6.

Equiangular
Una forma es equiangular si todos sus ángulos son iguales.

Equidistante
Un punto es equidistante de dos o más puntos si está a la misma distancia de todos ellos.

Escala/dibujo a escala
Escala es la cantidad en que un objeto se hace más grande o más pequeño. Se representa como una razón. Un dibujo a escala es un dibujo que está en proporción directa con el objeto que representa.

Esfera
Objeto tridimensional, en forma de bola, perfectamente redonda, en la que cada punto de su superficie está a la misma distancia de su centro.

Estadística
Recopilación, presentación e interpretación de datos.

Estimación
Una cantidad aproximada o aproximación al resultado de un cálculo, a menudo redondeando hacia arriba o hacia abajo.

Exponente
Ver potencia

Expresión
Es una combinación de números, símbolos y variables desconocidas que no contiene un signo igual.

Eventos equiprobables
Dos eventos son equiprobables si tienen la misma probabilidad de suceder.

Eventos independientes
Hechos que no tienen ninguna influencia entre sí.

Eventos mutuamente excluyentes
Dos eventos mutuamente excluyentes son eventos que no pueden ser verdaderos al mismo tiempo.

Factor
Un número que divide exactamente a otro número mayor; por ejemplo, 2 y 5 son los dos factores de 10.

Factor común
Un factor común de dos o más números, es el número que divide exactamente cada uno de esos números; por ejemplo, 3 es un factor común de 6 y 18.

Factorización / factorizar
1. Reescribir un número como la multiplicación de sus factores; por ejemplo, $12 = 2 \times 2 \times 3$.
2. Reescribir una expresión como la multiplicación de pequeñas expresiones; por ejemplo, $x^2 + 5x + 6 = (x + 2)(x + 3)$.

Forma estándar
Un número (que por lo general suele ser muy grande o muy pequeño), escrito como un número positivo o negativo entre 1 y 9, multiplicado por una potencia de 10; por ejemplo: 0.02 es 2×10^{-2}.

Figuras similares
Figuras que tienen la misma forma pero no el mismo tamaño.

Fórmula
Regla que describe la relación entre variables, generalmente escrita por medio de símbolos; por ejemplo, la fórmula para calcular el área de un círculo es $A = 2\pi r$, en la que A representa el área y r es el radio.

Fórmula cuadrática
Fórmula que permite resolver cualquier ecuación cuadrática, sustituyendo en ella los valores.

Fracción
Una parte de una cantidad, representada por un número (numerador) en la parte superior de otro número (denominador); por ejemplo, 2/3.

Fracciones equivalentes
Fracciones que son iguales pero que tienen diferentes numeradores y denominadores; por ejemplo, 1/2, 2/4 y 5/10 son fracciones equivalentes.

Fracción impropia
Fracción en la que el numerador es mayor que el denominador.

Fracción propia
Fracción en la que el numerador es menor que el denominador; por ejemplo 2/5.

Frecuencia
1. Número de veces en que algo ocurre durante un periodo determinado.
2. En estadística, el número de individuos en una clase.

Ganancia (utilidad)
Cantidad de dinero que queda una vez se han pagado los costos.

Gradiente
La pendiente de una línea.

Grados
Unidad de medida de un ángulo, representado por el símbolo °.

Gráfica
Un diagrama usado para representar la información, incluida la relación entre dos conjuntos de variables.

Gráfico
Representación visual de datos en forma gráfica, tabla o mapa, para facilitar su lectura.

Gráfica circular
Una gráfica circular en la que los segmentos representan diferentes cantidades.

Gráfica lineal
Una gráfica en la que los puntos están conectados por líneas rectas.

Geometría
Matemática de las formas. Analiza las relaciones entre puntos, líneas y ángulos.

Hexágono
Figura bidimensional con 6 lados.

Hipoteca
Dinero prestado para pagar por una casa. Se paga con intereses durante un periodo previamente pactado.

Hipotenusa
El lado opuesto al ángulo recto en un triángulo rectángulo. Es el lado más largo de un triángulo rectángulo.

Histograma
Gráfico que utiliza el área para medir la frecuencia.

Horizontal
Paralelo al horizonte. Una línea horizontal va entre la izquierda y derecha.

Igualdad
Las cosas con el mismo valor son iguales; la igualdad se representa por el signo igual, =.

Imposibilidad
Algo que nunca podría suceder. La probabilidad de una imposibilidad se escribe como 0.

Impuestos
Dinero que se paga al Estado, ya sea como parte de lo que una persona compra, o como parte de sus ingresos.

Infinito
Sin límite ni fin. El infinito es representado por el símbolo ∞.

Ingresos
Cantidad de dinero ganado.

Interés
Cantidad de dinero que se paga cuando se pide dinero prestado, o la cantidad que se gana cuando se hace una inversión. Por lo general, se escribe como un porcentaje.

Intersección
Punto en una gráfica en la que una línea cruza un eje.

Intersección/cruce
Punto en el que dos o más líneas o figuras se encuentran.

Intersección x
El valor en el que una línea cruza el eje x en una gráfica.

Inverso
Lo contrario a algo; por ejemplo, la división es inversa a la multiplicación y viceversa.

Inversiones/invertir
Cantidad de dinero gastado en un intento por obtener una ganancia.

Línea
Elemento de una dimensión que sólo tiene longitud (es decir, no tiene anchura ni altura).

Línea de simetría
Línea que actúa como un espejo y divide una figura en dos imágenes de espejo.

Línea del mejor ajuste
Una línea en un diagrama de dispersión que muestra la correlación o tendencia entre las variables.

Lugar geométrico
Trayectoria de un punto, siguiendo determinadas condiciones o reglas.

Longitud
Medida de la distancia entre dos puntos; por ejemplo, cuán largo es un segmento de recta entre sus dos extremos.

Más
Signo de la suma, representado como +.

Máximo factor común
El mayor número que divide exactamente un conjunto de otros números. Suele escribirse como MFC; por ejemplo, el MFC de 12 y 18 es 6.

Mayor
El más grande de dos o más elementos a los que se hace referencia. Se puede aplicar a arcos, segmentos, sectores o elipses.

Mayor o igual a
Cantidad igual o mayor que otra. Se representa por el símbolo ≥.

Mayor que
Una cantidad más grande que otra cantidad. Se representa por el símbolo >.

Media
Valor medio de un conjunto de datos, que se encuentra sumando todos los valores y dividiendo por el número total de valores.

Mediana
El número que se encuentra en medio de un conjunto de datos, después de haber organizado los datos en orden creciente. La mediana es un tipo de promedio.

Mediatriz
Línea que corta otra línea por la mitad en ángulo recto a la misma.

Medición
Una cantidad, duración o tamaño, que se encuentra midiendo algo.

Menor
El menor de dos o más objetos a que se hace referencia. Se puede aplicar a arcos, segmentos, sectores, o elipses.

Menor o igual a
Una cantidad es menor o igual a otra cantidad. Se representa por el símbolo ≤.

Menor que
Una cantidad es más pequeña que otra cantidad. Se representa por el símbolo <.

Menos
Signo de la resta o sustracción, representado como –.

Mínimo común múltiplo
El número más pequeño que se puede dividir exactamente en un conjunto de valores. Se escribe MCM; por ejemplo, el MCM de 4 y 6 es 12.

Moda
El número que aparece con mayor frecuencia en un conjunto de datos. La moda es un tipo de promedio.

Muestra
Una parte de un grupo entero del cual se recopilan datos para dar información acerca de todo el grupo.

Multiplicar/multiplicación
Proceso de sumar un valor a sí mismo un número determinado de veces. El símbolo de la multiplicación es ×.

Negativo
Menos que cero. Negativo es lo opuesto a positivo.

No es igual a
De diferente valor. No es igual a se representa por el símbolo ≠, por ejemplo, 1≠2.

Numerador
Número que está en la parte superior de una fracción; por ejemplo en la fracción 2/3, el numerador es 2.

Número al cuadrado
Es el resultado de multiplicar un número por sí mismo; por ejemplo, $4^2 = 4 \times 4 = 16$.

Número al cubo
Elevar al cubo un número significa multiplicarlo por sí mismo dos veces; por ejemplo, 8 es un número al cubo, ya que $2 \times 2 \times 2 = 8$, ó 2^3.

Número compuesto
Número con más de dos factores. Un número es compuesto si no es un número primo; por ejemplo, 4 es un número compuesto, ya que sus factores son 1, 2 y 4.

Números enteros
Números enteros que pueden ser positivos, negativos o cero, por ejemplo –3, –1, 0, 2, 6.

Numero impar
Número entero que no es divisible por 2; por ejemplo, –7, 1 y 65.

Número par
Número que es divisible por 2; por ejemplo –18, –6, 12, 104.

Número primo
Un número que tiene exactamente dos factores: 1 y él mismo. Los 10 primeros números primos son 2, 5, 7, 11, 13, 17, 19, 23, 29 y 31.

Octágono
Figura bidimensional con 8 lados y 8 ángulos.

Operación
Acción que se hace con un número, por ejemplo, suma, resta, división y multiplicación.

Operador
Símbolo que representa una operación, por ejemplo, +, –, × y ÷.

Opuestos
Los ángulos o lados son opuestos si están unos frente a otros.

Operaciones mixtas
Combinación de diferentes acciones en un cálculo, como suma, resta, multiplicación y división.

Paralela
Dos rectas son paralelas si siempre están a la misma distancia entre sí.

Paralelogramo
Cuadrilátero cuyos lados opuestos son iguales y paralelos entre sí.

Paréntesis
1. Indican el orden en que se deben hacer los cálculos: los que están entre paréntesis se deben hacer primero; ejemplo, 2 x (4 +1) = 10.
2. Marcan un par de coordenadas, por ejemplo, (1, 1).
3. Un número antes de un cálculo entre paréntesis, significa que el resultado de ese cálculo se debe multiplicar por el número.

Pérdida
Cuando se gasta más dinero del que se ha ganado, hay una pérdida.

Pentágono
Figura bidimensional con 5 lados y 5 ángulos.

Perímetro
Límite alrededor de una figura; es también la longitud de dicho límite.

Pi
Número cuyo valor es cercano a 3.142, representado por la letra griega pi, π.

Pirámide
Objeto tridimensional con un polígono como base y lados triangulares que se unen en un punto en la cúspide.

Plano
Superficie totalmente plana que puede ser horizontal, vertical o inclinada.

Poliedro
Objeto tridimensional cuyas caras son polígonos planos.

Polígono
Figura bidimensional con 3 o más lados rectos.

Polígono regular
Figura bidimensional cuyos lados tienen la misma longitud y cuyos ángulos son iguales.

Porcentaje/por ciento
Un número como una fracción de cien. Se representa por %.

Positivo
Más que cero. Es lo contrario de negativo.

Potencia
Número que indica las veces que un número se multiplica por sí mismo. Las potencias se muestran con un número pequeño arriba a la derecha del otro número; por ejemplo, 4 es la potencia en $2^4 = 2 \times 2 \times 2 \times 2$.

Préstamo
Cantidad de dinero prestado que se debe pagar (por lo general durante un período de tiempo).

Prisma
Objeto tridimensional cuyos extremos son polígonos idénticos.

Probabilidad
La posibilidad de que algo suceda. A esta probabilidad se le asigna un valor entre 0 y 1. Un evento imposible tiene una probabilidad de 0 y un evento cierto tiene una probabilidad de 1.

Probabilidad teórica
Es la probabilidad de una solución basada en ideas matemáticas y no en experimentos.

Producto
Número calculado cuando dos o más números se multiplican entre sí.

Promedio
Valor típico de un grupo de números. Hay tres tipos de promedio: media, moda y mediana.

Proporción directa
Dos números están en proporción directa si aumentan o disminuyen en forma proporcional; por ejemplo, al duplicar uno de ellos, el otro también se duplica.

Proporción indirecta
Dos variables x y y son

inversamente proporcionales si, por ejemplo, cuando una variable se dobla, la otra se reduce a la mitad o viceversa.

Proporción/proporcionalidad
Cuando dos o más cantidades están relacionadas por una razón constante; por ejemplo, una receta puede contener tres partes de un ingrediente por dos partes de otro.

Punto decimal
El punto entre la parte entera de un número y la parte fraccionaria; por ejemplo, 2.5.

Punto de contacto
El lugar donde dos o más líneas se cruzan o se tocan.

Punto de equilibrio
Para cubrir sus gastos, una empresa debe ganar tanto dinero como gasta, de modo que sus utilidades estén en equilibrio con sus pérdidas.

Rango (intervalo) intercuartílico
Medida de dispersión de un conjunto de datos. Es la diferencia entre los cuartiles inferior y superior.

Radio
La distancia desde el centro de un círculo hasta cualquier punto de su circunferencia.

Raíz
Número que multiplicado por sí mismo varias veces, da como resultado un valor dado; por ejemplo, 2 es la raíz cuarta de 16, puesto que $2 \times 2 \times 2 \times 2 = 16$.

Raíz cuadrada
Número que, multiplicado por sí mismo, produce el valor dado, por ejemplo, la raíz cuadrada de 4 es 2.

Raíz cúbica
La raíz cúbica de un número es el número que, cuando se multiplica por sí mismo dos veces, da como

resultado el número dado. Una raíz cúbica se representa por el signo $\sqrt[3]{}$.

Rango
El tramo entre el mayor y el menor valor en un conjunto de datos.

Razón
Una comparación de dos números, escritos a cada lado del símbolo : Por ejemplo, 2 : 3.

Rectángulo
Cuadrilátero con dos pares de lados opuestos paralelos de igual longitud y 4 ángulos rectos.

Recurrente o periódico
Algo que se repite una y otra vez; por ejemplo, 1/9 = 0.11111... es un decimal recurrente y se muestra como 0.1.

Red
Forma plana que se puede plegar para formar un objeto tridimensional.

Redondeo
Proceso de aproximación de un número, escribiéndolo como el número entero más cercano, o con un número determinado de decimales.

Reflexión
Tipo de transformación que produce una imagen especular del objeto original.

Residuo
Número que queda cuando se divide un número entero en partes enteras; por ejemplo, $11 \div 2 = 5$ y el residuo es 1.

Resta/restar
Quitar un número de otro número. Se representa por el símbolo –.

Revolución
Una vuelta completa de 360°.

Rombo
Cuadrilátero con dos pares de lados paralelos y 4 lados de la misma longitud.

Rotación
Tipo de transformación en el que un objeto gira alrededor de un punto.

Rumbo
Lectura de la brújula. El ángulo medido en sentido horario desde la dirección norte a la dirección de destino.

Salario
Cantidad de dinero pagada periódicamente por el trabajo realizado por una persona.

Sección transversal
Corte bidimensional de un objeto tridimensional.

Secuencia
Lista de números ordenados de acuerdo con una regla.

Secuencia de Fibonacci
Secuencia formada por la suma de los dos números anteriores en la secuencia. Los primeros diez números de la secuencia son 0, 1, 1, 2, 3, 5, 8, 13, 21 y 34.

Sector
Parte de un círculo, cuyos bordes o aristas son dos radios y un arco.

Segmento
Parte de un círculo, cuyas aristas son una cuerda y un arco.

Semicírculo
La mitad de un círculo completo, cuyos bordes o aristas son el diámetro y un arco.

Seno
En trigonometría, el seno es la relación del lado opuesto a un ángulo dado, con la hipotenusa de un triángulo rectángulo.

Simetría/simétrica
Una forma u objeto es simétrico si luce exactamente igual después de una reflexión o una rotación.

Simplificación
En álgebra, es escribir algo en su forma más básica o simple; por ejemplo, por cancelación o anulación de términos.

Sólido
Forma tridimensional que tiene longitud, anchura y altura.

Sueldo
Cantidad de dinero pagado a una persona a cambio de trabajo.

Suma
1. El total, o el número que resulta al sumar dos o más números.
2. Operación para sumar un grupo de números. La suma se representa por el símbolo +, por ejemplo, 2 + 3 = 5. El orden en que los números se sumen no afecta el resultado: 2 + 3 = 3 + 2.

Sueldo neto
Es la cantidad de los ingresos que queda después de haber pagado impuestos.

Sustitución
Colocar algo en lugar de otra cosa; por ejemplo, utilizar un número constante en lugar de una variable.

Tabla (cuadro)
Información mostrada en filas y columnas.

Tangente
1. Línea recta que toca una curva en un punto.
2. En trigonometría, tangente es la relación entre el lado opuesto a un ángulo dado y el lado adyacente al ángulo dado, en un triángulo rectángulo.

Tasa de cambio
El tipo o tasa de cambio describe en cuánto una divisa está valorada en términos de otra divisa.

Teorema de Pitágoras
Regla que indica que la longitud al cuadrado de la hipotenusa de un triángulo rectángulo es igual a la suma de los cuadrados de los otros dos lados; representada por la ecuación $a^2 + b^2 = c^2$.

Términos
Números individuales en una secuencia o serie, o partes individuales de una expresión; por ejemplo, en $7a^2 + 4xy - 5$, los términos son $7a^2$, $4xy$, 5.

Teselación
Patrón de formas que cubren una superficie sin dejar vacíos.

Términos semejantes
Expresión del álgebra que contiene los mismos símbolos, tales como x y y (los números delante de x ó y pueden cambiar). Los términos semejantes se pueden combinar.

Transformación
Cambio de posición, tamaño u orientación. Las reflexiones, rotaciones, ampliaciones y traslaciones son transformaciones.

Transportador
Herramienta utilizada para medir ángulos.

Trapecio
Cuadrilátero con un par de lados paralelos; los otros dos pueden o no tener diferentes longitudes.

Traslación
Movimiento de un objeto sin que sea rotado.

Triángulo
Figura bidimensional con 3 lados y 3 ángulos.

Triángulo de Pascal
Un número patrón formado en un triángulo. Cada número es la suma de los dos números que están directamente encima de él. El número de la parte superior es 1.

Triángulo equilátero
Triángulo que tiene tres ángulos de 60° y lados de igual longitud.

Triángulo escaleno
Triángulo en el que cada lado tiene una longitud diferente y cada ángulo es de un tamaño diferente.

Triángulo isósceles
Triángulo con dos lados iguales y dos ángulos iguales.

Tridimensionales (3D)
Objetos que tienen longitud, anchura y altura.

Trigonometría
Estudio de los triángulos y las razones de sus lados y sus ángulos.

Unidad
1. Cantidad estándar de medición, por ejemplo, cm, kg y segundos.
2. Otro nombre para uno. También se refiere al dígito que está a la izquierda de la coma decimal.

Variable
Cantidad que puede variar o cambiar y por lo general se representa por medio de una letra.

Vector
Cantidad que tiene tamaño y dirección; por ejemplo, velocidad y fuerza son vectores.

Velocidad
Rapidez y dirección en la que algo se mueve, medida en metros por segundo, m/s.

Vertical
En ángulo recto hacia el horizonte. Una línea vertical va en direcciones ascendente y descendente.

Vértice
La esquina o punto en el que se encuentran las superficies o líneas.

Volumen
Cantidad de espacio dentro de un objeto tridimensional. Se mide en unidades al cubo, por ejemplo, cm^3.

Vuelta entera
Una rotación de 360°, en la que un objeto llega al mismo punto donde comenzó a girar.

📖 Índice

Agradecimientos

BARRY LEWIS desea agradecer a Toby, Lara y Emily,
porque siempre preguntaron la razón.

DORLING KINDERSLEY desea agradecer a: David Summers, Cressida
Tuson y Ruth O'Rourke-Jones por el trabajo editorial adicional, Kenny
Grant, Sunita Gahir, Peter Laws, Steve Woosnam-Savage y Hugh
Schermuly por el trabajo de diseño adicional. También desea
agradecer a Sarah Broadbent por su trabajo en el glosario.

Para más información acerca de la escuela de matemáticas en línea
de Carol Vorderman, visita **www.themathsfactor.com**

La editorial desea agradecer a las siguientes
personas y organizaciones por su amable
autorización para reproducir sus fotografías:

(clave: b-abajo; c-centro; l-izquierda; r-derecha; t-arriba)

Alamy Images: Bon Appetit 210bc (pote); K-PHOTOS 210bc (cono);
Corbis: Doug Landreth/Science Faction 163cr; Charles O'Rear 197br;
Dorling Kindersley: NASA 37tr, 85bl, 223br; Lindsey Stock 27br,
212cr; **personaje de Halo 2 usado con permiso de Microsoft:** 110tr;
NASA: JPL 37cr

Todas las demás imágenes © Dorling Kindersley
Para información adicional, visita: www.dkimages.com